Architektur Jahrbuch
Architecture Annual

1996

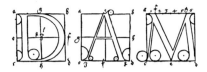

Architektur Jahrbuch
Architecture Annual

Herausgegeben vom

Deutschen Architektur-Museum, Frankfurt am Main
Annette Becker und Wilfried Wang

Mit Beiträgen von

Roger Diener, Helmut Engel, Evelyn Hils-Brockhoff, Arthur
Rüegg und Ruggero Tropeano, Romana Schneider

und Baukritiken von

Hubertus Adam, Dieter Bartetzko, Christof Bodenbach,
Axel Drieschner, Sunna Gailhofer, Falk Jaeger, Markus Jager,
Ursula Kleefisch-Jobst, Salomon Korn, Stefan W. Krieg,
Karin Leydecker, Anna Meseure, Romana Schneider, Ulrich
Maximilian Schumann, Paul Sigel, Wolfgang Sonne,
Wolfgang Jean Stock, Jan Thorn-Prikker, Lutz Windhöfel
und Gerwin Zohlen

Prestel
München · New York

Herausgegeben von Annette Becker und Wilfried Wang im Auftrag des Dezernats für Kultur und Freizeit, Amt für Wissenschaft und Kunst der Stadt Frankfurt a. M.

Redaktion: Annette Becker
Lektorat: Sabine Thiel-Siling
Übersetzungen ins Englische: Ishbel Flett und Claus Offermann (Text Baumschlager/Eberle)

Umschlagmotiv:
Carlo Baumschlager und Dietmar Eberle, Gewerbebau, Hergatz (Foto: Hueber)

Die Deutsche Bibliothek – CIP-Einheitsaufnahme:
Deutsches Architektur-Museum <Frankfurt, Main>:
DAM Architektur Jahrbuch.../ hrsg. vom Deutschen Architektur-Museum, Frankfurt am Main. Hrsg. im Auftr. des Dezernats für Kultur und Freizeit, Amt für Wissenschaft und Kunst der Stadt Frankfurt am Main. – München: Prestel.
Erscheint jährlich. – Aufnahme nach 1992
Bis 1991 u. d. T.: Jahrbuch für Architektur
ISSN 0942-7481
NE: HST

Prestel-Verlag
Mandlstraße 26, D-80802 München
Tel. (0 89) 38 17 09-0, Fax 38 17 09-35

Deutsches Architektur-Museum
Schaumainkai 43, D-60596 Frankfurt am Main
Tel. (0 69) 21 23 84 71, Fax 21 23 77 21

Gestaltung: Robert Gigler, München

Gestaltungskonzept: Norbert Dinkel, München
Umschlagkonzept: KMS-Graphik, München
Reproduktionen: Fotolito Longo, Frangart
Satz: Max Vornehm GmbH, München
Druck: aprinta GmbH & Co. Druck-KG, Wemding
Bindung: Ludwig Auer GmbH, Donauwörth
Gedruckt auf chlorfrei gebleichtem Papier

Printed in Germany

ISSN 0942-7481
ISBN 3-7913-1705-9

Inhalt Contents

Aus dem Archiv des DAM   From the Archives of the DAM

Vorwort

Bewußter Umgang mit dem Bestand, Denkmalpflege im städtebaulichen wie architektonischen Sinn ist das diesjährige Thema des Jahrbuchs. Dabei machen die maßstäblichen Unterschiede zwischen dem fast schon an Regionalplanung grenzenden Versuch wie von Berlin-Mitte und den detaillierten Renovierungen architekturhistorisch bedeutender Häuser wie der Villa Urbig, den Häusern Rabe und Feininger auf die gestaltungsphilosophischen Grundprobleme aufmerksam. Hierbei zeigt sich, daß intensive Erarbeitung der ursprünglichen Absichten und eingehende Einfühlung in die tatsächlich noch vorhandene Substanz – die nicht immer mit den noch so hehren Absichten übereinstimmen muß – Theorie mit Empirie verschmelzen lassen.

Arthur Rüegg spricht eines der leider oft vernachlässigten Themen der Denkmalpflege an: Wie lassen sich zeitgenössische Vorstellung von Komfort, bauphysiologischen Normen und den eher vereinfachten, zum Teil auch groben, konstruktiven Lösungen mit den damaligen feinen, wenn nicht allzu anfälligen Materialien, Proportionen und Profilen vereinbaren? Ähnlich transponiert stellt Helmut Engel die Frage, wie zeitgenössische Nutzungsanforderungen in ein vergangenes städtebauliches Leitbild noch hineinpassen können.

Das Dilemma der Denkmalpflege, im weitesten Sinne des Wortes – welche Bauten zu erhalten, wenn nicht sogar wiederherzustellen, welche aber abzureißen sind –, bedarf der breitesten und engagiertesten Diskussion aller, die die gebaute Umwelt als Teil der gemeinsamen Kultur empfinden. In einer Zeit der unbeschränkten technischen Möglichkeiten ist Kultur die letzte moralische Instanz, die die Gemeinschaft vor vorschnellen Fehlentscheidungen mit noch unbedachten Konsequenzen bewahren könnte. Die Pflege nicht nur von gebauter Substanz, sondern ganz allgemein wird mit Sicherheit zur immer wichtigeren Aufgabe der nächsten Jahre. Dafür brauchen wir schlüssige Konzepte, die sich den kulturellen und ökologischen Anforderungen der Zukunft stellen. Die Ideen in diesem Jahrbuch sollen hierfür einen Beitrag leisten.

Über dieses Grundthema hinaus stellen wir eine Auswahl von vorbildlichen realisierten Bauten vor. Der Vitalität und hohen Gestaltungsqualität junger Büros ist es zu verdanken, daß sie in diesem Jahrbuch wieder stark vertreten sind. Auch ist die noch anhaltende Planungsaktivität in den neuen Bundesländern ein Grund dafür, daß zahlreiche Projekte von dort veröffentlicht werden.

In die Arbeit des Deutschen Architektur-Museums selbst möchten wir den Lesern einen umfassenderen Einblick geben als zuvor. Die in diesem Jahr, trotz finanzieller Einschränkungen, doch noch erfolgreich abgeschlossenen Akquisitionen von Zeichnungen Max Cettos und Hans Poelzigs stellen wir im Anhang vor. Auch soll mit dem Jahresrückblick der Öffentlichkeit die spannungsreiche und intensive Arbeit des Museums in Erinnerung bleiben.

Annette Becker
Wilfried Wang

Auch in diesem Jahr möchten wir unsere Leser herzlich einladen, sich mit Projektvorschlägen und Anregungen an die Redaktion des Architektur Jahrbuchs, Deutsches Architektur-Museum, Hedderichstraße 108–110, 60596 Frankfurt am Main, zu wenden.

Foreword

This year's Architecture Annual addresses a number of issues related to the preservation of our urban and architectural heritage. It is a very broad field indeed, ranging from the experimental approach embodied by the vast Berlin-Mitte project, which might almost be described as a regional planning project, to the painstakingly detailed restoration of such historically significant buildings as the Villa Urbig, Rabe House and Feininger House. Such diversity of scale highlights the underlying formal and philosophical problems involved, although experience has shown that theory and empirical practice can be combined by a careful analysis of the original intentions and a sensitive exploration of the existing architecture – which does not necessarily coincide with the original intentions, however laudable.

Arthur Rüegg broaches a frequently neglected subject by asking how it is possible to reconcile contemporary notions of comfort, architectural standards and today's simplified or even rough structural solutions with the fine yet durable materials, proportions and profiles of the past. In similar vein, Helmut Engel asks how contemporary functional requirements can be fitted into a bygone urban concept.

The dilemma of conservation in the broadest sense of the word – which buildings are to be retained or restored, and which are to be demolished – is a matter that must be discussed in depth by all who regard the built environment as part of our common heritage. In an age of boundless technical possibilities, culture is the final moral instance that might be able to save society from hasty decisions with unforeseeable consequences. Conservation in general is bound to become increasingly important in the coming years, and if we are to rise to this challenge, we are going to need coherent, logical concepts capable of meeting the cultural and ecological requirements of the future. The ideas in this publication are intended to contribute towards this aim.

Apart from this main theme, we also present a selection of exemplary projects. The vitality and high design standards displayed by young firms of architects have ensured their inclusion in this year's issue. As a result of the continued high level of activity, a number of projects are included from Germany's eastern states.

Finally, we also wish to keep our readers more fully informed of the work of the Deutsches Architektur-Museum. In spite of our tight financial budget, this year has seen the acquisition of the estate of Max Cetto and a number of drawings by Hans Poelzig, which are presented in the appendix. With this retrospective summary, we hope to give our readers an insight into the fascinating and intensive work of the museum.

Annette Becker
Wilfried Wang

This year, once again, we invite our readers to send their comments and ideas to the editors of the Architecture Annual at the Deutsches Architektur-Museum, Hedderichstrasse 108–110, 60596 Frankfurt am Main, Germany.

Roger Diener **Denkmalpflege und Architektur**

In der Denkmalpflege herrscht Einigkeit darüber, daß im Dialog zwischen Alt und Neu der materielle Schutz der Denkmalsubstanz Vorrang hat. Weiter ist unbestritten, daß zeitgenössische Eingriffe reversibel ausgeführt werden sollen.[1] Die Diskussion in der Denkmalpflege setzt dort ein, wo es um die Gestalt des Neuen geht. Zwei Richtungen zeichnen sich ab: eine konservative, die das Neue auf eine harmlose Ergänzung des Bestandes beschränken möchte, und eine fortschrittliche, welche für den Fall eines notwendigen Eingriffs im Denkmal auf einem eigenständigen Ausdruck des Neuen besteht. In einer losen, assoziativen Folge von Thesen, Argumenten und Beispielen soll die Gültigkeit dieser Positionen erwogen werden.

Eine schwierige Begegnung

Mit dem Begriff des Alterswerts hat Riegl die radikalste aller Grundlagen für die Praxis der Denkmalpflege eingeführt. Er gewährleistet die Auflösung des geschlossenen Werkes und verlangt, daß es der in der Zeit wirkenden Natur überlassen wird. »Jedes Menschenwerk wird hierbei aufgefaßt gleich einem natürlichen Organismus, in dessen Entwicklung niemand eingreifen darf; der Organismus soll sich frei ausleben, und der Mensch darf ihn höchstens vor vorzeitigem Absterben bewahren. So erblickt der moderne Mensch im Denkmal ein Stück seines eigenen Lebens und jeden Eingriff in dasselbe empfindet er ebenso störend wie einen Eingriff in seinen eigenen Organismus.«[2]

Der Alterswert schließt ein gemeinsames Handeln von Denkmalpflegern und Architekten aus. So betrachtet, ist der Konflikt unlösbar. Aber auch das andere, weniger radikale Prinzip, das Riegl anführt, der historische Wert, gerät wohl zwingend in Widerspruch zu einer gemeinsamen Aktion von Denkmalpflege und Architekt, denn es fordert, daß das Denkmal seinen ursprünglichen geschlossenen Zustand offenbart. Wir müssen erkennen, daß der Konflikt zwischen Denkmalpfleger und Architekt oft bereits in der Anlage liegt. So zum Beispiel wenn der kommunale Denkmalpfleger, von Amtes wegen verpflichtet, frustriert die Renovierung der Fassade eines Hauses in der Altstadt begleitet, den Architekten trifft, der sein schlechtes Gewissen verdrängt und die Auskernung des Hauses für den Einbau der Bankfiliale als Auftrag übernommen hat. Daß die Denkmalpfleger, derart kompromittiert, gereizter

Conservation and architecture

When it comes to the upkeep of historic buildings, it is widely acknowledged that the physical preservation of the existing historic structure should be given precedence in the dialogue between old and new. It is also agreed that any modern-day interventions should be reversible. Generally speaking, there are two discernible approaches: one is a conservative approach that seeks to limit any new additions to nothing more than a harmless extension of the existing building, while the other is a progressive approach that insists on any necessary renewals being clearly recognisable as such. The validity of these two positions is argued in a loosely associative sequence of theses, arguments and examples. With the concept of the "value of age", Riegl introduced the most radical of all fundamental tenets for the conservation of historic monuments. It ensures the dissolution of the hermetically self-contained work and requires that it be left to the devices of nature and the passage of time. "Each work created by man is thus regarded as a natural organism in whose development no one has the right to interfere; the organism should be able to develop freely and man should do no more than save it from premature death. In this way, modern man sees part of his own life reflected in the historic monument and perceives any

Eine sorgfältig renovierte Fassade aus der Zeit um 1900. Dahinter das modern ausgebildete Gebäude für die Bankfiliale

Bankgebäude, Lörrach. (Foto: Diener & Diener, Basel)

intervention in it as an intervention in his own organism." The "value of age" precludes collaboration between architects and conservationists. Regarded thus, the conflict cannot be resolved. Even the other, less radical, principle posited by Riegl – that of "historical value" – also stands in the way of any cooperation between conservationists and architects, for it requires that the historic building should reveal its original integral state. We should bear in mind that the conflict between conservationists and architects is often inevitable. Imagine, for example, a meeting between the official in charge of restoring a historic facade and the architect who has overcome his qualms and accepted the contract to gut the interior for conversion to a bank. The fact that the conservationists, finding their work compromised in this way, should react more sensitively than the architects, who often feel they are defending the right of contemporary creativity, is all too understandable. Diener presents three case studies: Carlo Scarpa's Museo Castelvecchio in Verona as a dialogue between old and new; the Alte Pinakothek in Munich by Hans Döllgast and the Teatro Romano in Sagunto by Giorgio Grassi as successful examples of the extension of a listed building (such as one might have wished to see in the case of Schinkel's Bauakademie) and finally the Neue Wache in Berlin as an example of the largely unsuccessful conversion of a historic building.

Die auffällig virtuose Gestaltung der neuen Stufen weist der alten Gebäudestruktur eine untergeordnete Bedeutung zu.

Carlo Scarpa, Galleria Querini Stampalia, Venedig

reagieren als die Architekten, die sich in einem solchen Konflikt oft in einem Einsatz für das Recht zeitgenössischen Schaffens wähnen, ist verständlich.

Der inszenierte Dialog zwischen Alt und Neu

Es gibt im Kreise der Denkmalpflege eine versöhnliche These, die besagt, daß moderne Architektur im Zusammenspiel mit historischer Bausubstanz nicht ausgeschlossen werden soll, aber bitte von guten Architekten ausgeführt. Solche Beispiele sind in verschiedenen Ausstellungen und Publikationen zusammengetragen worden. Es fällt allerdings schwer, diesen Beispielen viel abzugewinnen. Bei der Durchsicht fällt auf, daß die alte Substanz in solchem Zusammenspiel meist in den Hintergrund geraten ist. Sie ist fast durchwegs zu einer Bühne geworden, auf der das Neue raffiniert inszeniert ist. Und je virtuoser die Leistung des Architekten ist, desto schwerer fällt es, sich auf den Grund, auf das Bauwerk zu konzentrieren. Die Wahrnehmung des Alten wird durch das Neue mitbestimmt. Die zugbelasteten Konstruktionen aus Stahl beispielsweise reduzieren im Dialog die Wirkung des alten Gemäuers auf seine statisch lastende Dimension. So erschöpft sich das Alte im Neuen. Nie waren Denkmäler wohl weiter von Riegls Alterswert entfernt gedacht als hier. Schließlich droht das dialogische Spiel mit der Zeit und ihrem Zeugnis am Bauwerk

in Wahrheit die Dimension der Zeit aufzuheben. Um das festzustellen, mag es helfen, sich ein analoges Projekt für die Erneuerung einer solchen zeitgenössischen Fassung zu denken. Es ist nicht vorstellbar. Selbst die besten Beispiele dieser Art wie jene von Carlo Scarpa scheinen ausgereizt. Künftige Architekten werden im Museo Castelvecchio in Verona nicht mehr wie Scarpa Neues gegen Altes setzen können. Es hilft auch nicht, wenn wir uns auf eine fortschrittliche Theorie berufen: Wir können in diesen Projekten auch keine Voraussetzungen erkennen zu ihrer kritischen Aneignung, wie sie beispielsweise Walter Benjamin beschreibt. In diesem Spiel werden die Bauwerke, auf ihren Gebrauchswert bezogen, fast immer einschränkend überbestimmt. Es ist eine Spiegelung nach innen. Eine ›offene‹ Aneignung durch den Gebrauch, eine prozeßhafte Inanspruchnahme solcher Bauwerke scheint ausgeschlossen. Es ist aus diesen Gründen vielleicht irreführend, dort auf einem außergewöhnlich hohen Anspruch an Architektur zu bestehen, wo es um den Umgang mit alten Gebäuden geht.

Der Notstand der Denkmalpflege

Georg Mörsch stellt im Nachwort zur Neuveröffentlichung der Texte von Dehio und Riegl die Frage: »Von welchen Denkmälern ist da noch die Rede, wenn wir die neuausgefüllten historischen Fassaden unserer Einkaufsparadiese, die nostalgischen Reste in einer industrialisierten Produktionslandschaft, kurz, die in jeder Hinsicht produktions- und konsumkompatible Denkmalwelt betrachten?«[3] Leider bestehen keine Zweifel über die alarmierenden Verhältnisse. Auch für die Architekten nicht. Aufgeklärte Kritiker wie Dieter Hoffmann-Axthelm treten deshalb dafür ein, verbliebene Teile der Stadt einfach zu belassen, und raten der Denkmalpflege bis dahin, bei angepaßten Neubauten jeden ästhetischen Diskurs zu verweigern und ausschließlich vom Geld zu sprechen. »Denkmalpflege«, so bringt er es auf den Punkt, »ist neben dem Bauen kein zweiter Weg, sondern eine Grenzbestimmung«.[4]

Dennoch: Denkmalpflege und Architektur

In Artikel 9 der Charta von Venedig steht zur Restaurierung: »Sie hat dort aufzuhören, wo die Vermutung beginnt«. Das kann man wohl für das Ganze nehmen: Denkmalpflege hört dort auf, wo die Architektur einsetzt. Und für die Architektur sind wir darauf angewiesen zu abstrahieren, Typisches aufzunehmen, ganz einfach zu wählen. Ein solches Verständnis liegt auch den wenigen jüngeren

Die wiederhergestellte Fassade der Alten Pinakothek. Das Verfahren erinnert an die berühmte Restauration eines brandgeschädigten Gemäldes von Franz Marc durch den Maler Paul Klee, der die Farbigkeit der zerstörten Bildteile in der Neufassung durch dunkle Farbtöne ersetzt hat.
(Foto: Klaus Kinold)

Beispielen zugrunde, wo der Eingriff in das Denkmal zu einem neuen beglückenden Ganzen geführt hat. Allerdings hat die Denkmalpflege an dieser Idee schon früher Kritik geübt. Bereits 1983 hat sich Norbert Huse aus der Sicht der Denkmalpflege gegen die Inanspruchnahme des Typus verwandt, weil er darin eine neue Bedrohung zu erkennen glaubt. Er schreibt dazu: »Die konkreten Verfahrensweisen sind notwendigerweise denkmalfeindlich: Aus Vorhandenem muß das Wesentliche, Typische, Gemeinsame herausgefiltert werden. Aus den vielfach sehr oberflächlich und flink gewonnenen, oft auch nur behaupteten Merkmalen wird dann ein notwendigerweise abstrakter Idealtypus entwickelt. Dieser Idealtypus, den es ja vor und außerhalb dieser Analysen nie gegeben hat, wird nun als Wirklichkeit behandelt, aus der man objektiv wesenskonforme Neubauten deduzieren könne.«[5]

Immer wieder begegnen wir der Skepsis der Denkmalpflege gegenüber der Architektur als Idee. Offensichtlich wirkt der Zugriff der Architekten auf die Baugeschichte irritierend. Dehio hat noch die Bedrohung geistiger Werte durch ihre Bindung an materielle Substrate untersucht.[6] Die Denkmalpflege sieht heute das materielle Zeugnis durch die Diskussion geistiger Werte in Frage gestellt. Dennoch scheint das Verständnis der Stadt und ihrer Gebäude eine Voraussetzung für das Gespräch von Denkmalpflegern und Architekten. Die Idee der Stadt, ihre kollektive Zugehörigkeit zur Ideengeschichte und ihre Einzigartigkeit lassen uns erst die Sorge der Denkmalpflege um jedes einzelne erhaltene Bauwerk verstehen. Zudem eröffnet das Verständnis der Bauten-Geschichte und ihrer Kontinuität einen Zugang zum Entwerfen, der nicht so gnadenlos die Virtuosität des Architekten voraussetzt.

Die geglückten Beispiele. Die Erweiterung des Denkmals

Die Rekonstruktion der Alten Pinakothek in München von Hans Döllgast (1946-1957) gilt unter Denkmalpflegern wie unter Architekten unbestritten als ein Meisterwerk. Die ungeschönte, kriegsversehrte Fassade ist nur das weithin erkennbare Zeichen eines sorgfältigen, aber entschiedenen Umgangs mit dem historischen Bestand, der das ganze Bauwerk betrifft. Hier ist auch der wahre Grund für das zu suchen, was uns an diesem Denkmal so bewegt. Es liegt eine seltsame Spannung in der Beziehung von Bestand und Zufügung gegenüber der räumlichen Organisation des Gebäudes. Bekanntlich hat Döllgast im Zuge der Rekonstruktion der zerstörten Teile auch jene Treppenanlage eingeführt, die das ganze Haus in seiner Längsrichtung spannt und zugleich eine räumlich erlebbare Mitte bestimmt. Die Zufügungen, die konsequent dem Geschick der Zerstörung unterstellt scheinen, spielen im Widerspruch dazu einen zentralen, konstituierenden Part im erneuerten Denkmal. Ein Teil der schwer zu ergründenden Faszination geht wohl auf die elementare Wirkung zurück, die von den neuen Teilen ausgeht. Sowohl ihr Typus als auch ihre Materialisierung verleihen den neuen Teilen eine ursprüngliche Kraft, die sich mit dem Denkmalbestand zu einem untrennbaren Ganzen vereinigt hat. Das Alte ist hier ebenso selbstverständlich im Neuen aufgehoben wie das Neue im Alten. Döllgast ist tief in das Bauwerk eingedrungen und hat so zu einer geschlossenen Fassung gefunden, welche die ganze Geschichte des Denkmals in sich auf-

genommen hat. Sie unterscheidet ebenso von den Konzepten einer harmlosen Rekonstruktion wie von jenen, die Alt und Neu kontrastreich zu inszenieren trachten. Die vielen Diskussionen um eine Rekonstruktion der Bauakademie in Berlin können auch dazu verleiten, sich vorzustellen, wie das kriegsbeschädigte Gebäude im Sinne von Döllgasts Pinakothek hätte restauriert werden können, das ja von Schinkel ebenfalls mit einer unüblich ›informellen‹ Treppenanlage ausgestattet worden war.

Bei anderen geglückten Beispielen können wir eine ähnliche Intensität und Dichte zwischen dem alten und neuen Denkmalbestand feststellen, die es zu untersuchen gilt, wenn wir uns diesem Thema künftig vertieft widmen wollen. Ihre Qualität entzieht sich den Kriterien, die bis jetzt in unserem Zusammenhang diskutiert worden sind. Die Beispiele reichen weit in die Baugeschichte zurück und führen bis zur kürzlich abgeschlossenen Restaurierung und Instandsetzung des Teatro Romano in Sagunto durch den Architekten Giorgio Grassi.

… und die schlechten. Die Neuverwertung des Denkmals

Neben der Instandsetzung beschädigter Denkmäler gibt es auch Beispiele von restaurativen Eingriffen, welche eine frühere an die Stelle der heutigen Fassung des Denkmals setzen wollen. Noch kontroverser ist jedoch die Diskussion um das Denkmal der Neuen Wache in Berlin verlaufen. In der ›ZEIT‹ vom 18. Oktober 1991 hatte sich der Architekturhistoriker Julius Posener dafür ausgesprochen, Schinkels Neue Wache in Berlin so zu restaurieren, wie sie

Man könnte sich sehr gut vorstellen, wie überzeugend eine ›strukturelle‹ Wiederherstellung der Bauakademie im Sinne der Alten Pinakothek von Döllgast hätte ausfallen können.

Die Bauakademie von Südwesten. Aufnahme Mitte der fünfziger Jahre (Foto: Hans Müller)

Alte und neue Teile verbinden sich zu einem Ganzen. Sie folgen beide den Regeln, die tief im Bauwerk angelegt sind.

Giorgio Grassi, Restaurierung und Instandsetzung des Teatro Romano, Sagunto
(Foto: Roberto Bossaglia)

1931 von Heinrich Tessenow als Mahnmal für die deutschen Kriegsgefallenen des Ersten Weltkriegs umgestaltet worden ist. Er hat damit der Meinung der Denkmalpflegerin widersprochen, die damals für den Ostteil der Stadt verantwortlich war. Sie wollte den Raum so belassen, wie er nach Zerstörungen im Krieg 1951 als DDR-Mahnmal gegen den Faschismus ausgestattet worden ist, weil es, wie sie sagt, »ein Teil der Geschichte des Bauwerks und ein Zeitdokument« sei. Posener sprach von einem »peinlich gewordenen Mahnmahl« und machte den künstlerischen Rang der Tessenow-Fassung geltend. Abschließend schrieb er: »Die Denkmalpflege ist im besten Sinne problematische Arbeit. Darum muß sie sich an gewisse Regeln halten, das versteht sich. Jede Regel aber verliert ihre Gültigkeit angesichts des Ereignisses, des großen

Augenblicks – um es kurz zu sagen: des Kunstwerks. Hier bleiben die Regeln in suspenso.«

So viel, wie man vermuten könnte, ist allerdings mit dem Raum nicht geschehen. Wer den Raum in der DDR besucht hat, wird sich aber daran erinnern, wie grotesk und beängstigend zugleich das Bekenntnis gegen den Faschismus mit der Ehrenwache der Volksarmee im Rücken gewirkt hat. Dagegen scheint die Diskussion um die beiden Fassungen des Raumes unerheblich. Keine der beiden vermochte die Geschichte zu vermitteln, die wir heute kennen. Aus eigenem Befinden vermute ich, daß Posener, der selbst Jude war und vor dem Nazi-Regime fliehen mußte, in seinem Artikel nicht alle Gründe genannt hat, die ihn 1991 für die Rekonstruktion der Tessenow-Fassung von 1931 plädieren ließen. Tessenow hatte diesen Raum für die

Kriegsopfer des Ersten Weltkriegs unmittelbar vor der Katastrophe des Nazi-Deutschland und seinen Abermillionen von Opfern gestaltet. Ein solches Mahnmal schien Posener in einem alten Wachhaus wohl noch möglich – vielleicht dank dem Rang der Architektur Schinkels und jener Tessenows. Mit der Wiederherstellung der Wache im Jahre 1957 in der DDR war eine entscheidende Umdeutung verbunden. Das Denkmal wurde »den Opfern des Faschismus und Militarismus« gewidmet. Damit sollten auch die Opfer jenes unsagbaren Genozids eingeschlossen werden, die Posener sicherlich nicht unter die Kriegsopfer gezählt wissen wollte. Zudem konnte ihre Erinnerung in einem alten Wachgebäude keinen Platz finden, trotz Schinkel und Tessenow.

Dennoch haben beide Fassungen auf ihre Weise ausgedient. Ich denke, diese Erkenntnis hätte aber nicht zu jener Gestaltung führen dürfen, die inzwischen ausgeführt worden ist. Das hat wenig mit der architektonischen Fassung des Raumes zu tun, sondern es ist in seiner neuen Widmung als »Zentrale Gedenkstätte für die Opfer von Krieg und Gewaltherrschaft« angelegt. Damit ist die fragwürdige Umdeutung des Denkmals von 1957 neu autorisiert und durch die Montage der Kollwitz-Figur räumlich-skulptural noch umgesetzt worden.

Anmerkungen

1 Eine seltsame Übereinkunft, die in der Charta von Venedig nicht aufgeführt ist, ihr sogar widerspricht, falls man den zeitgenössischen Eingriffen nicht a priori geringe Bedeutung zumißt. Vergleiche dazu: ›Internationale Charta über die Erhaltung und Restaurierung von Denkmälern und Denkmalgebieten‹, Venedig 1964, Art.11, in: *archithese* 4-89, Zürich, S.39
2 Alois Riegl, ›Der moderne Denkmalkultus, sein Wesen und seine Entstehung‹, in: *Bauwelt Fundamente* 80, Braunschweig 1988, S.59
3 Georg Mörsch, ›Konservieren, nicht restaurieren‹, Nachwort in: *Bauwelt Fundamente* 80, Braunschweig 1988, S.125
4 Dieter Hoffmann-Axtheim, ›Imitieren oder Bewahren‹, in: *Werk, Bauen + Wohnen* Nr.3/1987, Zürich, S.36-39
5 Norbert Huse, *Denkmalpflege,* München 1984, S.215
6 Georg Dehio, ›Denkmalschutz und Denkmalpflege im neunzehnten Jahrhundert‹, in: *Bauwelt Fundamente* 80, Braunschweig 1988, S.89

Überarbeitete Fassung eines Referats über Eingriffe in die historische Substanz, Genf 1991.

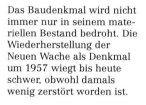

Das Baudenkmal wird nicht immer nur in seinem materiellen Bestand bedroht. Die Wiederherstellung der Neuen Wache als Denkmal um 1957 wiegt bis heute schwer, obwohl damals wenig zerstört worden ist.

Helmut Engel

Pariser Platz – oder: In welcher Art sollen wir bauen?

Die Entwicklungsgeschichte des Pariser Platzes sollte zwar als bekannt vorausgesetzt werden, doch ist eine kurze Darstellung unvermeidlich, um die Positionen der streitenden Parteien zu verstehen.

I

Der Platz entstand im Zuge der Westausdehnung Berlins unter Friedrich Wilhelm I. in den dreißiger Jahren des 18. Jahrhunderts. Seine Grundrißfigur über einem Quadrat korrespondierte mit den beiden anderen Torplätzen, die zeitgleich mit der Vergrößerung des Stadtgebietes entstanden waren: dem ›Oktogon‹ und dem ›Rondeel‹. Anders als am Leipziger Platz – dem Achteck – und dem Mehringplatz – dem Rondeel – wurde die Bebauung des später so genannten Pariser Platzes von Anfang an durch die Niederlassungen des Adels geprägt, an den der König die Baugrundstücke vergab. Die Häuser des Adels unterschieden sich als zweigeschossige Bauten mit Mansarddach im Typus jedoch kaum von den sonstigen Häusern, die der Monarch zeitgleich in der südlichen Friedrichstadt entstehen ließ – lediglich die Ausbildung der Fassaden verriet den gesellschaftlichen Stand der Eigentümer. Die Trauflinie der elfachsigen Fronten erreichte acht bis zehn Meter, der First zwischen vierzehn bis sechzehn Meter.[1]

Zum Bauen veranlaßt wurden beispielsweise ab 1735: der Berliner Stadtpräsident Adam v. Neuendorf auf den Grundstücken Nr. 7 und Nr. 6 nördlich des Brandenburger Tors[2]; die Grundstücke Nr. 1 und Nr. 2 südlich des Tors wurden mit Schenkungsurkunde vom 12. Februar 1737 vergeben – Eigentümer von Nr. 2 wurde Graf Friedrich Ludwig von Wartensleben, der »gegen Anweisung eines freien Bau-Platzes und benötigten Baumaterialien nach Unserm allerhöchsten Willen« zu bauen hatte – der Monarch und seine Hofarchitekten bestimmten also die Architektur.[3] Der Pariser Platz muß auch in den Augen Friedrichs II. so angemessen gewesen sein, daß er sich nicht veranlaßt sah, ihn nach dem Siebenjährigen Krieg durch Immediatbauten, mit denen er sonst die städtebaulich bestimmenden Stellen der Stadt in ihrem Erscheinungsbild verbesserte, zu verändern. Nach dem Tode Friedrichs II. brach der neue Monarch mit dem Neubau des Brandenburger Tors nach dem Entwurf von Langhans in diesen städtebaulich eher bescheidenen Rahmen aus den dreißiger Jahren des Jahrhunderts ein – das Brandenburger Tor setzte fortan den Maßstab für den Platz: Die beiden seitlichen Torhäuser entsprachen in ihrer Höhenentwicklung der barocken Traufenlinie, und da die Mansarddächer keine den Platz beherrschenden Volumina bildeten, konnte das eigentliche Tor ungeschmälert als Dominante

Pariser Platz, Berlin

The most famous building on Pariser Platz is the Brandenburg Gate, a highly evocative symbol of German history, and the single constant factor in the turbulent history of this city square. The urban planning and architectural history of Pariser Platz itself can be traced back more than two hundred and fifty years, to the 1730s. In the course of time, the frontage alignment of the square underwent radical changes on two or three separate occasions, and its proportions in relationship to the Brandenburg Gate were fundamentally altered by raising the overall eaves height from the level of the guardhouse and tollbooth beside the Gate to correspond with the level of the Gate itself. In the nineteenth century, the Brandenburg Gate lost its original role as a dominant city landmark. Wartime damage and the subsequent division of the city, which left Pariser Platz out on a limb in the borderland between East and West, meant that after 1945 little trace was left of this former city square apart from the Brandenburg Gate itself. After reunification in 1990, reclaiming the centre of Berlin was a task akin to excavating the lost city of Pompeii. The square had remained in the public memory as an important focal point, and there was broad consensus that its historical importance should be revived. This, coupled with a certain antipathy towards modernism in architecture and the fear of unchecked architectural development, prompted the city planning authorities to draw up a set of statutes which were then

Charles Meynier, Der Einzug Kaiser Napoleons in Berlin am 27. Oktober 1806, 1810; Öl/Lwd., 363 x 493; Versailles, Musée National des Châteaux de Versailles

Brandenburger Tor und
Pariser Platz. Luftaufnahme
1930

Brandenburger Tor und
Pariser Platz. Luftaufnahme
1991

in die Platzrandbebauung einbezogen, als daß es diese beherrschte. Die Tätigkeit des Schinkel-Schülers Friedrich August Stüler, mit der gegenüber der Schinkel-Zeit dann nach 1840 die eigentliche Neubebauung des Pariser Platzes einsetzte, griff diese neue, von Schinkel vorgegebene Traufenlinie auf und gab der Platzrandbebauung in der Handschrift der Schinkelnachfolge immerhin einen einheitlichen Duktus, der erst in der Zeit der Reichsgründung um und nach 1871 und der jetzt beginnenden Vorliebe für das Barock und die italienische Renaissance abgelöst wurde; aber immerhin blieb seitdem die Traufenlinie verbindlich. Daß mit dem Bau des Hotels Adlon die Atmosphäre des Platzes dann entschieden angegriffen wurde, ist allgemein bekannt, aber immerhin behielt der Pariser Platz seine noble Atmosphäre und wurde nicht von der Entwicklung der Straße Unter den Linden in eine Kommerzmeile ergriffen – die Besonderheit aus der Gründungszeit des Platzes wirkte immer noch nach, und diese wurde durch die Bedeutung als Schauplatz für staatspolitische Ereignisse seit 1806 (bis in unsere Tage) sogar noch verstärkt.

II

Betrachtet man den Querschnitt der nach der Wende 1990 in Gang gekommenen Bautätigkeit in Berlin, kann man sich des Eindrucks eines ›anything goes‹ nicht verschließen. Oswald Mathias Ungers bemüht im Quartier 205 wiederum das Quadrat und versucht, einen ganzen Baublock durch Bilden von Baukörperkuben in den Griff zu bekommen. Die Gebäude des American Business Center am Checkpoint Charlie führen von der Rasterfassade über die horizontal geschichtete Fassade bis zur vertikalen Struktur im Großmaßstab alle grundsätzlichen Lösungsmöglichkeiten im Typus des Bürohauses vor, ohne die formal gestalterische Konsequenz eines Jean Nouvel mit seinen Galeries Lafayette auch nur ansatzweise zu wagen. Aldo Rossi versucht die Wiedergewinnung einer malerischen Bürgerstadt auf künstlich parzellierten Grundstücken im Geviert Schützen-, Markgrafen-, Zimmer- und Charlottenstraße. Josef Paul Kleihues als eine der Leitfiguren Berliner Architektur verblüfft bei seinen vielen Bauprojekten in der Berliner Innenstadt durch ständig wechselnde Formensprachen (die auf seine persönliche stilistische Handschrift hin zu interpretieren ihm indessen keine Mühe bereitet), Hans Kollhoffs Arbeiten werden dagegen gekennzeichnet durch die Beharrlichkeit in der Suche nach einer angemessenen Großstadtarchitektur mit engen Variationen einer steinernen Fassade.

den Eindruck bestimmen. In dieser Form diente der Platz als Kulisse für den pomphaften Einzug Napoleons im November 1806. Und die nach den siegreich beendeten Freiheitskriegen 1813–15 bis über die zwanziger Jahre des 19. Jahrhunderts andauernde Wirtschaftskrise ließ die barocke Bebauung mit dem klassizistischen Torbau im wesentlichen noch weiter so bestehen, obgleich Schinkel 1828–30 mit seinem Palais Redern nicht nur eine neue Formenwelt für die Architektur des Platzes einführte, sondern auch den Maßstab von dessen Bebauung sprengte – die Traufenlinie der Bebauung richtete sich fortan nicht mehr nach den seitlichen Torhäusern, sondern nach dem weit höher liegenden Gebälk des Tors. Das Tor büßte gegenüber den Jahren um und nach 1800 damit deutlich seinen beherrschenden Charakter ein und wurde eher

Pariser Platz. Josef Paul
Kleihues, Haus Liebermann
(Entwurfsstand 1996)

Nur am Pariser Platz, Unter den Linden – die immer noch von dem legendären Ruf des nicht mehr rechtsverbindlichen Linden-Statuts zehren – und auf der Spreeinsel mit dem verschwundenen Stadtschloß gehen die Uhren anders. Die Devise ›anything goes‹ gilt hier nicht – der Pariser Platz wird im Gegenteil zum Exerzierfeld einer öffentlichen Befindlichkeit. Hier bricht das weit verbreitete Bewußtsein über den gravierenden Verlust des alten Berlin mit dem folglich geäußerten Wunsch nach Wiederherstellung des (eines?) historischen Zustandes auf, hier sind im Zuge des Bebauungsplanverfahrens für den Pariser Platz amtlich verordnete und durch das Berliner Abgeordnetenhaus nach heftigen Diskussionen und nach Änderungen der ursprünglich eingebrachten Vorlage beschlossene Gestaltrichtlinien in Kraft gesetzt worden, hier artikulierte sich die empörte Abwehr aller solcher Gestaltungsvorschriften, und hier geriet schließlich die Verteidigung der Moderne in eine fast untrennbare Gemengelage mit den anderen Ansprüchen an das künftige Erscheinungsbild des Platzes, über die zu entscheiden nun eigentlich wer aufgerufen ist? Das Parlament? Der Senatsbaudirektor als das baukünstlerische Gewissen der Stadt? Die Berliner Verwaltung in ihrer Gesamtheit von der Berliner Feuerwehr über das Landesdenkmalamt, die Bauaufsicht und die Planungsämter von Bezirk und Hauptverwaltung einschließlich der sie leitenden Baudezernenten und Senatoren? Oder schlägt hier die hohe Stunde der Bauherren in ihrer Verantwortung gegenüber der Stadt und gegenüber ihrer eigenen Reputation, die sie als Investor, als Hotelbetreiber, als Bankzentrale, als Firmeninhaber zur Geltung bringen wollen? Oder setzt sich, weil aus Wettbewerben hervorgegangen, einfach nur die

architektonisch beste Lösung durch – wenn auch durch die Gestaltvorschriften gefiltert? Mutmaßlich wird sich letztlich die Bürokratie durchsetzen, denn Bauherren und Architekten werden immer horchen, was gewollt wird, denn man will auch nicht beim Senat anecken – selbst wenn man insgeheim murrt. Das Parlament reagiert zu langsam und kann bei der Vielfalt der Meinungen seiner Vertreter ohnehin nur den manchmal mühsam austarierten Kompromiß zur Sprache bringen und somit im präziseren Sinne kaum meinungsbildend einwirken, bestenfalls artikulieren sich Grundmeinungen.

Unstrittig ist – und darüber gibt es sogar einen breiten Konsens –, daß die historische Bauflucht in der Platzrandbebauung einzuhalten ist, die Traufenhöhe in Abhängigkeit vom Brandenburger Tor bestehen bleibt und die alte Parzellenteilung der angrenzenden Grundstücke der Neubebauung zugrunde zu legen ist. Während die Bürokratie die Gestaltungskriterien für eine neue Bebauung dabei aus dem Zustand des Platzes ableitete, wie er in der Nachschinkelzeit um die Mitte des 19. Jahrhunderts entstanden war, ziehen Persönlichkeiten des öffentlichen Lebens wie Friedrich Dieckmann oder Tilmann Buddensieg die gerade in dieser Zeit eingeführte Maßstäblichkeit in Zweifel, denn der Platz der Zeit um 1800 stelle in seinem Spannungsgefüge von gerade errichtetem Brandenburger Tor und Platzumbauung aus dem 18. Jahrhundert eine unübertroffene Platzinszenierung dar und müsse demgemäß in dieser städtebaulichen Grundform einer Wiederherstellung zugrunde gelegt werden – der Platz sei maßstäblich bereits im 19. Jahrhundert verdorben worden.

Zum wirklichen Streitthema wurde aber eben eigentlich nur das äußere Erscheinungsbild der zu

ratified by the Parliament of Berlin. These statutes triggered a heated architectural debate that is still raging today, focused primarily on three specific buildings and their respective interpretation of the statutes – the historicising reconstruction of Hotel Adlon, the modern new building of the Academy of Arts and the two buildings flanking the Gate. A strong lobby of public opinion, backed by conservative regional politicians, calls for a more or less historical reconstruction of the square, while the Academy of Arts sees itself as an institution whose very nature requires a modern building, and the official planners who drew up the guidelines in the first place consider it their duty to control the arbitrary development of the sites and establish a basic framework for the new architecture in terms of a cohesive urban development. Though this may be regarded as an impediment to the freedom of artistic expression, it could just as well be taken as a stimulating challenge.

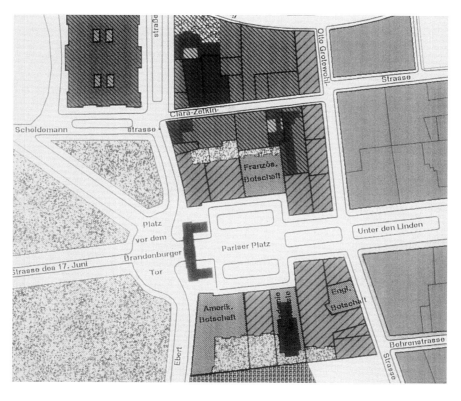

Pariser Platz. Kritische
Rekonstruktion

Pariser Platz. Moore, Ruble,
Yudell, Amerikanische
Botschaft (Gutachterwett-
bewerb 1996)

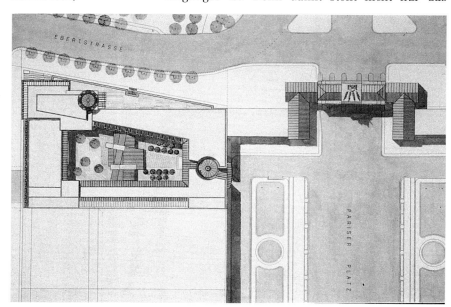

errichtenden Häuser – und für eine Minderheit schließlich die Frage einer anderen Maßstäblichkeit der Neubebauung im Verhältnis zum Brandenburger Tor.

Der eigentliche Prüfstein wird das Haus für die am Pariser Platz bauende Akademie der Künste sein, weil sie in die Vorgaben eines Gestaltkorsetts zu bringen, das eigentlich Pikante des gesamten Vorganges ist. Denn damit steht nicht nur das

Renommee der Akademie, die ja nach ihren Statuten den Senat von Berlin als gewissermaßen oberste künstlerische Instanz beraten soll, auf dem Spiel, sondern auch ihre moralische Glaubwürdigkeit. Kann eine Akademie der Künste von sich aus überhaupt sich einer sie reglementierenden und dabei – schlimmer noch – historisierenden (und durch die Satzung nicht geforderten) Bauweise ausliefern, ist sie nicht eigentlich aus ihrem eigenen Selbstverständnis notwendigerweise der Moderne, wenn nicht sogar der Avantgarde verpflichtet? Eigentlich müßte doch eine Akademie der Künste an einer solchen städtebaulich herausragenden Stelle selbst den Maßstab setzen und nicht die Gestaltvorstellungen der Bürokratie! Oder muß man schlicht mit dem Hinweis kontern, daß – als die Akademie der Künste 1904 den Pariser Platz 4 bezog – das bestehende und durch den Schinkel-Schüler Eduard Knoblauch entworfene und 1857 – 58 errichtete Palais des Grafen Arnim durch Ernst von Ihne auch nur umgebaut und die bestehende Substanz wegen ihrer Wertschätzung als geschichtlichem Dokument eben nicht preisgegeben wurde? Und gehört nicht auch ein Anton von Werner zur künstlerischen Welt Berlins und seiner Akademie? Dürfen Selbstverständnis und Gestaltungsauftrag einer Akademie der Künste folglich auch auf die konservativ historische Formenwelt bezogen werden?

Bliebe somit als der innere Kern der Auseinandersetzung eigentlich der Konflikt der Moderne mit einer sich zu entwickeln beginnenden konservativen Architektur? Denn der Wunsch nach einer wiederherstellenden Bebauung kann im Kern nur so und gleichzeitig als Widerstand gegen die Moderne verstanden werden. Kennzeichnend dabei wiederum nun, daß die Gestaltvorschriften der Bürokratie ihrerseits zwischen die Mühlsteine zu geraten drohen, denn eine historisierende Bebauung à la Adlon lag bei Leibe nicht in der Absicht ihrer Verfasser und des ehemaligen Senatsbaudirektors, aber eben auch keine Gestaltäußerungen, wie sie die Akademie durch den von ihr favorisierten Günter Behnisch vortrug. Daß sich über die Gestaltsatzung hinaus, die als Instrument gegen Wildwuchs im Kampf um Ausnutzungen sowie als Regulativ für eine dem Ort angemessene Architektur verstanden wurde, nun eine zusätzliche öffentliche Meinung zu Worte meldet, wird an den Wortführern deutlich – dem Verein ›Historisches Berlin‹ in der Geschäftsführung von Annette Ahme, einer ehemaligen Abgeordneten von Bündnis 90/Die Grünen, und dem parlamentarischen Geschäftsführer der CDU-Fraktion im Berliner Abgeordnetenhaus, Klaus Landowsky, denen die Vorgaben der Gestaltsatzung offensichtlich nicht historisch genug ausgefallen sind. Äußerungen von Annette Ahme kennzeichnen sehr deutlich die Vorstellungswelt dieser Haltung, die ohne den Vergleich zum aktuellen Baugeschehen nicht auskommt: »Dort muß ein neues Stück altes Berlin wiedererstehen! ... Berlin braucht eine behutsame Weiterentwicklung der historischen Mitte auf der Grundlage der Berliner Architekturtradition. ... Die Sehnsucht nach ein wenig Alt-Berlin ist groß ... ein Heimatwert, etwas, was das Sichwohlfühlen in der Stadt ausmacht.« Im Gegensatz dazu: »In weiten Teilen bietet Berlin ein Bild der Ödnis, der Monotonie.«[4] Und schnell bei der Hand ist auch der Vorwurf der »Gesichtslosigkeit«, des Mangels an »Flair«, an »Verweilqualität« und von »Identifikation«.

III

Neu in der Baugeschichte Berlins ist ein solcher Konflikt zwischen moderner und konservativer Architektur nun bei Gott nicht. Und möglicherweise wiederholen sich sogar die Rollenverteilungen in dem Sinn, daß der konservative Part den Herrschenden zufällt. Aber Wilhelm II. hatte bei seinem konservativen Selbstverständnis in Sachen Kunst immerhin eine – wir würden heute sagen – ›Philosophie‹, nämlich die, daß die Kunst eine erhebende Wirkung gerade bei den Volksschichten auszuüben habe, die in der sozialen Hierarchie der Gesellschaft benachteiligt waren. Die Unterprivilegierten des deutschen Kaiserreiches sollten durch die Anschauung beeindruckender Kunstwerke aus den Nöten ihres Alltags gewissermaßen emporgehoben und über dessen Niederungen getröstet werden

(ohne deren eigentlichen Anlaß zu beseitigen). Oder sollte man eine andere Linie der Befürwortung historisierender Architektur aus jüngerer Zeit als Erklärungsversuch für das anstehende Phänomen zugrunde legen und sich Walter Ulbricht anschließen, der auf dem III. Parteitag der SED 1950 eine aus den nationalen deutschen und Berliner Traditionen abgeleitete – stalinistische – Architektur mit der Begründung forderte, daß sie das Volk versteht? Und eine nationale Tradition für Berlin zu entwickeln, hieß dabei in der Meinung der Henselmanns die Berufung auf Schinkel, der nun heute auch wieder hoch im Schwange steht.

Oder will man heute – als simpelste Erklärung – einfach keine ›Moderne‹ mehr, hat man sie – populär ausgedrückt – ›satt‹? Denn befragt man die heutigen Befürworter der historisierenden Wiederherstellung des Pariser Platzes, dann muß man überraschend feststellen, daß es ein Theoriegebäude oder eine Ableitung aus kulturgeschichtlichen Traditionslinien für sie nicht gibt und sie offensichtlich auch keine Notwendigkeit empfinden, an einer solchen Theorie zu arbeiten. Vielleicht muß man sich deshalb bei der Erklärung des Phänomens tatsächlich auf eine noch simplere Verständnislinie zurückziehen – eben auf das Gefühl einfach eines weit verbreiteten Unbehagens mit der Ästhetik der überwiegenden Architektur in der Stadt. Und bedenklich wäre es in der Tat, wenn sich Politik dieses Unbehagen zunutze machen würde, ohne sich mit ihm der Ursache nach auseinanderzusetzen, wie es im Augenblick den Anschein hat.

Vielleicht tröstet es (wiederum in einer kulturhistorischen Ableitung), daß ein solches Unbehagen an Stadt, vornehmlich an Berlin, um 1890 zum Bei-

Pariser Platz. Patzschke, Hotel Adlon

spiel ebenfalls ausbrach, aber dann an der Wiege zur Moderne gestanden hat. Nur wird nach aller Einschätzung dieses heutige Unbehagen nicht in eine neue Moderne führen, sondern eher zu den Rezepten einer retardierenden Gesellschaft gehören, die sich scheut, sich den Problemen einer post-industriellen Gesellschaft zu stellen, daß sie gegenwärtig ›Stadt‹ augenscheinlich nur auf architektonisch formale Probleme reduziert begreift. Die ehrwürdige Disziplin der Stadtplanung, eigentlich aufgerufen sich dazu zu äußern, scheint in Sprachlosigkeit verfallen zu sein.

IV

Der Disput ist längst über die Denkmalpflege hinweggegangen, die aus guten Gründen keine Rekonstruktionen fordert und aus dem Selbstverständnis ihres Berufsstandes auch nicht fordern kann. Sie könnte ohnehin kaum über den im Denkmalschutzgesetz begründeten Umgebungsschutz der Baudenkmale am Pariser Platz – dem Tor, dem Hintergebäude der alten Akademie und der Platzfläche mit seinen Grünanlagen – selbst Gestaltvorstellungen jedweder Art formulieren, denn wenn sie auf der einen Seite die Verteidigung der bestehenden historischen Substanz einklagen will, muß sie konsequenterweise andererseits der zeitgenössischen Architektur die Freiheit der Entwicklung geben und nur gegen Verunstaltungen vorgehen – aber ist die historisierende Architektur des neuen Adlon eine Verunstaltung? (Oder ist nicht die historisierende Architektur gerade deshalb eine Verunstaltung,

weil sie den Eigenwert von historischer Bausubstanz mißachtet?) Und gäben die ohnehin weit gefaßten Bestimmungen des Umgebungsschutzes nach Denkmalschutzgesetz Berlin überhaupt die Möglichkeit her, eine denkmalpflegerische Philosophie der Dialektik alt: neu (im Sinne von Moderne) durchzusetzen?

Gewiß sähe eine breite Öffentlichkeit die Denkmalpflege in der Durchsetzung einer historisierenden Architektur hier gern auf ihrer Seite. Aber die Denkmalpflege ist gut beraten, von solchen Kräften Abstand zu halten, will sie nicht in den Verdacht geraten, der heute gängigen Welle, es sich in einer ›heilen Welt‹ der Geschichte gemütlich zu machen, bereits indirekt Vorschub geleistet zu haben.

Anmerkung: Muß nicht jenseits allen Richtungsstreites die Frage nach einer neuen Stadt-Architektur überhaupt erst beginnen?

Vergleiche somit Frank Gehry im TAGESSPIEGEL vom 9. Mai 1996: »Also fühlen Sie sich weniger eingeschränkt [d. h. durch die Gestaltungssatzung zum Pariser Platz] als herausgefordert?« Gehry: »Ja, ich akzeptiere das als Herausforderung.«

Anmerkungen

1 Maßangaben nach Heidemarie Näther, ›Der Empfangssalon des historischen Berlins im Wandel der Zeiten‹, in: *Berlinische Monatsschrift* 3. Jg. H. 6, Berlin 1994, S. 19
2 Heidemarie Näther, ›Der Empfangssalon‹ (Anm. 1), S. 21
3 Zit. nach Helmut Engel, *Pariser Platz – Geschichte und Architektur*, Berlin 1995, S. 9 (hrsg. v. d. Senatsverwaltung für Stadtentwicklung und Umweltschutz)
4 Zit. nach ›Berliner Gespräche: Annette Ahme zu Berlins historischer Mitte‹, in: *Berlinische Monatsschrift* H.2/1996, S. 39 ff.

Pariser Platz. Josef Paul Kleihues, Haus Sommer

Arthur Rüegg
Ruggero Tropeano

Technische Probleme in der Denkmalpflege

Vier Züricher Beispiele des ›Neuen Bauens‹

Obwohl es im Neuen Bauen der Schweiz kaum radikale Manifeste zum zentralen Thema eines neuen Wohn- und Lebensstils gibt, stellen die erhaltenen Bauten dennoch delikate denkmalpflegerische Fälle dar. Gerade weil es sich nicht um individualistische, künstlerisch geprägte Würfe handelt, sondern um ›allgemeine‹, ›neutrale‹ Lösungen, ist es nicht einfach, deren spezifische Qualitäten zu beschreiben und die Wichtigkeit der Erhaltung glaubhaft zu vertreten. Es fällt schwer, auf Anhieb ›schützenswerte Bauteile‹ in einer Architektur zu bezeichnen, die bewußt auf die Schmuckformen der historischen Stile verzichtete und sich auf die ›reine‹ Form und den Begriff der Funktionalität zurückzog – unter anderem deshalb, weil uns diese bescheidene Zweckarchitektur noch unmittelbar und auf selbstverständliche Weise nahesteht, so daß sich ihre Qualitäten nicht auf den ersten Blick erschließen. Indessen liegt gerade in der Reduktion, in der Kompaktheit und in der scheinbaren Anspruchslosigkeit die besondere Qualität dieser Bauten; schon die kleinste Veränderung kann ihren Charakter verfälschen. Dazu kommt, daß viele dieser noch jungen Denkmäler bis vor kurzem keine Aufnahme in das ›Inventar schützenswerter Bauten‹ gefunden hatten – ein Umstand, der sich in den letzten Jahren allerdings sehr rasch verändert hat – und daß ›Unterschutzstellungen‹ im allgemeinen erst bei einer aktuellen Gefährdung der inventarisierten Gebäude ausgesprochen werden. So gehen gerade bei nicht meldepflichtigen Unterhaltsarbeiten (bis hin zum Fensterersatz) in allzu vielen Fällen die Träger der fragilen architektonischen Stimmungen unwiederbringlich verloren; besonders die dicken neuen Fensterprofile zeitgemäßer Produktion schmerzen, aber auch der Verlust der alten Spiegel-, Simili-, Draht-, Roh- oder Riffelgläser, der Baubeschläge, der Glasbausteine, der originalen Oberflächen, der Beleuchtungskörper und so fort.

Die industriell gefertigten Bauteile, welche die zeittypische Stimmung der Bauten weitgehend prägen, sind schwieriger zu rekonstruieren als die kunsthandwerklich anspruchsvolleren Produkte weiter zurückliegender Epochen. So kommt es, daß sich gerade bei immer wieder erneuerten Bauten oft die Frage nach Sinn und Grenzen einer Restaurierung stellt; entsprechend sind die technischen Probleme auf ganz verschiedenen Ebenen angesiedelt. Dabei spielen auch die Größe und die Bedeutung des Objektes eine Rolle: Eine kleine, beispielhafte Villa kann mit viel mehr Abstrichen an heutigem Komfortanspruch und mit mehr Akribie im Detail wiederhergestellt werden als etwa eine große Siedlung, wo energetische Probleme ebenso relevant werden wie die Anliegen einer sehr unterschiedlich für kulturelle Belange engagierten Bewohnerschaft. Somit ist klar: Es gibt kaum Rezepte; jeder Fall muß für sich betrachtet und neu beurteilt

werden. Indessen lassen sich aus der Erfahrung mehrerer durchgeführter Erneuerungen immerhin einige Regeln zum Vorgehen ableiten, die wohl über die Landesgrenzen hinaus Gültigkeit haben werden.

Zunächst sind sicher gesetzliche Grundlagen nötig, aufgrund derer auch weniger spektakuläre Bauten erfaßt und eine adäquate Beratung sichergestellt werden; dazu muß der Wille des Gesetzgebers kommen, im Interesse des Schutzobjektes Ausnahmebewilligungen zu erteilen (etwa bezüglich des zu erreichenden Wärmeschutzes). Die ungleich wichtigere Voraussetzung zur Lösung jeder technischen Frage ist aber das Bewußtsein der Besitzer für die Qualitäten eines Objektes und die Beauftragung geeigneter Architekten, welche die eigene Kreativität in den Dienst der ihnen anvertrauten historischen Zeugen zu stellen bereit sind.

Im folgenden werden anhand von vier Züricher Beispielen einige immer wieder vorkommende Problemkreise besprochen. Für alle vier Objekte wurden ausgedehnte Bauuntersuchungen vorgenommen, wobei nicht nur alle schriftlichen Dokumente und die erhaltenen Pläne einbezogen, sondern in den meisten Fällen auch am Bau überprüfte Konstruktionspläne neu gezeichnet wurden. Für die abgeschlossenen Objekte wurden Rechenschaftsberichte vorgelegt über die anläßlich der Erneuerung getroffenen Maßnahmen und die in diesem Zusammenhang vorgenommenen Veränderungen (in unserem Fall in Form von Ausstellungen und Buchpublikationen).[1] Außerdem ist am Bau selbst die Veränderung dadurch nachvollziehbar, daß der ursprüngliche Zustand wo immer möglich in einem Fall exemplarisch erhalten wurde.

Technical problems of architectural conservation

Surviving examples of the ”Neues Bauen” style are so reduced, compact and deceptively simple that they pose a delicate conservation problem today. By way of four examples in Zurich, some of the technical aspects of renovating such buildings are explored; these include the problems of restoring the shell of the buildings and the windows, or restoring the original colour schemes and renewing the infrastructure. In the case of the projects illustrated here, the approach adopted is based on a creative practice of architectural continuity that entirely respects the building in question. On this basis, each decision taken has to be carefully weighed on the basis of precise analysis and in accordance with the plans of the respective building. Wherever possible, changes should be rendered visible by leaving at least one building in its original state.

Carl Hubacher und Rudolf Steiger, Zett-Haus in Zürich, 1930 – 32, heute durch Ausbau des Sockelbereichs, Fensterrenovierungen sowie Außendämmung im rückwärtigen Bereich relativ stark verändert (Foto: Baugeschichtliches Archiv der Stadt Zürich)

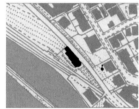

Die Rotachhäuser in Zürich

1928 erstellt durch:
Max Ernst Haefeli
1989 erneuert durch:
Cristina Pfister, Christian Stamm, Ruggero Tropeano
(Foto: Eckert und Gasser)

Werkbundsiedlung Neubühl in Zürich-Wollishofen

1928–1932 erstellt durch:
Paul Artaria, Max E. Haefeli, Carl Hubacher, Werner M. Moser,
Emil Roth, Hans Schmidt, Rudolf Steiger
1983–1986 erneuert durch:
ARCOOP: Ueli Marbach und Arthur Rüegg, Mitarbeit: Klaus
Dolder und Peter Hofmann (Foto: Archiv Neubühl)

In Weiterführung des Stuttgarter Ausstellungsthemas, ›Die neue Wohnung‹ (1927) wurden in Zürich 1928 prototypische Wohneinheiten für den Mittelstand erstellt und im Rahmen der Ausstellung ›Das Neue Heim II‹ im Kunstgewerbemuseum Zürich der Öffentlichkeit gezeigt. Vorangegangen war ein Wettbewerb unter zehn jüngeren Architekten, den Max Ernst Haefeli nach einer Überarbeitungsrunde für sich entscheiden konnte. Sein Projekt zeigt drei gestaffelte Baukörper, unterteilt in zwei mehrgeschossige Einfamilienhäuser und zwei kleinere Etagenwohnungen. Im räumlichen Aufbau zeigte sich Haefelis Projekt gemäßigt modern; auf eine vernünftige Weise wurden alle Prinzipien des Neuen Bauens und des ›Befreiten Wohnens‹ verwirklicht. 1976/77 konnte die Zerstörung durch eine Autobahneinfahrt gerade noch vermieden werden; geopfert wurden allerdings die Eingangsbrücken zum Wohngeschoß. Im Jahre 1988 entschloß sich die Baugenossenschaft Rotach zum Verkauf der Häuser. Eine Gruppe von jüngeren Architekten übernahm die Liegenschaft und restaurierte sie nach denkmalpflegerischen Grundsätzen. Die Substanz war mehrheitlich erhalten geblieben, so daß sanft renoviert und die innere Polychromie der nun unter integralem Denkmalschutz stehenden Gebäude rekonstruiert werden konnte.

Diese wichtigste Schweizer Siedlung des Neuen Bauens ist als Gemeinschaftswerk von Exponenten der Züricher und Basler Avantgarde im Anschluß an die Werkbundsiedlung am Weißenhof in Stuttgart geplant und 1930–32 in drei Etappen realisiert worden. 105 Einfamilienhäuser zu drei bis sechs Zimmern sind in Zeilenbauweise quer zu den sie erschließenden Straßen aufgereiht, dazu kommen 90 Etagenwohnungen in dreigeschossigen Mehrfamilienhäusern. Die in Schottenbauweise ausgeführte Siedlung ist nicht dem experimentellen Bauen verpflichtet, sondern vielmehr der systematischen Anwendung der Erkenntnisse und Erfahrungen des Neuen Bauens und Konstruierens. Entsprechend gut hat sich die Bausubstanz gehalten. Auslöser der Erneuerung waren die energetische Sanierung der Siedlung, die Erneuerung der Installationen sowie die Komfortanpassung im Bereich der Küchen und Bäder. Nach einer umfassenden Untersuchung der Siedlung wurden Problemkataloge erstellt und mit den Genossenschaften diskutiert. Schließlich konnten in zwei Etappen eine Außensanierung sowie die Erneuerung der Geschoßwohnungen vorgenommen werden; die Reihenhäuser werden aufgrund von Modellvorgaben jeweils bei Bewohnerwechseln innen saniert. Ziel war in jedem Fall ein örtlich begrenztes ›Weiterbauen‹ im Sinne des ursprünglichen Baugedankens und eine Optimierung des vorgeschlagenen Maßnahmenpaketes.

Die Kunstgewerbeschule und das Kunstgewerbemuseum der Stadt Zürich (heute: Schule und Museum für Gestaltung) zählen zu den herausragenden Beispielen des Neuen Bauens in der Schweiz. Unter der Leitung von verschiedenen Persönlichkeiten wie Alfred Altherr, Johannes Itten und Hans Fischli kam diese Institution zu einem internationalen Ruf. Die Bausubstanz des dreiteiligen Gebäudes, bestehend aus Saaltrakt, Museumstrakt und Schultrakt, erlitt in den letzten sechzig Jahren keine nennenswerten Veränderungen. Eine Ausnahme bildet der Terrassenaufbau im Schultrakt, der von Egender selbst Ende der fünfziger Jahre geplant wurde. Wie oft bei städtischen Gebäuden, die intensiv genutzt werden – täglich verkehren hier bis zu 2 000 Personen –, kommt der Unterhalt zu kurz, und die dringendsten Sanierungsarbeiten werden ohne Planung vorgenommen. Ende der achtziger Jahre bedrohten herabstürzende Verputzteile und sich lösende Glasscheiben die Sicherheit der Passanten; die Räume der überbauten Terrasse wurden für den Gebrauch nicht mehr freigegeben. Der Stadtrat von Zürich entschloß sich in einer ersten Phase für eine denkmalpflegerische Fassadensanierung und für die Reprofilierung der Dachterrasse, die bis 1998 vollendet werden sollen.

In diesen durch Sigfried Giedion als Bauherrn erstellten ›Versuchshäusern‹ sind über die Erfahrungen der drei Architekten Einflüsse des Schweizer Neuen Bauens, Le Corbusiers und des Bauhauses verschmolzen. Ursprünglich in der Nachfolge des Neubühlprojektes als luxuriöser Zeilenbau geplant, wurden schließlich zwei zonenkonforme ausgedrehte Blöcke mit Attikaaufbauten realisiert. Das detaillierte Studium aller Elemente des ›befreiten Wohnens‹ führte hier zu einer einmaligen Synthese internationaler Entwicklungen im Wohnungsbau. Die beiden Bauten sind in Stahlskelettbauweise ausgeführt. Dabei ist den akustischen Problemen größte Beachtung geschenkt worden. Im Bereich der Attika ist das Stahlskelett mit Holz ausgefacht und außen mit Eternitplatten verkleidet. Obwohl die experimentellen und formalen Aspekte des Bauens im Vordergrund standen, wurden die Lösungen im Detail so sorgfältig überlegt, daß sie fast ohne Schäden überdauert haben. Auslöser der Gesamtsanierung war die Frage nach einer energetischen Verbesserung der Gebäudehülle (insbesondere der Fenster) sowie die Verschmutzung von Edelputz und Eternitflächen. Nach einer Untersuchung der verschiedenen Problemkreise wurde eine äußerst zurückhaltende Erneuerung praktisch ohne Veränderung der Originalsubstanz unternommen.

Kunstgewerbeschule und -museum Zürich
1930–1933 erstellt durch: Karl Egender und Adolf Steger
1993–1998 erneuert durch:
Cristina Pfister und Ruggero Tropeano
(Foto: Baugeschichtliches Archiv der Stadt Zürich)

Zwei Mehrfamilienhäuser im Doldertal, Zürich
1932–1936 erstellt durch:
Alfred & Emil Roth und Marcel Breuer
1993–1994 erneuert; Beratung Arthur Rüegg

Themenkreis Gebäudehülle

Neubühl – Optimierung des Maßnahmenpakets

Während im Einzelfall auch von einer Anpassung der Gebäudehülle an heutige energetische Normen abgesehen werden könnte – und möglicherweise sollte –, durfte bei den rund 200 Wohneinheiten des Neubühls diese Frage nicht unbeachtet bleiben. Glücklicherweise ergaben genaue Analysen des Wärmehaushaltes, daß ein Nachisolieren der Fassaden die Differenz zu den nichtisolierbaren Wärmebrücken (Vordächer, Fensterbänke usw.) derart vergrößert hätte, daß Schimmelbildung und Schäden vorauszusehen waren, und daß anderseits ein Isolieren des Daches, der Kellerdecken und des Verteilnetzes für Warm- und Heizwasser sowie eine Verbesserung der Fenster eine befriedigende Energiebilanz ergaben. Die Dächer wurden in der ursprünglichen Technik als Kompaktkonstruktion mit Foamglas (statt mit Kork) wärmegedämmt. Zusätzlich wurde auf die fensterlosen, einschichtig gemauerten Stirnseiten der Zeilen ein Dämmputz zur Beruhigung der Konstruktion aufgebracht. Im Falle der Werkbundsiedlung Neubühl bestand von Anfang an nicht die Absicht, alle Bauteile den heute gültigen Normen anzupassen. Vielmehr wurde versucht, durch Erfassung aller möglich scheinenden Verbesserungen und unter Einsatz zeitgemäßer Berechnungsmethoden eine Optimierung des vorgeschlagenen Maßnahmenpakets zu erzielen, die von einer weitgehenden Bewahrung der Bausubstanz und ihrer formalästhetischen Wirkung ausgeht. Der Preis für die Erhaltung der Fassaden in ihrer Substanz und in ihren Proportionen mußte hier durch Veränderungen an den Fenstern bezahlt werden.

Kunstgewerbeschule – Problem Fassadenputz

Die Fassadensanierung des Saaltraktes von Kunstgewerbeschule und -museum brachte einige neue Erkenntnisse für die Renovierung von verputzten Fassaden. Es handelt sich um eine Betonkastenkonstruktion, die auf einer Seite durch eine Mauerwerkskonstruktion ergänzt wird. Wichtige Elemente der Fassade sind außen bündig angeschlagene großformatige Metallfenster. Das Schadenbild zeigte großflächige Putzablösungen von den Betonflächen, die von mangelnder Haftung auf dem zu wenig aufgerauhten Untergrund zeugten. Die Betonoberflächen selbst waren durchkarbonisiert, und die Eisenarmierung zeigte sich im Bereich von Abplatzungen. Eine erste Sanierungshypothese (auf eine energetische Sanierung wurde verzichtet) beruhte auf dem Einsatz von Spritzbeton, der dann mit einem Deckputz hätte versehen werden können. Die sehr porösen Mauerwerksteile hätten dem Spritzbeton aber nicht standgehalten; aus diesem Grund wäre auch kein homogener Untergrund für die Oberflächenbehandlung mit Silikatfarbe zu erreichen gewesen. Weiter wäre die Spritzbetonschichtstärke nicht kontrollierbar und somit die Fassadenbündigkeit der Fenster nicht mehr gewährleistet gewesen. Nach eingehenden materialtechnologischen Untersuchungen und nach einer großflächigen Mustersanierung wurde ein chemisches Realkalisierungsverfahren mit Lythiumhydroxid gewählt, das einen herkömmlichen dreischichtigen Putzaufbau und eine Oberflächenbehandlung mit Silikatfarbe ermöglichte. Die Deckputzmischung, grobkörnig und mit Splitt versetzt, konnte dank der Tatsache, daß die noch heute bestehende Lieferfirma die alten Rezepturen herstellen kann, problemlos rekonstruiert werden.

links: Werkbundsiedlung Neubühl, 1993 neu gezeichneter Konstruktionsplan

rechts: Kunstgewerbemuseum, Schadenbild der Fassade, 1992
(Foto: Istvan Balogh, Schule und Museum für Gestaltung Zürich)

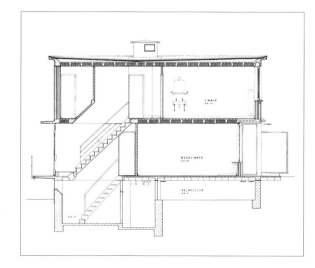

Kunstgewerbeschule – Problem Flachdachsanierung

Problematisch sind Flachdachsanierungen nicht nur wegen der im allgemeinen sich ergebenden größeren Bauhöhe, sondern auch wegen der heute nach anderen Normen auszuführenden Gefälle für die Dachentwässerung. Begnügte man sich in den dreißiger Jahren mit 1,5 %, so werden heute bis 3 % Gefälle verlangt. Dies fordert entweder eine größere Anzahl von Abflußmöglichkeiten oder aber eine Erhöhung der Dachränder. Die innenliegende Entwässerung – ein Programmpunkt des Neuen Bauens – ist aber meist baulich fixiert, oft sogar in Stützen eingegossen. Diese Disposition bildet etwa in der Kunstgewerbeschule einen wichtigen Problempunkt, da die korrodierten Stahlrohre nicht ausgewechselt werden können. Geeignete Leitungsführungen im Dachbereich, die nach aktuellem Wissensstand auch horizontal erfolgen können (z. B. mit dem System ›Pluvia‹ von Geberit) schließen anderseits die Verwendung zementgebundener Dachplatten aus. So muß man oft vom Original abgehen und einen Ersatz mit Natursteinen oder kunstharzgebundenen Kunststeinplatten – wenn nicht mit Gummimatten! – vorschlagen.

Bei der Kunstgewerbeschule war im Zuge einer Sanierung in den sechziger Jahren ein neuer Gefällbeton aus Leca aufgebracht worden, der mit einem Gegengefälle eine Entwässerung über den Dachrand möglich machte. Diese viel zu schwere Konstruktion mußte zuerst entfernt werden, bevor überhaupt mit der Sanierung der Entwässerung begonnen werden konnte.

Neubühl / Kunstgewerbeschule – Problem Flachdachsanierung

Rund $^1/_3$ der Flachdächer waren im Neubühl nach einem halben Jahrhundert noch dicht, wenn auch die Korkisolation meist durchnäßt war. Wie in sehr vielen Fällen stellt die bei einer Erneuerung meist gleichzeitig vorzunehmende wärmetechnische Nachbesserung Probleme im Bereich der Dachränder, die in den Züricher Beispielen oft als dünne Vordächer ausgebildet sind. Sowohl im Neubühl als auch bei der Kunstgewerbeschule erfolgte die Erneuerung der Flachdächer in der Technik des Kompaktdaches, die übrigens schon in den dreißiger Jahren angewendet worden war, wobei man heute aber bessere Materialien zur Verfügung hat. Insbesondere wurde anstelle des Korks mit Foamglas wärmegedämmt. Die bei der Kompakttechnik typische Verklebung der Schichten verhindert eine Ausbreitung allfällig eindringenden Wassers.

Das Problem des Dachrandes konnte im Neubühl mit einer geringen Modifikation der Dachrandbleche bewerkstelligt werden, die nun als Kiesrückhalter ausgebildet wurden. Der Dachrand selbst mußte durchgehend saniert werden, da die Holzdübel für die Aufbordungen der Blechhalterungen Wasser aufgenommen und Betonabplatzungen den Dachkanten entlang verursacht hatten. Die Kanten wurden aufmodelliert und die ganze Fläche mit einem Epoxy-Putz überzogen.

links: Kunstgewerbemuseum, Querschnitt Flachdach über Saalbau, Flachdachsanierung und neue Entwässerung, 1994

rechts: Werkbundsiedlung Neubühl, Verlegen der neuen Wärmedämmung mit Schaumglas, 1985/86 (Foto: Marbach und Rüegg)

unten: Werkbundsiedlung Neubühl, Querschnitt Dachgesims vor und nach der Sanierung

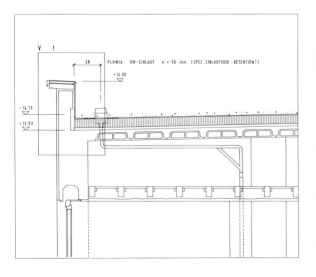

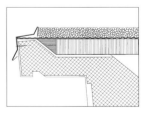

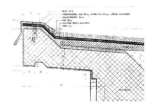

Themenkreis Fenster

Neubühl – Vielfalt der Strategien (Holzfenster)

Doldertal – Flicken als Strategie (Holzfenster)

Die Maueröffnung gehört zu jenen Bauteilen, die für den architektonischen Ausdruck bestimmend sind. Der Idee der Optimierung wurde deshalb bei der Sanierung der Werkbundsiedlung Neubühl auch im Bereich der Fenstersanierung nachgelebt, indem je nach Fenstertyp gerade noch vertretbare Maßnahmen vorgeschlagen wurden. Die Erhaltungskriterien der Fenster ließen sich hier von einer Analyse und Bewertung der ursprünglichen ›Erfindung‹ ableiten. Die Doppelverglasung der Schlafgeschosse entsprach der damals gängigen Ausführung: Hier konnte dem Wunsch nach neuen Isolierfenstern stattgegeben werden, die allerdings in ihren Proportionen mit der ursprünglichen Erscheinung genau übereinstimmen. Anders verhielt es sich mit den Haustür-Elementen, die beim Umzug in der ganzen Breite geöffnet werden können. Hier wurde den geflickten Originalen mit dem feinen, heute nicht mehr erhältlichen Drahtglas auf der Innenseite eine Scheibe aufgedoppelt, die jederzeit wieder demontierbar ist – eine wohl legitime Aufrüstung im Sinne einer Reparatur. Leider ließen die hölzernen Schiebefenster der Wohnzimmer wegen ihres Mechanismus eine derartige Reparatur nicht zu. Hier wurde anstelle der ursprünglichen Einfachverglasung ein feines Isolierglas eingesetzt, eine Maßnahme, die den Vorteil einer Erhaltung der originalen Holz-Schiebefenster-Konstruktion bietet. Ein Ersatz in neuzeitlicher Stahl- oder Aluminiumkonstruktion wäre aus theoretischer Sicht vielleicht korrekter, mit Sicherheit aber weit schmerzlicher gewesen. Im übrigen wurde die Erhaltung einer Wohneinheit im ursprünglichen Zustand seinerzeit vom Vorstand der Genossenschaft bewilligt: Nach nunmehr zehn Jahren sind aber auch dort die Fenster in aller Stille nachgebessert worden.

Erstaunlicherweise haben die für den gehobenen Mittelstand konzipierten Doldertalhäuser nur in Küche und Bad doppelverglaste Fenster. Nachdem die Verbesserung des Wärmehaushaltes durch die Aufrüstung der einfachverglasten Holzschiebefenster den Auslöser des Sanierungsvorhabens dargestellt hatte, wurden eingehende Untersuchungen angestellt. Zunächst wurde der Ersatz von Isoliergläsern durch eine auf Restaurierungen spezialisierte Firma an einem gegen Nordwesten orientierten Schiebefenster untersucht, unter Verwendung eines Floatglases und eines Maschinenglases tschechischer Produktion, welches das gleiche optische Verhalten wie die alten Similigläser aufweist. Nach der Sanierung dieses vor einem Arbeitsplatz gelegenem Fenster, das oft zu Klagen Anlaß gegeben hatte, verzichtete man aber auf die generelle Nachbesserung der Fenster dieser architekturgeschichtlich hochbedeutenden Objekte – sie hätte insgesamt nur vier große Wohnungen betroffen, aber zum Verlust der Originalverglasung geführt. Isoliergläser wurden nur in den großen Festverglasungen der Ateliers und in die Metallabschlüsse der Terrassen eingesetzt, respektive bestehende Elemente dort ausgewechselt. Hingegen gelang es, mit einem seit einigen Jahren auf das Flicken von alten Holzfenstern spezialisierten Unternehmen alles Holzwerk und den Mechanismus der Schiebefenster zu überholen und die ursprüngliche Dichtigkeit wiederherzustellen. Schließlich sind die Rahmen in den ursprünglichen Grautönen neu gestrichen worden (Anthrazit für die Fensterrahmen, Mittelgrau für die Leibungsrahmen). Dieses Beispiel zeigt den bewußten Verzicht auf Komfortsteigerungen vor dem Hintergrund der Bedeutung eines Objekts und der kleinen Zahl der betroffenen Elemente.

links: Werkbundsiedlung
Neubühl, Südfassade Typ A
nach der Sanierung, 1986
(Foto: Marbach und Rüegg)

rechts: Doldertal, geflicktes
und neu gefaßtes Wohnzimmerfenster in Holz, 1994
(Foto: A. Rüegg)

Rotachhäuser / Kunstgewerbeschule – Flicken als Strategie (Metallfenster)

Bei Holzfenstern lassen sich nicht nur Flick- und Nachrüstungsstrategien verfolgen, auch ein Ersatz mit den ›feinen‹ Proportionen der Vorkriegsmodelle durch spezialisierte Unternehmen ist heute durchaus möglich. Allerdings werden diese mit heute üblichen Verschlußmechanismen und Verbandungsarten geliefert. Größeres Kopfzerbrechen bereitet indessen die Sanierung von Stahlfenstern. Ist das Rahmenmaterial von Korrosion verschont, bietet sich auch hier eine Flickstrategie an, die allerdings mit der Präzision des Feinmechanikers durchgeführt werden muß. Bauphysikalische Probleme oder energetische Nachbesserung lassen sich dabei kaum berücksichtigen. Sowohl bei den frühen doppelverglasten Aluminiumfenstern der Rotachhäuser als auch an den großen Treppenhausverglasungen der Kunstgewerbeschule kam ausschließlich die handwerkliche Reparatur zum Zuge. Ein Neubau solcher Metallfenster ist oft mit der Spezialherstellung von Profilen verbunden, was sich nur bei größeren Serien machen läßt. Mit einem Ersatz von Stahlschiebefenstern durch zweiflügelige Fenster mit von innen eingeklebten Isoliergläsern haben Herzog & de Meuron kürzlich am 1928 von Artaria & Schmidt erbauten Haus Schaeffer in Basel erfolgreich die ursprüngliche schlanke Profilierung umsetzen können.[2] Am Parkhaus Zossen, einer den Doldertalhäusern vergleichbaren, in Basel von Otto Senn und Rudolf Mock erstellten Anlage, gelang hingegen der Nachbau von Stahlschiebefenstern mit getrennten Profilen, was eine äußerst delikate Aufgabe darstellte (Architekt René Gautschi, vgl. *Werk, Bauen und Wohnen*, 1984/85).

Problem Glas

Bei der Wiederherstellung von Fenstern ist nicht nur die Profilierung der Rahmen zu beachten, wichtiger Bestandteil ist auch die Art der Verglasung. In den dreißiger Jahren wurde genau zwischen maschinengezogenem Weißglas und planparallelem Spiegelglas unterschieden. War die erste Glasart die kostengünstigste, so konnte für gehobene Ansprüche nur Spiegelglas verwendet werden. Bei der Untersuchung der Originalsubstanz ist stets darauf zu achten, welche Glasart verwendet wurde. Die vibrierende Oberfläche von maschinengezogenem Weißglas kann nur mit gleichartigem Material wiederhergestellt werden; der Einsatz von grünlichem Floatglas würde einen Teil eines primären Gestaltungselementes der Fassade zerstören. Versuche haben gezeigt, daß maschinengezogenes Glas auch für Isolierverglasungen ohne Qualitätseinbußen verwendet werden kann. Die Versorgung mit maschinengezogenem Glas ist allerdings heute immer schwieriger geworden. Aus Rentabilitätsgründen werden nach und nach die entsprechenden Glashütten, vornehmlich in Osteuropa, geschlossen. Hingegen gehen auf Restaurierungen spezialisierte Firmen dazu über, bei Abbrüchen alte Gläser sicherzustellen.

Bei der Kunstgewerbeschule wurden im übrigen Hunderte von doppelverglasten Holzfenstern saniert, wobei beim Ausglasen für die Kitterneuerung die Gläser bruchfrei erhalten werden konnten. Der Entscheid für die Flickstrategie wurde durch die überlegene Qualität der Holzrahmen und durch den großzügigen Glasabstand erleichtert; letzterer ermöglicht die Einhaltung von vorgeschriebenen Wärmedämmkoeffizienten (zusammen mit dem Einbau neuer Rahmendichtungen). Jeder derartige Entscheid bedarf aber einer vertieften Analyse: Er ist bauwerkspezifisch.

  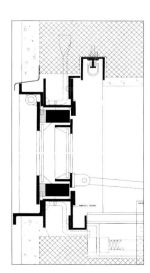 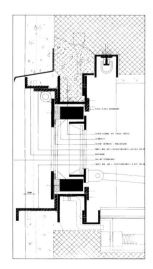

links: Rotachhäuser, geflickte Aluminium-Doppelverglasungsfenster mit sichtbaren Reparaturen, 1989 (Fotos: Tropeano und Pfister)

rechts: Kunstgewerbemuseum, Oberlichtfenster in Eisen, vor und nach der Sanierung, 1995. Details

Themenkreis Polychromie

Rotachhäuser – Farbigkeit der zwanziger Jahre

Die Aufdeckung der Polychromie in den Musterhäusern an der Wasserwerkstraße stellte eine größere Überraschung dar. Erkennbar an der Außenfassade war, obwohl stark verwittert, die farbige Behandlung der grob verputzten Außenwände mit hellem Ocker, der Verandastützen in Backsteinrot, der Decken- und Balkonuntersichten in intensivem Gelbocker und der Holzunterteilungen mit Ochsenblutrot. Das äußere, bunte Erscheinungsbild läßt sich auch im Inneren finden. Den Hauptauftrag für die Innenausstattung erhielten nach einem Wettbewerb Max Ernst Haefeli und Wilhelm Kienzle, Fachlehrer an der Kunstgewerbeschule, der zusammen mit seinen Studenten – wie Haefeli – eine Großwohnung ausstatten konnte.

Die Gesamtheit aller Zimmerwände, Böden und Türen war damals farbig. Haefelis Farbwahl zeichnet sich aus durch eine elegante Kombination von sanften blauen, grünen und gelben Tönen mit dem Siberglanz (helles Eisenglimmer) der Metallteile, dem warmen Grau und der geschmeidigen Oberfläche von weißem und dunkelgrauem Linol. Anders das Vorgehen von Kienzle, der mit starken Akzenten in Pompejanischrot und Neapelgelb sowie dunkelbraunen und hellgrünen Tapeten zu Kork- und Korklinolböden arbeitete und damit eher dem Tagesgeschmack folgte. Die Polychromie wurde 1989 rekonstruiert unter Verwendung des gleichen Farbmaterials wie früher (Tempera und Ölfarben), ohne aber die Schichtenfolge zu entfernen. Die Rekonstruktion konnte gelingen, weil die Architekten der Sanierung selbst die Häuser bewohnen.

Neubühl – ›Neutralität‹

Mit Rücksicht auf die Mieterwechsel – aber auch vor dem Hintergrund des Architekturverständnisses des Architektenkollektivs – bewegte sich die ganze, kurz nach dem Bau der Rotachhäuser entstandene Farbgebung der Werkbundsiedlung im Rahmen ›neutraler‹ Töne. Die Häuser der ersten Etappen waren außen in grünlichem Ocker gestrichen, mit grauen Sockeln; bei späteren Etappen respektive Anstrichen wurde hingegen ein hellerer gelblicher Ocker gewählt, und die Sockel waren teilweise überstrichen. Anlaß für diese Änderung war wohl die Präsenz der inzwischen stark gewachsenen Vegetation. Bei der Gesamtsanierung wurde zusammen mit einer ›Farbkommission‹, die alteingesessene Fachleute miteinbezog, mit Hilfe großflächiger Farbmuster eine neue ›Einheitsfarbe‹ festgelegt und in Mineralfarbe auf den neuen, bereits eingefärbten mineralischen Deckputz aufgebracht; die Sockel wurden ebenfalls wieder durchgezogen. Auch im Inneren der Häuser waren die Schreinerarbeiten ursprünglich in einem hellen Beige gestrichen und die Wände mit hellen, neutralen Tapeten aus der Bauhaus- und der Salubrakollektion belegt. Während das Holzwerk im originalen Ton neu gefaßt wurde, sind die Wände heute mit Rauhfasertapeten belegt und im allgemeinen weiß gestrichen worden. Für die Böden wurden wieder Linoleumbeläge in neutralen Tönen verwendet – in einigen Fällen wurden sogar die alten Beläge gerettet –, doch gibt es nun auch einzelne Häuser mit neuen Parkettoberflächen. Die Eleganz einer zurückhaltenden, tonigen Farbstimmung ist in einer gänzlich veränderten historischen Situation fast ebenso schwer zu erhalten wie eine kontrastierende, individuell festgelegte Polychromie.

links: Rotachhäuser, Treppenhaus Wasserwerkstraße 29, Farbgestaltung durch Max Ernst Haefeli, Rekonstruktion 1989
(Foto: Eckert und Gasser)

rechts: Werkbundsiedlung Neubühl, Detail eines Schlafzimmers, ursprünglicher Zustand, 1983
(Foto: Marbach und Rüegg)

Doldertal – ›Materialfarbe‹ und ›Farbenfarbe‹

Im Unterschied zu den meisten Realisierungen des Schweizer Neuen Bauens sind die Doldertalhäuser außen nicht gestrichen, sondern mit einem hellgrauen, mit farbigen Steinsplittern versetzten Edelputz versehen – wohl eine in Anlehnung an das Haus Harnischmacher in Wiesbaden durch Marcel Breuer eingebrachte Festlegung. Auch die Eternitpaneele der Terrassenbrüstungen und der Attikaverkleidung sind naturbelassen. Die Farben der Metall- und Holzrahmen der Fenster sind auf diese warme Grauskala abgestimmt, wobei die Flügelrahmen in dunklem Anthrazit abgesetzt waren und somit das Fenster als ›Loch‹ in der Wand betont wurde. Nachdem man oft von einem ›Anstrich‹ der Fassaden gesprochen hatte, wurde bei der Restaurierung der Edelputz lediglich von Hand gereinigt und die Fehlstellen mit einer von der ursprünglichen Lieferfirma bereitgestellten Putzmischung geflickt. Die Fensterrahmen, deren Anstriche mit der Zeit einem neutralen mittleren Grau angenähert worden waren, wurden wieder in der ursprünglichen Art in Ölkunstharzfarbe gefaßt. Seltsamerweise wurde die Materialfarbigkeit von den Architekten im Innern der Häuser nicht durchgezogen. Während der Sanierung kam die ursprüngliche, längst vergessene Polychromie mit vier hellen Farbtönen (wohl aus der Palette Le Corbusiers) zum Vorschein. Eine der Wohnungen konnte bei einem gleichzeitig stattfindenden Mieterwechsel in ihrer Farbigkeit wiederhergestellt werden. Derartige Rückführungen setzen Überzeugungsarbeit bei Eigentümern als auch bei Mietern voraus. Die Kombination von Materialfarbe und Farbenfarbe wirkt leicht, beschwingt, unaufdringlich; angestrebt wurde auch hier eine ›allgemeine‹ Formulierung, nicht eine individuelle, künstlerisch geprägte Position.

Kunstgewerbeschule – ›Systematische Farbverwendung‹

Das vom Züricher Maler Karl Hügin ausgearbeitete Farbkonzept ging im Äußeren von einer Unterstützung der volumetrischen Verhältnisse aus. Wie die meisten Züricher Bauten jener Zeit war der Hauptbaukörper graubeige gestrichen. Die beiden Stützen unter dem im Eingangsbereich zurückspringenden Saaltrakt sind dagegen schwarz, das fünfte Obergeschoß des Schultraktes dunkelgrau gehalten. Die Metallfenster waren in jenem Bereich weiß gestrichen, überall sonst aber schwarz und nur auf der Innenseite weiß. Auf der beigen Fassade wurde eine weiße Schrift in leicht vorgesetzten Metallbuchstaben nach dem Entwurf des Schriftkünstlers Ernst Keller angebracht. Im Innern waren die öffentlichen Bereiche in kalten neutralen Tönen gestrichen, blaugrau im Foyer, in den Korridoren dagegen mit grau gepunkteten Tapeten. Nur bei den Zimmertüren kam pro Geschoß eine andere Farbe als die Beschriftung ergänzender Fleck zum Einsatz. Alle diese Dispositionen sollen wiederhergestellt werden; diskutiert wird lediglich die Fassadenbeschriftung, deren Text nicht mehr der heutigen Bezeichnung der Institution entspricht. Selbst die seinerzeit von der Firma Salubra als Spezialanfertigung gelieferte, mit Calicot verstärkte abwaschbare Tapete der Korridore kann scheinbar neu hergestellt werden.

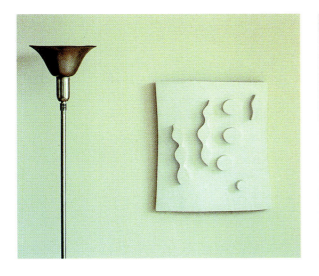

links: Doldertal, Detail eines Wohnraums mit ockerfarbenem Wandton, Rekonstruktion 1994
(Foto: Eckert und Gasser)

rechts: Kunstgewerbeschule, Detail einer Türbeschriftung, Befund 1995
(Foto: Tropeano und Pfister)

Anmerkungen

1 J. Christoph Bürkle und
Ruggero Tropeano, *Die
Rotachhäuser. Ein Prototyp
des Neuen Bauens in
Zürich,* Zürich 1994
Ueli Marbach und Arthur
Rüegg, *Werkbundsiedlung
Neubühl 1928–1932,*
Zürich 1990
Arthur Rüegg, *Die Dolder-
talhäuser 1932–1936. Ein
Hauptwerk des Neuen
Bauens,* Zürich 1996
2 Vgl. Arthur Rüegg, *Wohn-
haus Schaeffer 1927/28,*
Zürich 1993

Themenkreis Innensanierung

Siedlung Neubühl – Küchen und Bäder

Während die Kleinwohnungen in einem Zug renoviert wurden, stellte man für die Reihenhäuser nur Modelle für die Erneuerung von Bad und Küche zur Verfügung und bestimmte eine Palette möglicher Materialien für Beläge. Auch hier mußte für den Erhalt der Sanitärräume auf das ›Museumshaus‹ verwiesen werden – wobei jeder neue Mieter grundsätzlich die Beibehaltung der alten Apparate fordern könnte. Bei der neuen Musterküche kommt die empirisch erarbeitete, an konkreten Problemen orientierte Sanierungstechnik möglicherweise am besten zur Geltung. Im Gegensatz zur alten Kücheneinrichtung, die eine expressiv wirkende Apparatur enthielt, welche den Kochplatz, das Spülbecken und die Arbeitsplatte definierte, sind bei der Neueinrichtung diese Funktionen in einer einzigen Werkbank aus marktüblichen Metallelementen zusammengefaßt. Mit dem Verzicht auf die Oberschränke war es indessen möglich, die Raumverhältnisse der Küche zu respektieren. Die außerhalb der Werkbank erforderlichen Einrichtungen – auch der hohe Kühlschrank – wurden in einer neuen Schrankwand untergebracht, welche in der Technik der Schreinerarbeiten von 1930–32 gehalten ist. Hier kam die ›Nähe‹ des Neuen Bauens zu Hilfe, wobei etwa die Verarbeitung von Sperrholz schon damals üblich war; lediglich die Überfälzung der Türen und die Verwendung solider Beschläge sind heute nicht mehr selbstverständlich. Auch an diesem Beispiel ist also der Verzicht auf eine bloß intellektuelle Reaktion festzustellen, die kompromißlos entweder den Erhalt des Originalen oder aber den auf den ersten Blick erkennbaren Eingriff fordert, zugunsten eines feineren Reagierens sowohl auf den baulichen als auch auf den sozialen Kontext.

Kunstgewerbeschule – Feuerpolizeiliche Maßnahmen und technische Installationen

Bei Schul- und Laborgebäuden wächst der Installationsbedarf besonders stark. Laborkapellen, die früher über die Fenster entlüftet wurden, müssen jetzt über Dach evakuiert werden. Auch die Energie, die in Form von Wärme aus den Computern abgegeben wird, muß über Dach abgeführt werden. In der Kunstgewerbeschule wurde eine ganze Gebäudeachse geopfert und als jederzeit zugänglicher vertikaler Installationsschacht ausgebildet. Die Lage dieses Schachtes bedingt, daß künftig alle hochinstallierten Räume auf der nordseitigen Gebäudehälfte angeordnet werden. Ein Überqueren der Korridore ist wegen der deckenbündigen Korridoroberlichter nur für Verkabelungen möglich. Parallel zur installationstechnischen Aufrüstung steigen die Ansprüche an die Sicherheit der Fluchtwege. Die mit seitlichen Oberlichtern versehenen, drei Meter hohen Korridore sind für den Schnitt nicht nur dieser Schule charakteristisch. Die Vorgabe der Feuerpolizei, sämtliche Oberlichter mit F60-Gläsern zu versehen, hätte katastrophale Folgen für die Gestaltung der Korridore wie auch in finanzieller Hinsicht ergeben. In mehreren Verhandlungsetappen konnte eine Zustimmung zur Aufteilung in Brandabschnitte erreicht werden, unter Beibehaltung der bestehenden Fensterkonstruktion. Die einzelnen Brandabschnitte werden durch senkrecht zur Wand angeordnete Schiebetore im Brandfall automatisch abgeriegelt. Konzeptionell wurde die Planung der Schiebetore mit der Bearbeitung der Probleme der Leitungsführung verknüpft; sie werden im neuen Installationsschacht untergebracht.

links: Werkbundsiedlung Neubühl, Konzeptskizze zur Küche aus dem Prospekt von 1929

Mitte: Werkbundsiedlung Neubühl, standardisiertes Küchenelement und offenes Regal, 1985/86 (Foto: Marbach und Rüegg)

rechts: Kunstgewerbeschule, Installationsschacht mit Brandschutztor, Konzept 1994

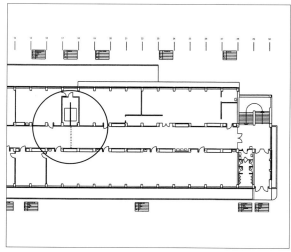

Bauten
Buildings

Restaurierung Haus Urbig
von Ludwig Mies van der Rohe,
Potsdam-Neubabelsberg

Erbaut 1915–1917, Mitarbeit Werner von Walthausen

Bauleitung   Rolf Becker

1991–1994

Restoration of Mies van der Rohe's Urbig House

The "villa enclave" Neu-babelsberg, between Berlin and Potsdam, is an extraordinary collection of buildings of architectural and historical interest. Such renowned architects as O. March, A. Grenander, H. Muthesius, P. Bonatz and E. Eiermann designed buildings here. When the Berlin Wall was built, it ran right through Neubabelsberg, destroying a number of important gar-

Straßenseite

Die Villenkolonie Neubabelsberg, zwischen Berlin und Potsdam am Südufer des Griebnitzsees gelegen, ist Freunden von Architekturspaziergängen längst ein Begriff. Nicht nur weil es hier zahlreiche Bauten namhafter Architekten aus dem ersten Drittel des 20. Jahrhunderts zu sehen gibt (O. March, A. Grenander, H. Muthesius, P. Bonatz, E. Eiermann u. a.)[1], sondern weil der Ort selbst seine ganz eigene Geschichte, um nicht zu sagen Legende, besitzt, die eng mit der seiner Bewohner verknüpft ist.

Gegründet wurde Neubabelsberg im ausgehenden 19. Jahrhundert als Wohnsitz Berliner Industrieller, Bankiers und Wissenschaftler, die meinten, in Nachbarschaft zum Schloß Babelsberg adäquat zu residieren. Mit wachsender Bedeutung der Filmstadt Babelsberg erhielt die Kolonie in den zwanziger und dreißiger Jahren den Ruf eines mondänen Refugiums der Stars und Sternchen aus der Filmbranche. Während der Zeit des Nationalsozialismus, als radikale Enteignungen jüdischer Besitzer die Regel waren, fanden hier zugleich mißliebige Zeitgenossen wie Konrad Adenauer und Erich Kästner Unterschlupf. 1945 quartierten sich anläßlich der Potsdamer Konferenz Stalin, Churchill und Truman ein. Danach lag Neubabelsberg schließlich für Jahrzehnte im schwer zugänglichen, grenznahen Niemandsland und war deshalb nicht weniger sagenumwoben. Am Ende blieb, was von solchen bewegten Geschichten immer bleibt: lediglich die physische Substanz der steinernen Zeugen, für die man sich bekanntlich viel weniger interessiert als für die Legenden.

Mit dem Fall der Mauer wurde Neubabelsberg wieder aus seinem Dornröschenschlaf geweckt. Für viele historisch bedeutende Bauten sollte sich dies mitunter als ein böses Erwachen entpuppen. Im Streit um Eigentumsforderungen drohen seither zahlreiche Villen zu verfallen oder – das andere Extrem – werden durch Umnutzungen oder unsachgemäße Sanierungen bis zur Unkenntlichkeit entstellt. Nicht weniger problematisch erweist sich das ›Verdichten‹ der Grundstücke mit der Folge, daß auf einer Parzelle, auf der bislang ein einziges

Grundriß 1. Obergeschoß
(Brenne)

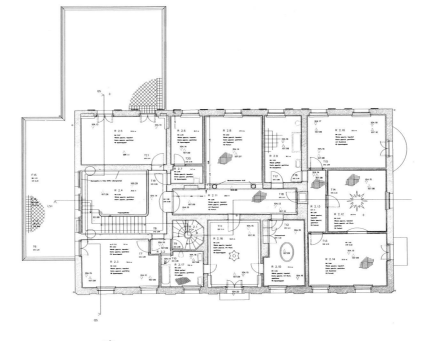

Grundriß Erdgeschoß
(Brenne)

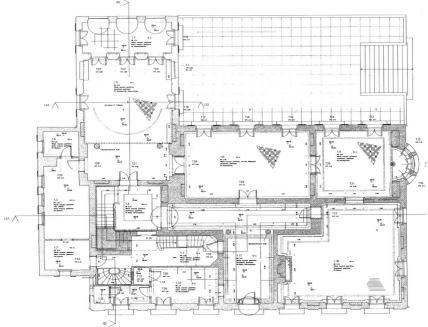

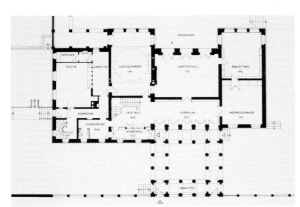

Peter Behrens. Haus Wiegand, Berlin 1911/12.
Grundriß Erdgeschoß

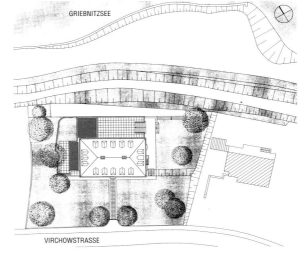

Lageplan (Brenne)

dens, and relegating the villa enclave to a virtually inacessible part of the border zone no-go area. With that, it was all but forgotten. After German reunification, Neubabelsberg once again became the focus of considerable interest as a prime location. Unfortunately, for many of the historic buildings, this was a less than auspicious turn of events, for a number of the villas have since been victims of inappropriate conversion or alteration, or have fallen into a state of dilapidation and neglect due to ownership disputes.

One of the few positive exceptions is the recently renovated Haus Urbig, built between 1915 and 1917 by Mies van der Rohe. It is one of his earlier works, designed just a few years after he left the firm of Peter Behrens, which was also located in Neubabelsberg. The Urbig family used the house as a summer residence until they were forced to abandon it in 1945. Winston Churchill stayed there during the Potsdam Conference, and during the GDR era it was used to accommodate guests of the University of Potsdam. The very fact that it was in constant use as living quarters actually saved the house from major alterations, so that all that was required after the Wall came down was sensitive restoration.

The brief was to repair any structural defects and damage while retaining the original building substance. New plastering and new roofing were unavoidable measures, and in both cases, great care was taken to ensure that the materials used corresponded as closely as possible to the original. In order to restore the external appearance of the building, the travertine paving of the terrace and its railing were reconstructed. A rather more pragmatic strategy was adopted for the interior on financial grounds: instead of stripping down the building to reveal all its his-

Winfried Brenne
**Restaurierung Haus Urbig
von Ludwig Mies van der Rohe,
Potsdam-Neubabelsberg**

torical features in full, it was decided that the renovation should be restricted to the measures necessary to maintain the general character of the house.

It is to be hoped that the restoration of Haus Urbig will set a precedent, for it is one of the all too rare examples of how historical buildings on such sensitive sites as Neubabelsberg should be treated. The fact that the restoration has gone so well undoubtedly owes much to the fact that there was considerable consensus between the owner and the historical monuments department. Let us hope that the fate of the other two buildings by Mies van der Rohe in Neubabelsberg will be as fortunate. Developments so far at Haus Mosler certainly indicate that this may be expected, while the future of Haus Riehl, Mies van der Rohe's very first work, is still uncertain.

Straßenseite, 1927

Haus stand, nunmehr vier Häuser zu stehen kommen. Durch solche Prozesse werden nicht nur die einzelnen Altbauten erheblich beeinträchtigt, sondern auch der Charakter der gesamten Kolonie. Zudem wird damit jedweder Ansatz von Gartendenkmalpflege, die in solchen Villengebieten von großer Bedeutung ist, von vornherein zunichte gemacht.

Zu den glücklichen Ausnahmen zählt das Haus Urbig, das 1915–17 nach Plänen von Ludwig Mies van der Rohe errichtet worden ist. Es stammt aus dem Frühwerk des Architekten und gehört neben dem Haus Werner in Berlin-Zehlendorf (1912–13) und dem Haus Warnholtz in Berlin-Charlottenburg (1914–15)[2] zu jener Gruppe von Bauten, die nach Mies' Austritt aus dem Büro von Peter Behrens entstanden sind, das sich ebenfalls in Neubabelsberg, nur wenige hundert Meter entfernt, befand.

Der Einfluß von Behrens wirkt bis zu einem gewissen Grade im Haus Urbig nach. Dies trifft insbesondere auf die Grundrißdisposition des Erdgeschosses und verschiedene Details der Innengestaltung zu, die von einer Auseinandersetzung mit dem Haus Wiegand zeugen, das 1911–12 von Peter Behrens in Berlin-Dahlem errichtet worden ist.[3] Hinzu kam freilich, daß die engagierte Bauherrin einen ausgeprägten Sinn für frühklassizistische Innenge-

staltung besaß und offensichtlich der von Paul Mebes propagierten ›Um 1800‹-Bewegung nahestand. Sie wählte Tapeten, die denen des Goethe-Hauses in Frankfurt zu entsprechen hatten, und ließ zahlreiche Möbel nach historischen Vorlagen anfertigen. Von dieser mobilen Ausstattung hat sich bis auf wenige Ausnahmen jedoch kaum etwas erhalten, da die Familie Urbig das Haus 1945 räumen mußte. Während der Potsdamer Konferenz wohnte Winston Churchill darin, und zu DDR-Zeiten wurde es als Gästehaus der Universität Potsdam genutzt.

Diese kontinuierliche Wohnnutzung bewahrte das Haus zugleich vor größeren Um- und Anbauten, so daß nach dem Fall der Mauer ›nur‹ eine denkmalgerechte Instandsetzung vonnöten war. Der anfangs mit den Arbeiten betraute Architekt war mit dieser Aufgabe aber offensichtlich überfordert und sah sich außerstande, eine grundlegende Bestandsaufnahme und genaue Befunduntersuchungen durchzuführen. Statt dessen drohten reparable historische Details geradewegs durch neue ersetzt zu werden, ohne daß der Gedanke einer Aufarbeitung in Betracht gezogen worden wäre. Ein Fortgang dieser wenig einfühlsamen Vorgehensweise hätte für das Haus fatale Folgen gehabt. Das Projekt wurde schließlich dem Büro Brenne anvertraut, das sich u. a. mit vorbildlichen Restaurierungen der Siedlungen von Bruno Taut einen Namen gemacht hat.

Unter größtmöglicher Bewahrung der originalen Substanz wurden baukonstruktive Mängel und Schäden behoben. Wie die Untersuchungen jedoch ergaben, war eine Erneuerung des Putzes und der Dacheindeckung unvermeidlich, wobei großer Wert darauf gelegt worden ist, dem historischen Zustand zu entsprechen. Um das äußere Erscheinungsbild wieder in Einklang zu bringen, entschloß man sich zudem, den Travertinbelag der Terrasse sowie das Terrassengeländer zu rekonstruieren. Die übrigen Arbeiten dienten hingegen in erster Linie sichernden und reinigenden Zwecken. Im Inneren des Hauses ging man mit derselben Behutsamkeit vor. Allerdings sah man sich aus Kostengründen gezwungen, eine etwas pragmatischere Strategie zu verfolgen, und verzichtete daher auf eine Freilegung der aufwendigen historischen Wandfassungen.

Die Wiederherstellung des Gartens mußte zwangsläufig unvollkommen bleiben. Lediglich der Vorgarten entspricht annähernd der historischen Fassung, wobei künftig unbedingt wieder die Rankbepflanzung der Lisenen zur Ausbildung gelangen sollte, die für das Zusammenspiel von Architektur und Natur von großer Bedeutung ist. Das weiträumige Gartenareal, das sich auf der Seeseite befand und sich bis zum Ufer erstreckte, ist jedoch mit dem Bau der Mauer unwiederbringlich vernichtet worden. Seinerzeit wurden weite Uferbereiche der gesamten Villenkolonie für den Bau der Grenzanlagen okkupiert und durch Geländeabtragungen zerstört. Das ursprünglich sanft zum Ufer abfallende Terrain präsentiert sich heute als wilde Kraterlandschaft, durch die der ehemalige Grenzweg führt. Das Grundstück des Urbig-Hauses gehört zu denjenigen Parzellen, die unter den Folgen dieses Eingriffes am stärksten leiden, weil die Mauer unmittelbar hinter der Gartenterrasse verlief und das Grundstück seither dort abrupt endet. Es bleibt zu wünschen, daß in absehbarer Zeit ein feinfühliges Konzept für den gesamten Uferbereich von Neubabelsberg entwickelt wird, das einerseits dem Bedürfnis nach einem öffentlichen Uferweg gerecht wird, andererseits jedoch eine sensible Geländeangleichung an die verstümmelten Gärten zu erzielen vermag.

Es ist zu hoffen, daß von der Restaurierung des Hauses Urbig eine gewisse Signalwirkung ausgeht. Sie zählt leider zu den noch immer viel zu seltenen Beispielen, die zeigen, wie in solchen sensiblen Arealen wie Neubabelsberg mit denkmalwerter Bausubstanz umgegangen werden sollte. Auch wenn man bedauern mag, daß die gegenwärtige Büronutzung nicht mehr der einstigen Wohnnutzung entspricht, bildet die derzeitige Situation noch eine durchaus befriedigende Lösung, da das Haus in seiner Substanz unangetastet bleibt.

Daß die Restaurierung so zufriedenstellend verlaufen ist, lag sicherlich auch an dem glücklichen Umstand, daß zwischen Eigentümer und staatlicher Denkmalpflege weitgehendes Einverständnis geherrscht hat und schließlich in der fachgerechten Durchführung der Arbeiten durch das Büro Brenne seine optimale Umsetzung fand. Für die beiden anderen Häuser, die Mies van der Rohe in Neubabelsberg errichtet hat, bleibt letztlich zu hoffen, daß ihnen ein ähnliches Glück zuteil wird. Beim Haus Mosler zeichnet sich eine positive Entwicklung ab. Für das Haus Riehl, das Erstlingswerk von Mies van der Rohe, sieht die Zukunft jedoch noch ungewiß aus.

Markus Jager

Eingangshalle

Anmerkungen

1 Vgl. Jörg Limberg, ›Die Villenkolonie Neubabelsberg‹, in: *Brandenburgische Denkmalpflege* 1993, H.1, S. 42–50
2 Zum Haus Warnholtz ist ein Aufsatz des Autors in Vorbereitung.
3 Vgl. Wolfram Hoepfner und Fritz Neumeyer, *Das Haus Wiegand von Peter Behrens in Berlin-Dahlem,* Mainz 1979

Winfried Brenne
**Restaurierung Haus Urbig
von Ludwig Mies van der Rohe,
Potsdam-Neubabelsberg**

Detail Gartenseite

Speisesaal

Gartenseite

Gartensaal mit den Landschaftsgemälden
und Supraporten von Fritz Rumpf

Fotos: Hendrik Gackstatter

Hans-Otto Brambach
und Jürgen Ebert

Restaurierung Meisterhaus Feininger von Walter Gropius, Dessau

Erbaut 1926

Restauratorische Begleitung und Restaurierung von Originalausstattungen: Peter Schöne

1993–1994

Restoration of Walter Gropius's Feininger House

When the Bauhaus moved from Weimar to Dessau in 1925, Walter Gropius designed a detached house for the director and three similar semi-detached houses with studios and accommodation for the six "senior masters": Moholy-Nagy, Feininger, Muche, Schlemmer, Kandinsky and Klee. At the time, their uncompromisingly modern appearance and the interior design – including the colour schemes of the rooms – created by the various Bauhaus departments caught the imagination of architects, critics and the public alike. Insensitive conversions and general dilapidation have since destroyed the original impression, though the overall substance of the buildings has remained intact. After 1992, one of the semi-detached houses (one half of which was destroyed in the war) was reconstructed according to detailed research findings. The team of restorers, headed by the architectural firm of Brambach & Ebert, were particularly successful in restoring the original colour scheme. It comes as something of a surprise to find that even the facades had colour highlights. The painstaking care with which the work has been carried out has made the Feininger House a yardstick against which the quality of refurbishing further Bauhaus buildings can be measured. Opened to the public at the end of 1994, it now houses the Kurt Weill Centre, Dessau.

Die Bauhauskolonie in Dessau und das restaurierte Feininger-Haus

Der Neubau von Lehrgebäude und Mietwohnungen für die Familien der ›Altmeister‹ des Bauhauses gehörte zum Angebot, mit welchem der Bürgermeister Fritz Hesse einst das Institut für seine Stadt gewann. Nachdem in Weimar die Anstrengungen zur Errichtung einer Mustersiedlung lediglich zu einem ›Versuchshaus‹ führten, bestand nunmehr Gelegenheit, beinahe frei von Vorgaben den Stand der eigenen Arbeit mit programmatischen Wohnbauten zu dokumentieren. Das Privatbüro des Bauhausdirektors Walter Gropius, bis 1927 die informelle Architekturabteilung des Lehrinstituts, entwarf unter Leitung von Ernst Neufert vier villenartige Gebäude. Das Ensemble entstand innerhalb eines noch gänzlich unbebauten Gebiets, nicht weit vom Schulbau entfernt, westlich des frühklassizistischen Parks Georgium. Angeführt vom Einzelwohnhaus für den Direktor, folgen parallel zur heutigen Ebertallee die gleichartigen Doppelhäuser mit Wohnungen und Ateliers. Von der Straßenflucht weit abgerückt und in ein lichtes Kieferngehölz eingebettet, respektieren sie die Gegenwart des Dessau-Wörlitzer Gartenreichs, von dessen Sichtachsen sie eine begleiten.

Die Doppelhäuser gliedern sich in jeweils drei Komponenten: zwei Kopfbauten, die in versetzter Lage einem liegenden Quader angeschoben wurden. Mitten durch diesen Baustein verläuft die Grenze zwischen den Haushälften. Er beherbergt im Erdgeschoß die beiden Wohnzimmer und darüber die Ateliers. Letztere werden durch Auskragung über der geschlossenen Sockelwand nach Norden hin zu einem großflächig verglasten Körper herausmodelliert. Die beiden Kopfbauten sind Varianten eines Typus', welchen Gropius mittels Spiegelung und Drehung um 90 Grad reproduziert.[1] Sein Grundriß ist teilsymmetrisch um ein Treppenhaus herum organisiert und weist im Erdgeschoß das Speisezimmer mit Wirtschaftsräumen auf, im Obergeschoß die Schlafzimmer. Ragt bei der östlichen

Straßenansicht von Nord-West

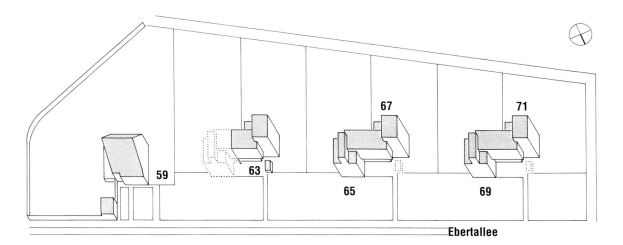

Ebertallee

Variante lediglich der Treppenhauskörper empor, so wird das westliche Pendant oben um zwei weitere Schlafräume bereichert. Die Verkehrsfläche ist auf einen zentralen Bereich reduziert und erhält das Licht von der Fensterbahn des Treppenhauses. Auf der Gartenseite wird die schwere, etwas ungelenke Stereometrie der Straßenfront aufgebrochen. Die abgewinkelten Scheiben von Terrassenmauer, Balkon und Sonnendach variieren eine jeweils in andere Ebenen des Raumes geklappte Struktur. Ihre Konturen strahlen in die Umgebung weiter, als wollten sie ihr, im Widerstreit mit den unregelmäßigen Linien der Natur, die Gesetze der axonometrischen Konstruktion aufprägen. Gropius erreicht hier eine seltene Nähe zu den formalen Experimenten der De-Stijl-Gruppe.

Von der Fachwelt wie von ihren Bewohnern wurden die Meisterhäuser nach der Fertigstellung im Herbst 1926 überwiegend positiv bewertet. Im Blickpunkt des Interesses stand aber stets auch die Innenausstattung, welche die Bauhauswerkstätten für Tischlerei, Metallarbeiten und Wandmalerei unter Beteiligung der jeweiligen Hausbewohner besorgten. So trug jede Wohnung schließlich eine individuelle Note. Während sich Feininger mit traditionellen Sitzmöbeln und großem Wohnzimmerteppich ausstattete, wartete etwa sein Nachbar Moholy-Nagy mit stilechtem Bauhausmobiliar auf.

Von alldem konnte man sich lange Zeit gar keinen Begriff mehr machen. Der Vertreibung des Bauhauses und seiner Meister folgten diverse bauliche Veränderungen wie das Zusetzen der großen Atelier- und Treppenhausfenster. Dem Krieg fielen das Einzelhaus weitgehend und die erste, von Moholy-Nagy bewohnte Haushälfte ganz zum Opfer. Nach 1945 führten die zu Mehrfamilienhäusern umgewandelten Bauten ein Schattendasein, wiewohl ihre architektonische Substanz im Kern erhalten blieb. Die ehemalige Feininger-Wohnung beherbergte bis 1991 eine Poliklinik, deren Auflösung die Möglichkeit zu einer denkmalpflegerischen Restaurierungskampagne eröffnete. Der Architekt Hans-Otto Brambach vom Büro Brambach und Ebert aus Halle leitete die Arbeiten.

Zunächst war eine umfassende Bestandsaufnahme durchzuführen, in deren Zentrum langwierige Farbanalysen als Grundlage für die Wiederherstellung der alten Polychromie standen. Bauliche Maßnahmen hatten abgesehen von einer Schadensbeseitigung den Wohnungsgrundriß und vor allem die alte Fensteranordnung zurückzugewinnen. Treppenhaus- und Atelierverglasung mußten mühsam nach Fotos rekonstruiert werden, während die Haustür und die meisten hölzernen Fenster der Wohnräume noch vorhanden waren. Von den zur Standardausstattung zählenden Einbauschränken sind nur die Durchreiche von der Speisekammer zur Küche und ein Einbauschrank im 1. Obergeschoß erhalten geblieben. Für Nachbauten konnten aber Muster in den anderen Wohnungen gefunden werden. Gegenüber einer Nachempfindung des beweglichen Inventars von Feininger wurde Bauhausmöbeln und Beleuchtungskörpern der Vorzug erteilt, wie sie andere Wohnungen aufwiesen.

Die Untersuchung der Farbschichten von der heute diskret offengelassene kleine Partien zeugen, erbrachte eine komplexe Farbigkeit der Innenräume (primär Leimfarben) und einen verhaltenen Farbeinsatz außen (Mineralfarben). Dabei trat zu Tage, daß die Wandmalereiabteilung mit Probeanstrichen arbeitete. Da die Endfassung schließlich über vierzig Farbtöne in verschiedenen Anstrichtechniken aufwies, wird verständlich, daß man sich bei der Restaurierung desselben Mittels befleißigte, um der Originalfarbigkeit nahezukommen. Letztere kennzeichnet weniger ein schlüssiges Gesamtkonzept (für andere Meisterwohnungen sind Farbpläne

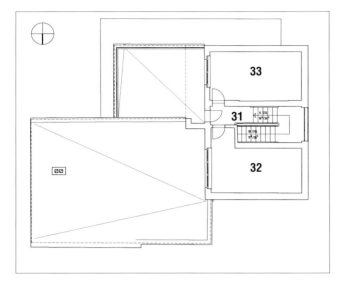

Grundriß 2. Obergeschoß

Alt	Raum-Nr.	Neu	qm
→	31	Flur	8,9
Bodenkammer	32	Büroraum	14,2
Schlafraum	33	Besprechung	14,2
→	–	Terrasse	19,2

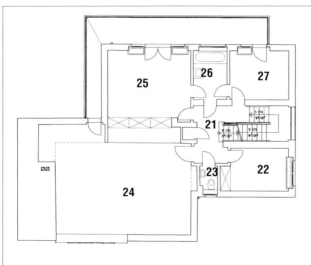

Grundriß 1. Obergeschoß

Alt	Raum-Nr.	Neu	qm
→	21	Flur/Treppe	13,3
Schlafraum	22	Lager	7,8
→	23	WC	1,4
Atelier	24	Ausstellungsraum/Schauraum	47,8
Schlafraum	25	Ausstellungsraum/Schauraum	17,2
Bad	26	Schauraum	5,2
Schlafraum	27	Schauraum	9,1
→	–	Balkon	18,5

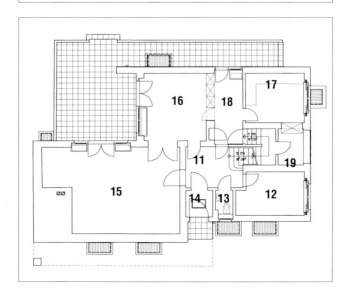

Grundriß Erdgeschoß

Alt	Raum-Nr.	Neu	qm
→	11	Flur/Treppe	13,2
Kammer	12	Büroraum	8,8
WC	13	WC Personal	1,4
→	14	Windfang	2,3
Wohnzimmer	15	Vortragsraum	33,1
→	16	Speisezimmer	13,2
→	17	Küche	9,1
→	18	Anrichte	6,5
Speisekammer	19	Vorratsraum	2,5
–		Terrasse	35,7

überliefert, aber nicht zur Ausführung gekommen)
als eine individuell unterschiedliche Behandlung
der Räume. Den Verkehrsbereich (Windfang und
Treppenhaus) dominieren unter Einbeziehung des
Fußbodenbelages Abstufungen von Blau, das nach
oben hin helleren Farben, vor allem Rot- und Gelb-
tönen, weicht. Im Wohnzimmer, wo neben die
schwarzen, weißen und grauen Werte noch ein
kräftiges Rotorange tritt, und besonders im Atelier-
raum ist die Farbigkeit demgegenüber herabge-
dämpft. Spielerisch darf sie sich in einem kleinen
Schlafraum des zweiten Obergeschosses entfalten.
Rahmen und innere Laibung des Fensters werden
miteinbezogen, die beigefarbenen Seitenwände mit
einem leuchtend blauen Fries versehen. Dies
durchbricht die Einheit der Wandflächen, welche in
den anderen Räumen respektiert und von rahmen-
den Fuß- und Deckenleisten zumeist betont wird.

Außen glänzt der erneuerte Putz in reinem Weiß
mit grauer Sockelpartie und Akzenten in den
Primärfarben bei Laibungen (rot und blau), Fall-
rohren (rot) und Untersichten (blau und hellgelb).
Die Haustür ist holzsichtig. Bei diesem, einem Farb-
plan von Alfred Arndt für die drei Doppelhäuser
nahekommenden Anstrich, könnte es sich allerdings um eine Versuchsfassung gehandelt haben.
Auf Fotos von Lucia Moholy erscheinen nämlich
bereits im Jahr der Fertigstellung die Fallrohre
weiß, und eine zurückhaltendere Zweitfassung ist
tatsächlich durch Befund verbürgt. Brambach entschied sich für die wohl nur ephemere frühere
Vision »zur Dokumentation der Experimentier-
freude am Bauhaus«, stellt sie aber einer späteren
Revision anheim (Arbeitsweise der Denkmalpflege
und des Bauhauses konvergieren hier gewissermaßen, wie ja umgekehrt der spätere Werdegang

Detail Straßenansicht

Gartenansicht

Hinnerk Schepers, des Leiters der Wandmalereiabteilung, zu einem ›Seitenwechsel‹ führte).[2]

Der neue Nutzer des Doppelhaus-Torsos, das
Kurt-Weill-Zentrum Dessau, öffnet seine Tür zu kulturellen Veranstaltungen und ermöglicht es interes-

Das ehemalige Gesamtgebäude. Ansicht von Norden

Ost-West-Schnitt

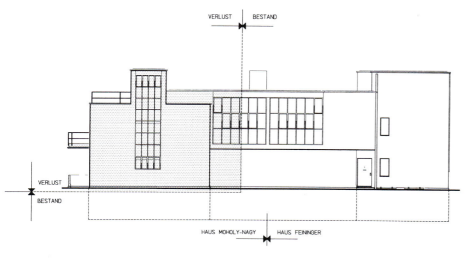

VERLUST   BESTAND

VERLUST

BESTAND

HAUS MOHOLY-NAGY   HAUS FEININGER

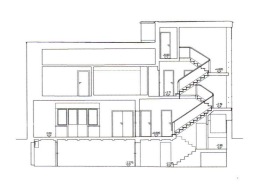

Hans-Otto Brambach
und Jürgen Ebert
**Restaurierung Meisterhaus
Feininger von Walter Gropius,
Dessau**

Atelier. Fensterkonstruktion

Fenster in einem ehemaligen Schlafraum
(Raum 33 im 2. Obergeschoß)

sierten Besuchern, das bislang einzige denkmalgerecht restaurierte Stück aus dem Bauhauserbe in Dessau kennenzulernen. Die Aura eines verlorenen, historisch einmaligen Daseins wird nie ganz reproduzierbar sein, was größtmögliche Genauigkeit im Detail aber nur um so wichtiger erscheinen läßt. So ist dringend zu hoffen, daß die beiden Doppelhäuser nicht, wie erwogen, aus Sparzwang einer Restaurierung mit Abstrichen unterzogen werden und hinter das Erreichte zurückfallen.[3]

Axel Drieschner

Anmerkungen

1 Das kombinierte System von Spiegelung und Drehung einer Grundzelle benutzte Gropius zusammen mit Adolf Meyer bereits vor dem Krieg bei einer Wohnsiedlung in Wittenberge/Elbe. Hier wurde übrigens auch die städtebauliche Figur der Meisterhauskolonie antizipiert, wobei die Entsprechung von repräsentativem Angestelltenhaus und Arbeiterhäusern zu Direktorenhaus und Meisterhäusern nicht ganz der Ironie entbehrt.
2 Nach 1933 arbeitete Scheper als Restaurator, ab 1952 unterrichtete er Denkmalpflege an der TU Berlin.
3 Ich danke Herrn Brambach für seine freundliche Unterstützung.

Ehemaliges Atelier
im 1. Obergeschoß
(Foto: Schütze/
Rodemann)

Ateliernische. Ausgang zum Balkon mit original
Junkers-Heizkörper

Durchreiche zwischen Eßzimmer und Anrichte
(nach Originalbefunden rekonstruiert)

Treppe vom 1. Obergeschoß zum Zwischenpodest
(Foto: Schütze/Rodemann)

Treppenhaus. Blick vom Zwischenpodest
zum 2. Obergeschoß

Fotos: Peter Kühn (wenn
nicht anders angegeben)

Albert Speer & Partner

Sanierung Haus Rabe
von Adolf Rading,
bei Leipzig

Erbaut 1930

Projektarchitektin   Sigrid Meyer-Flotho

1995–1996

Restoration of Adolf Rading's Rabe House

The Rabe House has been familiar to connoisseurs of avant-garde modernism since 1989, at the latest, when it was featured in *Domus* magazine. In the course of its 60 years, it appeared to have lost none of its original beauty. The new colour photographs were of a perfection that matched the black and white shots published in the magazine *Innendekoration* in 1932. Yet at that time, there was no mention of how difficult it had proved to build it at all in the deeply conservative climate of aesthetic traditionalism that marked the closing years of the Weimar Republic. The full story was first told by the architecture historian Vladimir Slapeta in his fascinating *Domus* article. From 1928 onwards, over a period of several months, the relevant authorities, backed by the Sächsiche Bund Heimatschutz (Saxon League for the Protection of Traditional Values) made every effort to prevent the construction of what they saw as a piece of "Bolshevist" architecture. With the unstinting support of his clients Erna and Dr Erich Rabe, the architect Adolf Rading (1888-1957) defended his work against such onslaughts. In the end, this modestly sized home, built in steel skeleton structure, was eventually completed in 1930 at a cost of some 35,000 Reichsmarks. In 1990, after the fall of the Berlin Wall, another article on the Rabe House was published, this time in the magazine *Häuser*. Here, we find the first mention of damage to the building, which the

Das Haus Rabe ist Liebhabern der avantgardistischen Moderne spätestens seit 1989 wieder vertraut. Damals wurde es in einer Ausgabe von ›domus‹ publiziert und schien trotz seines Alters von mittlerweile 60 Jahren von unbeeinträchtigter Schönheit. Die neuen Aufnahmen in Farbe unterschieden sich in ihrer Perfektion kaum von den schwarz-weißen einer ausführlichen Veröffentlichung von 1932 der Zeitschrift ›Innendekoration‹. Doch in dem zeitgenössischen Heft kein Wort darüber, wie schwer es dieses Haus hatte, am Ende der Weimarer Republik in einer ›völkisch‹ gestimmten Umgebung überhaupt entstehen zu können. Die so typisch deutsche Geschichte hat erst der Architekturhistoriker Vladimir Slapeta in seinem spannenden ›domus‹-Artikel erzählt: Seit 1928 wurde über Monate hinweg von den zuständigen Behörden, flankiert vom Sächsischen Bund Heimatschutz, versucht, diesen Bau wegen seiner »bolschewistischen« Architektur zu verhindern. Der Architekt Adolf Rading (1888–1957) parierte mit dem Rückhalt seiner Bauherren Erna und Dr. Erich Rabe alle Anfechtungen. Und so konnte das nicht sehr große Wohnhaus, eine Stahlskelettkonstruktion, erst 1930 für insgesamt rund 35 000 Reichsmark fertiggestellt werden. Großes Leid brach dann über alle an dem Bau Beteiligten in der NS-Zeit herein. Erna Rabe wurde in ein Konzentrationslager gebracht, ihr Mann mußte in einem Fremdarbeiter-Lager leben und arbeiten, Adolf Rading wurde mit seiner jüdischen Frau in die Emigration getrieben und Oskar Schlemmer (1888–1943), der mit der künstlerischen Ausstattung des Hauses betraut war, als »entarteter Künstler« mit Berufsverbot belegt.

1990, nach der ›Wende‹, erschien eine weitere Veröffentlichung über das Haus Rabe in der Zeitschrift ›Häuser‹. Hier finden wir erste leise Hinweise auf Schäden des Gebäudes, das von der Tochter des Hauses, der Ärztin Dr. Gabriele Schwarzer, in den sechziger Jahren nach dem Tod ihrer Eltern übernommen und von ihr, so gut wie eben in DDR-Zeiten möglich, mit Hingabe gepflegt wurde. Offensichtlich wurde der permanente Kampf um den Erhalt des Gebäudes, in dem auch das originale Mobiliar noch fast vollständig vorhanden war, dann doch zu einer unlösbaren Aufgabe. Frau Dr. Schwarzer mußte ihr Elternhaus verkaufen. Glücklicherweise fand sich ein Kunstkenner, der sich das

teure Objekt leisten konnte und es auf sich nahm, für wiederum viel Geld dieses Bauwerk total zu sanieren: vom Keller über den äußerst problematischen Balkon bis hin zum Dach, ohne – abgesehen von der Erneuerung der Haustechnik, der Modernisierung der Bäder und das Versetzen zweier Wände im Erdgeschoß – seinen ursprünglichen Zustand zu verändern. In der Architektin Sigrid Meyer-Flotho vom Büro AS & P fand der neue Bauherr eine Verbündete von gleicher Akribie und Beharrlichkeit, die mit archäologischen Arbeitstechniken zunächst allen Schichten des Hauses, innen wie außen, im wahrsten Sinne des Wortes auf den Grund ging, um die Voraussetzungen dafür zu schaffen, daß dieses einmalige Gesamtkunstwerk auf absehbare Zeit, so wie es von Rading und Schlemmer gestaltet wurde, erhalten werden kann. Wichtige Hilfen bei der Bestimmung des Originalzustands gaben die Bauakten und die Abbildungen des schon erwähnten Artikels in der ›Innendekoration‹ von 1932.

Dort finden wir auch den bezeichnenden Satz: »Das räumliche Wohlgefühl, die Wohnbarkeit dieses Hauses ist nicht mit reichen materiellen Mitteln erzielt, sondern mit wesentlich *geistigen* [Hervorhebung durch R. S.]: mit einer Grundkonzeption, die von Raumvorstellungen, und nicht vom Grundriß ausgeht, und mit der Farbe als formgebendem und raumklärendem Element.« Der räumliche Kern des dreistöckigen würfelförmigen Baukörpers ist eine zentrale Wohnhalle mit einer lichten Höhe von 5,34 m, die vom mittleren Geschoß bis ins oberste reicht und die ganze Tiefe des Hauses ausfüllt. Von zwei Seiten strömt Licht ein; der niedrigere Teil mit einer Höhe von 2,55 m liegt nach der Straßenfront und wird durch ein großes Fenster mit geätzten Scheiben belichtet. Gegenüber ist die Wand fast bis zur vollen Höhe in einen Glaskasten verwandelt, dem Wintergarten, auf den ein schmaler Balkon folgt. Von hier aus führt eine Treppe direkt in den Garten. Das Erdgeschoß war vor der Erneuerung der Arztpraxis, einer Hausmeisterwohnung und der Garage vorbehalten. Jetzt befinden sich dort nach minimalen Eingriffen der Architektin eine Einliegerwohnung und die Garage. Schlaf- und Kinderzimmer nehmen das oberste Geschoß ein. Links von der Halle befinden sich im ersten Obergeschoß die Küche, rechts von der Halle noch zwei Zimmer.

Die große Faszination dieses Hauses liegt in der Wechselbeziehung dieser sehr klaren, für die Zeit nicht ungewöhnlichen Gliederung mit höchst wirkungsvollen Farbgestaltungen, die ein sehr ausgeprägtes künstlerisches Raumempfinden offenbaren. Die Konturen sind weicher, zugleich bewegter geworden, und der räumliche Effekt des Ganzen ist von bestechender Wirkung. In manchen Räumen

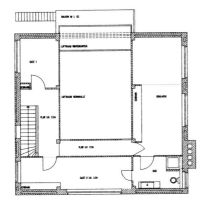

Grundriß 2. Obergeschoß

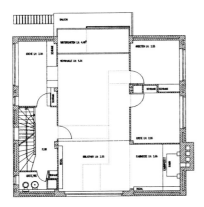

Grundriß 1. Obergeschoß

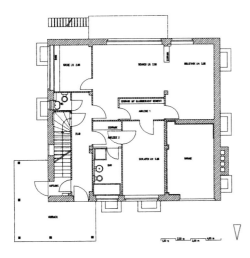

Grundriß Erdgeschoß nach Umbau

dominieren starke kontrastreiche Farbklänge, in anderen überwiegen dezente Pastelltöne. Durch unterschiedliche Farbakzente erhält jeder Raum seinen unverwechselbaren Charme. Auch Beziehungen zwischen den einzelnen Lebensbereichen sind kunstvoll betont. Mit dem lichten Helloliv der Halle kontrastiert zum Beispiel ein schwarz-weiß-graues Deckenornament auf Stirn und Unterseite des überbauten Teils des Raumes, der zur intimeren Kaminecke überleitet. Auch die Fußböden wurden von Adolf Rading in seine Farbkonzeption einbezogen. Sie mußten vollständig erneuert werden. Hier ist wieder die Halle mit ihren verschiedenfarbigen Linoleumflächen von besonderer Attraktion. Nachdem hinter Fußleisten oder ähnlich verdeckten Stellen die originale Farbigkeit ermittelt werden konnte, wurden die Wände abgewaschen und mit neuem Anstrich versehen. Manchmal tauchten auch unter der Schicht, die den Erinnerungen und Fotos nach die ›richtige‹ sein mußte, andere Farben oder Ornamente auf, die von Rading offensichtlich wieder verworfen und deshalb überstrichen wurden. Vermutlich hatte der Architekt erst im Haus endgültig über die Farbgestaltung entschieden; Unterlagen darüber sind leider nicht erhalten.

Das freie Raumgefühl wird aber nicht nur durch die Farben hervorgerufen, sondern auch durch die ›Körperlosigkeit‹ seiner Ausstattungsgegenstände unterstrichen, die Adolf Rading ebenfalls entworfen hat. Dazu gehören die Metallstühle in der Wohnhalle mit dem runden, ausziehbaren Tisch, dessen Platte ornamental gestaltet ist und an die Symbolik des Yin-Yang (chinesisch: ›dunkel‹ und ›hell‹) erinnert, die Leuchte über dem Tisch, die Soffitten und verschiedenen Deckenleuchten, die überall im Haus vorhandenen praktischen Einbauschränke, das Ehebett im roten Schlafzimmer. Alles wurde neu aufgearbeitet, wobei der angemessene Perfektionismus auch nicht vor den transparenten Lichtschaltern oder den Heizkörperventilen haltmachte. Aber all das Transitorische, Durchsichtige, Filigrane dieses Wohnhauses wurde durch einen weiteren Künstler noch um ein Vielfaches gesteigert:

Oskar Schlemmer, wie Adolf Rading damals Professor an der Akademie für Kunst und Kunstgewerbe in Breslau, an der er unter anderem einen Kurs ›Mensch und Raum‹ abhielt, entwarf im Herbst 1930 für die doppelgeschossige Halle eine dreiteilige Wandgestaltung. Die ›Metallkomposition‹ besteht aus verschiedenen Elementen: einer großen gold-silber-kupfernen, von der Wand abstehenden Drahtplastik ›Homo‹, die eine kleine silberne vollplastische Figur auf der linken Hand trägt; einem über fünf Meter hohen Profil aus Kupferband, das den beiden Menschentypen von rechts

Wohnhalle, Blick auf den Wintergarten

Everything has been restored with a perfectionism that even includes restoration of the transparent light switches and the radiator valves. Yet all that is transitory, transparent and filigree in this house is heightened still further by the work of another artist.
Oskar Schlemmer (1888-1943), like Adolf Rading, held a professorship at the Akademie für Kunst und Kunstgewerbe (Academy of Fine and

zugewandt ist und – zwischen der Figurengruppe und dem Gesicht – einem Metallkreuz, von dessen Mittelpunkt konzentrische Kreise ausgehen. Schlemmer selbst hat diesem Werk weder einen Titel noch eine Deutung gegeben. Jede der menschlichen Figuren evoziert durch ihre autonome Gestalt einen eigenen Raum, der die Grenzen des existenten Raumes aufhebt. Versenkt sich der Betrachter in diese imaginäre Welt, wird er überwältigende Nähe und ungewisse Ferne erleben, die sich einander bedingen – auch ganz real in diesem Kunstwerk. Dem unbestimmten Ausdruck von Raum entspricht ein unbestimmter Ausdruck von Zeit. Die körperlose Drahtplastik erhält eine widersprüchliche Starrheit durch statische Schatten, die auf die Wand gespritzt sind. Dagegen wirft die kleine Figur je nach Tageszeit und Lichtverhältnissen ihren Schatten immer wieder neu und anders auf die Wand, desgleichen das Profil. Der Schlemmer-Experte Wulf Herzogenrath interpretiert die Figuren so: die große Drahtplastik symbolisiert ›Geist‹, die kleine Figur ›Seele‹ und das Profil ›Natur‹.

Das schmale Treppenhaus hat Oskar Schlemmer ebenfalls mit drei Figuren gestaltet. Die Fresken, die nur gereinigt wurden, wirken wie überlebensgroße Schatten und entmaterialisieren den engen Raum. Im Aufgang vom ersten zum zweiten Obergeschoß nimmt ein Profil fast die ganze Höhe bis zur Unterseite des Treppenabsatzes ein, es folgt eine die Dimensionen der Wand sprengende aufsteigende Figur. Ein vertikaler Schlitz aus Glasbausteinen trennt sie von einem Menschen, der schon weit fortgeschwebt ist.

Das Haus Rabe, in dem Architektur, Malerei und Plastik auf so faszinierende Weise miteinander verschmelzen, ist ein einzigartiges Zeugnis des Neuen Bauens und der Utopie, den Menschen durch die vitale Realität der Abstraktion vom Lebenschaos zu befreien. Hier wird die Einheit von Kunst und Leben einer neuen Zeit (die dann aber doch nicht begann) harmonisch zelebriert. Sie erfordert allerdings auch den ›vollkommenen‹ Menschen, der frei ist von individuellen Zügen, universal zu empfinden und zu sehen vermag und ein Bewußtsein erlangt hat, das Klarheit fordert. Piet Mondrian propagierte 1919: »Es ist oder wird wenigstens bald möglich sein, mit Bauten eine klare Manifestation des Unveränderlichen zu schaffen, das heißt etwas für jede Generation Gültiges.« Das Haus Rabe steht genau dafür und hält noch viele Entdeckungen bereit. Wie gut, daß es nun gerettet ist.

Romana Schneider

Ansicht von Norden

Ansicht von Osten

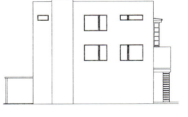

Ansicht von Westen

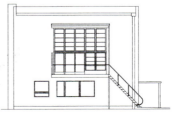

Ansicht von Süden

Applied Arts) in Breslau at the time. One of his courses was entitled "Mensch und Raum" (Man and Space). In the autumn of 1930, he created a three-part wall decoration for the two-storey hallway. The "Metal Composition" consists of a large-scale sculpture of gold, silver and copper wire entitled "Homo" which stands out as a relief from the wall, carrying in its left hand a small three-dimensional silver figure. Turned towards these two human figures is a five-metre high strip of copper band in the shape of a face in profile. Between the two figures and the face there is a metal cross with circles radiating from its centre.

Oskar Schlemmer also created three painted figures for the narrow stairway. These wallpaintings, which have been cleaned, but not retouched, have the appearance of larger-than-life shadows that dematerialise the narrow space.

The Rabe House, with its fascinating blend of architecture, painting and sculpture, is a unique testament to the spirit of *Neues Bauen* and the utopian vision of mankind liberated from the chaos of life by the vitality and reality of abstraction. It is a harmonious celebration of the unity of art and life in a new era, eagerly anticipated but never to dawn. At the same time, it evokes the "perfect" human being, void of individual traits, capable of universal perception and universal vision, who has reached a level of consciousness that demands clarity. As Piet Mondrian proclaimed in 1919, "It is, or will soon be, possible to create architecture that is a clear manifestation of the immutable; i.e. something that is valid for every generation." As an embodiment of precisely this spirit, the Rabe House is an architectural treasure trove.

Aufgang zum 2. Obergeschoß mit Fresken
von Oskar Schlemmer

Flurbereich, 2. Obergeschoß mit Fresken
von Oskar Schlemmer

Zimmer westlich der Wohnhalle,
1. Obergeschoß

Schlafzimmer, 2. Obergeschoß

Wohnhalle, Nordostbereich mit originaler
Ätzverglasung

Südostzimmer, 2. Obergeschoß

Restauriertes Heizkörperventil

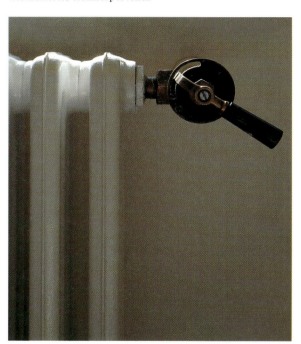

Küche, 1. Obergeschoß,
Decke (Detail)

Ausschnitt des wieder-
hergestellten, kupfernen
Garagentors

Wohnhalle mit Plastiken von Oskar Schlemmer, ▷
restauriertem Mobiliar und Linoleumintarsien

Fotos: Dieter Leistner/ARCHITEKTON, 1996,
mit freundlicher Genehmigung des Bauherrn

51

Carlo Baumschlager
und Dietmar Eberle

Gewerbebau, Hergatz

Mitarbeit   Michael Ohneberg, Oliver Baldauf
1995

Commercial Building

This attractively sculpted wooden structure has been prominently located close to the highway, giving passers-by an inviting view of the company's wood-based products through large show windows. Inside, the entire atmosphere is saturated with the aroma of various woods, complementing the soothing visual impact. The company's owner rejected a traditional commercial design of steel and concrete, and turned to Baumschlager and Eberle for an unconventional solution. Their task included giving specific spatial order to the previously scattered company buildings, designing a new sales and exhibition building, and expanding existing warehouse capacity. The extensive use of wood was an obvious solution for both

Hier wirbt nicht aufdringliche Reklame, sondern die Architektur für ein mittelständisches Unternehmen. Als Blickfang wurde der plastisch ausgebildete Gewerbebau möglichst nah an die Bundesstraße zwischen Isny und Lindau im bayerischen Allgäu gerückt. Durch seine breite Schaufensterfront lädt das Gebäude die Autofahrer zum Besuch der großzügigen Ausstellungshalle ein, in der das Holzverarbeitungswerk seine vielfältige Produktion präsentiert.

Man könnte das Gebäude in der kleinen Gemeinde Hergatz auch mit geschlossenen Augen betreten und wüßte doch sofort, daß man sich in einem Holzbau befindet. Der Duft verschiedener Hölzer reizt einen so angenehm in der Nase, daß man selbst sehenden Auges zu schnuppern beginnt. Ein Holzbau solcher Volumetrie strahlt eben nicht nur eine visuelle, sondern auch atmosphärische ›Wärme‹ aus.

Besser hätte es der Bauherr also gar nicht treffen können. Wohl aber schlechter. Mehrere Vorentwürfe von anderer Hand sahen eine ›modernistische, rechtwinklige Kiste‹ in Stahl und Beton vor, nichts anderes als eine Variante des im Gewerbebau Üblichen. Ein weiterer Mangel dieser Entwürfe

war, daß sie sich an der Situierung eines zum Abbruch bestimmten Altbaus orientierten und die reizvolle Hanglage zur Bundesstraße verkannten.

Der junge, als Bankkaufmann ursprünglich branchenfremde Bauherr, der den traditionsreichen Familienbetrieb übernommen hatte, gab seinem Unbehagen nach und suchte einen neuen Architekten. Ein – kaum zu glauben – Bauträger machte ihn auf das renommierte Büro Baumschlager und Eberle im benachbarten Vorarlberg aufmerksam. Rasch war dann der Direktauftrag vergeben.

Für Dietmar Eberle, der wie stets die gleichrangige Mitwirkung von Carlo Baumschlager betont, gab es einen dreifachen Zugang zu diesem Projekt. Zunächst bestand die Aufgabe darin, durch den Neubau dem diffusen Firmengelände zwischen Bundesstraße und Eisenbahnlinie – frühere Luftbilder dokumentieren es – eine Ordnung zu geben. Die Chance dazu wuchs, als während der Planung das Raumprogramm für eine reine Verkaufs- und Ausstellungshalle um eine zusätzliche Lagerhalle erweitert wurde. Somit lag es nahe, den Neubau zweigeschossig zu planen und die hofseitige Lagerhalle teilweise in den Hang zur Straße einzugraben. Durch dieses Abrücken vom Bestand ergab sich ein großzügiger Betriebshof, der nicht nur den Lkw-Verkehr erleichterte. Bei der Gestaltung der Außenanlagen ging es den Architekten darum, durch Kiesflächen möglichst große Bereiche ›versickerungsoffen‹ zu halten.

Architektonisch war die Verwendung von Holz für Bauherr und Planer selbstverständlich. Es bot sich ja die Gelegenheit, die Tätigkeit der Firma, die von Sägewerken bis zur Produktion von Fertigtüren reicht, durch das ›eigene‹ Material ebenso vielfältig wie anspruchsvoll zum Ausdruck zu bringen. Tatsächlich besteht das Gebäude außen wie innen aus Holz – mit Ausnahme der Außenwände der Lagerhalle und der Zwischendecke, die betoniert wurden. Die den Ausstellungsraum gliedernden Leimbinder sind aus Fichtenholz, wobei jeder von ihnen eine eigene Geometrie hat. Ansonsten, vor allem für die großflächigen Verkleidungen, wurde sibirische Lärche verwendet. Schon heute deutet sich außen an, wie das rötliche Holz je nach Wetterseite in verschiedenen Grautönen patinieren wird.

Im hohen Ausstellungsbereich gehen die längsseitigen Sandwich-Wände ohne Fuge in das Dach über. Auf diese Weise ist ein beeindruckender, fast feierlicher Raum entstanden. Runde Öffnungen im Dach sorgen zusammen mit dem breiten zweischichtigen Schaufenster, das somit als Klimapuffer wirkt, für eine fast gleichmäßige Belichtung.

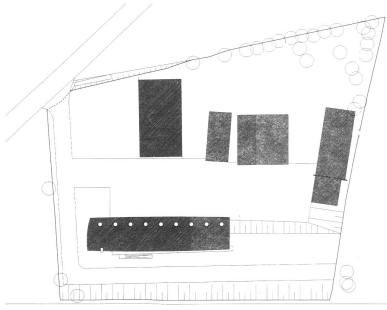

Bundesstrasse 12

Lageplan

Während dieser Ein-Raum nach Südwesten durch die in den ›Kopf‹ des Gebäudes eingestellten Büroebenen begrenzt wird, weist die andere, orange gestrichene Stirnwand auf eine mögliche Erweiterung hin.

Das eigentliche Faszinosum dieses in jeder Hinsicht ungewöhnlichen Gewerbebaus ist jedoch seine Gestalt. Auf den ersten Blick meint man, eine Schiffsform zu erkennen, weil der ›Bug‹ mit schlitzartigen Fensterbändern (dort befinden sich Sozialräume und Büros) als auch das scharfkantige ›Heck‹ derart ausgeprägt sind. Es leuchtet aber ein, wenn Dietmar Eberle die Bezüge zum Allgäu und seiner Baukultur hervorhebt. Die hügelige Landschaft wirke hier »sanft, doch auch gewaltig«, und die traditionelle Bebauung sei der Typ des kompakten Einzelhauses. »Diese Überlieferung des

kraftvollen Solitärs haben wir in einen anderen funktionalen Zusammenhang mit heutiger Technik übersetzt«, erläutert Eberle das Konzept des monolithischen und zugleich ›weichen‹ Gebäudes.

In der Umsetzung hat es bei der Technik freilich gehapert, weil die Rahmenkonstruktionen nicht durch CNC-gesteuerte Maschinen hergestellt werden konnten. Der beauftragte einheimische Handwerksbetrieb war auf die Datenübertragung vom Architekturbüro in seine Produktion noch nicht eingerichtet. Kein Problem ist aber die Akzeptanz des Gebäudes, wie der Bauherr berichtet. Die Genehmigungsbehörde wie der Gemeinderat hatten Verständnis – und der allen Beteiligten vertraute Baustoff Holz hat selbst harte Herzen weich werden lassen.

Wolfgang Jean Stock

architects and client: it is the ideal expression of the company's very business. By using a variety of woods, interesting textures and colors were achieved, both inside and out. The most fascinating aspect of the main building's design is its form: at first glance it resembles a ship, with slit windows and a sharp "bow". Eberle explains the form as being inspired by the regional landscape and architecture: "gentle but powerful". This "soft" building is their conception of a powerful solitaire using modern technology and expressive materials.

Ansicht von Westen

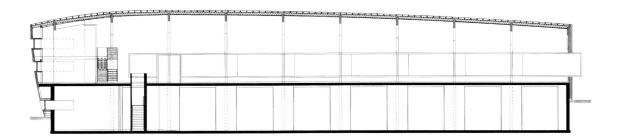

Längsschnitt

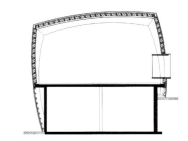

Querschnitt

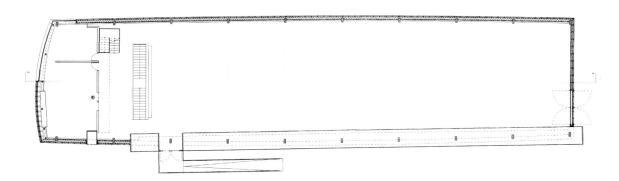

Grundriß Ausstellungshalle

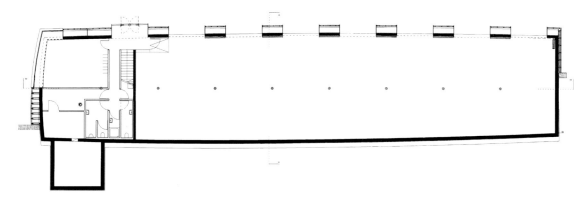

Grundriß Lagerhalle

Tore zur Lagerhalle

Straßenfassade. Detail mit Haupteingang

Ausstellungshalle

Ansicht von Norden
mit dem vorspringenden
Schaufenster an der
östlichen Ecke

Ansicht von Süden

Straßenfassade

Fotos: Hueber

Heinz Bienefeld

Kindergarten Allerheiligenberg, Lahnstein

Mitarbeit

Sándor Forgó, Joachim Siller

1995

Kindergarten Allerheiligenberg

In Lahnstein, just a few kilometres from Koblenz, a large kindergarten designed in 1992 by architect Heinz Bienefeld is currently entering the final stages of completion.
Architecturally, the kindergarten takes a distinctly pedagogical approach. Its formal clarity, high quality materials and friendly yet dignified atmosphere lend it a certain affinity to public buildings of character from the past. It clearly reflects the architect's scale of values, being neither patronisingly "childlike" from an adult point of view, nor pandering to conventional aesthetics of economy or institutional ideals of wipe-clean convenience. Nor does it flaunt its many undeniable qualities.
With its versatile and imaginative use of materials, the kindergarten appeals directly to the senses. Those who use the building can enjoy well-proportioned, spacious surroundings and the extensive play of light and colour on its walls. It offers the children a system of order which nevertheless leaves plenty of scope and freedom. According to Bienefeld: "A lack of architectural order does have consequences. It confuses powers of judgement, corrupts taste unpredictably, and leads to psychological regression." He works on the assumption that formal chaos fosters disorder in the child's psyche, which then finds an outlet in acts of unprovoked aggression and vandalism. "If there are spatial effects

Einfach schön

Nur wenige Kilometer von Koblenz entfernt liegt Lahnstein. Dort ist ein großer Kindergarten, den der Architekt Heinz Bienefeld 1992 entworfen hat, gebaut worden. Auf einem Grundstück mit starker Hanglage gelegen, erreicht man seinen Eingang über eine Stichstraße, die zur Kirche des Ortsteils führt. Vor dem Kindergarten steht ein Baum, der für diesen Architekten zu jedem guten Haus gehört. So unscheinbar und klein der flache Bau von der Straße aus wirkt, so groß erweist er sich, wenn man näherkommt. Was von weitem wie ein einfacher langgestreckter Baukörper aussieht, ist nur die Seitenansicht zweier parallel liegender Baukörper eines großen Doppelatriumhauses mit einem H-förmigen Grundriß.

Das ganze Gebäude wird auf drei Seiten von sehr schlanken, runden Metallstützen umgeben, die eine umlaufende Überdachung tragen. Vierzehn Stützen gliedern die Längsseiten filigran und zeigen einen geziegelten Baukörper, der frei unter seinem Dach zu stehen scheint. Eine helle, aus Beton gegossene Ausbuchtung schwingt aus dem ruhigen Ziegelfluß der Wandfläche. Mit seinen großen Fenstern öffnet sich der Kindergarten weit zum Garten hin.

In der Eingangshalle stehend, kann man den Grundriß des gesamten Gebäudes leicht verstehen. Zwischen den langen Baukörpern liegen, nur durch einen Querbau, der ein Waschhaus enthält, voneinander getrennt, die beiden Atriumräume. Das Hauptelement der inneren Erschließung sind die beiden links und rechts am zentralen Waschhaus vorbeilaufenden tiefen Flure. Das verborgene Zentrum aber ist das große, hintere Atrium. Vor allem dieser zum Himmel offene Innenhof erzeugt den klassischen Eindruck des Hauses. Es überzeugt mit der klaren Ordnung seines Grundrisses und mit der überragenden Qualität der Innenräume. Ihre sorgfältige Maßstäblichkeit verleiht dem großen Bau überall etwas Zierliches. Ein wichtiges Element der lebendigen Ausstrahlung ist die anregende Materialität seines Sichtmauerwerks.

Das schönste, gleichzeitig luxuriös und asketisch erscheinende Element ist der große Innenhof dieses Kindergartens. Er trägt wesentlich zur ruhig-heiteren Atmosphäre bei, die das ganze Haus prägt. Seine Größe wird durch die räumliche Raffinesse seiner Anlage verstärkt. Wo beginnt dieser Innenhof eigentlich? Schon im geschlossenen Raum der seitlichen Gänge? Dort sind die Zwischenräume zwischen den Metallstützen verglast. Oder beginnt er erst unter den Dachüberhängen? Der Architekt hat alles unternommen, den Kindern soviel Gelegenheit wie möglich zu schaffen, auch bei schlechtem Wetter im Freien zu spielen. Licht bestimmt

Eingang

seinen Bau und ist eines seiner wertvollsten Materialien.

Quer über den Hof gelangt man in den zum Garten hin gelegenen Eckraum des Kindergartens. Die Mauern dieses Raums scheinen frei zu stehen. Das Dach schwebt geradezu darüber. Als schmale Lichtkante umläuft der Zwischenraum zwischen Maueroberkante und aufgeständertem Dach den ganzen Kindergarten. Die Fensterwand wird von Betonsäulen gegliedert. Am Wechselspiel dieser Bauelemente mit den vor den Fenstern liegenden Metallstützen werden einige Kinder – wie an einer alten Rechenmaschine – spielend zählen lernen.

Der Kindergarten in Lahnstein ist ein ausgeprägt pädagogisches Bauwerk. Mit charaktervollen öffentlichen Bauwerken der Vergangenheit verbindet ihn eine klare Form, die Wahl anspruchsvoller Materialien sowie eine würdevolle Verbindlichkeit. Leicht kann man ihm die leitenden Wertvorstellungen des Architekten ansehen. Das Gebäude biedert sich weder mit vermeintlich kindgerechten Spielereien erwachsenen Vorstellungen vom Kindhaften an. Es unterwirft sich auch nicht der üblichen Sparsamkeitsästhetik bzw. dem Erziehungsideal pflegeleichter Abwaschbarkeit. Es protzt nicht mit seinen Qualitäten, obwohl es voll davon steckt.

Der Kindergarten ist mit seinem abwechslungsreichen Einsatz der Materialien ein Angebot an die Sinne. Verwöhnt werden die Benutzer durch die wohlproportionierte, großzügige Raumgebung und

durch das hier überall reichlich vorhandene Licht- und Farbenspiel der Wandflächen. Zugemutet wird den Kindern das Angebot einer Ordnung, die dennoch viel Raum für Freiheit läßt. »Die Abwesenheit einer architektonischen Ordnung hat Folgen. Eine Desorientierung des Urteilsvermögens, eine unberechenbare Korrumpierung des Geschmacks, eine Verwilderung im Bereich des Psychischen.« (H. B.) Bienefeld ging davon aus, daß Formchaos eine Unordnung in den Seelen der Kinder anrichtet, die sich in unmotivierten Aggressionen und Vandalismus zeigt. »Wenn es Raumwirkungen gibt, die einen Menschen krankmachen, dann muß es auch Räume mit heilsamer Wirkung auf Menschen geben.« (H. B.)

Seit eh und je zeigen Kinderzeichnungen von Häusern eine Art Idealtyp, der sich auf Wesentliches beschränkt. Ein Haus mit einem markanten Dach, mit Tür und Fenster, einem Baum davor, einem Weg dahin. Etwas von der strukturellen Einfachheit solcher Reduktion haben Bienefeld-Bauten. Es ging diesem Architekten darum, die Einfachheit solch klarer Figuren weiter zu verfeinern. Sich in der großen, tradierten Form zeitgemäß – d. h. ohne Nostalgie – zu bewegen, war ihm selbstverständlich. Zu den Prinzipien, an denen er sich zeit seines Lebens orientierte, gehört ein Satz Schinkels: »In der Architektur muß alles wahr sein. Jedes Maskieren, Verstecken der Konstruktion ist ein Fehler. Die Aufgabe ist, jeden Teil der

that can make a person ill, then there must be spaces which have a healing effect on people as well," claims the architect.
Children's drawings of houses invariably display a kind of ideal form reduced to the bare essentials: a house with a distinctive roof, a door and windows, a tree in front of it, a path leading up to it. Bienefeld's buildings possess something of this structural simplicity. Indeed, the architect's express aim was to refine these clear and simple concepts still further. In doing so, he sought to uphold a grand formal tradition in a contemporary sense, without any of the trappings of nostalgia.
There is no material more honest than brick. Piece by piece, it shows precisely how a wall is built up. The unclad brick wall casually displays the need to give doors and windows a masonry lintel. Columns and supports render the statics of the building clearly legible long before the children have even heard of such a concept. A child's fascination with building bricks, one of the oldest toys of all, is fuelled by experiencing such obvious structures. In this age of electronic appliances, when structures and mechanisms are no longer immediately evident, the many metal components, bolted reinforcements and visible material joints of this kindergarten forge a link with the adventurous world of mechanical engineering – railways, bridges and steam engines – that children have always loved.
The very fact that so many features of this building reveal, for example, how the roofing pantiles are supported by wooden structures, longitudinal ridge ribs and rafters, and the fact that the roof and walls are so clearly defined, is all part and parcel of this approach. It is this special quality that makes the roof such a sheltering feature in the first

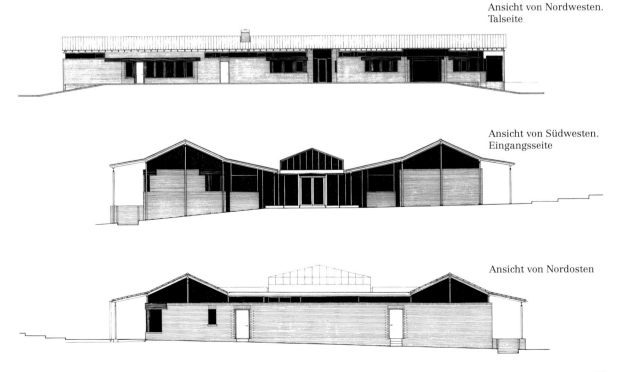

Ansicht von Nordwesten. Talseite

Ansicht von Südwesten. Eingangsseite

Ansicht von Nordosten

Konstruktion in seinem Charakter schön auszu-
bilden.«

Kinder wollen die Gegenstände, mit denen sie
leben, ›begreifen‹, sie wollen verstehen, wie etwas
gemacht wurde. Sie nehmen erst Puppen und
anschließend technische Geräte rücksichtslos auseinander, um sich die Konstruktion anzusehen. Bienefeld gibt diesem legitimen Interesse der Kinder
bei seinem Haus schon im Konzept nach. Er nimmt
seine kleinen Benutzer so ernst, daß er ihnen
zumutet, spielend lernen zu können, wie es be-
schaffen ist. Der Kindergarten als Vorschule.

Die nackte Wand mag Besuchern fremd erscheinen, die die Lebendigkeit und den Wechsel des warmen Farbtons solcher Wände bislang nicht selbst
erlebt haben. An diese Wände muß man keine Pla-
kate kleben. Sie brauchen nicht den Überzug lieblos
angehefteter Bildchen, weil sie bereits selbst
Schmuck sind.

Es gibt kein ehrlicheres Material als Ziegelsteine.
Stein für Stein läßt sich an der Fläche ablesen, wie
sich eine Wand aus ihren Elementen fügt. Die roh
belassene Ziegelwand verweist zwanglos darauf,
daß Türen und Fenster einen Abschluß in Form
eines gemauerten Sturzes brauchen. Säulen und

Stützen zeigen die Statik, bevor Kinder den Begriff
auch nur kennen. Sicher hat die Faszination der
Kinder für das uralte Spiel mit den Bauklötzen im
Erlebnis des sichtbar Konstruierten ihren Grund. In
einer Zeit, in der elektronische Geräte zunehmend
dominieren, denen die konstruktive Anschaulich-
keit des Mechanischen fehlt, stellen die zahlreichen
Metallteile, die geschraubten Versteifungen, die
sichtbar gelassenen Materialverbindungen dieses
Kindergartens eine Verbindung zur abenteuerli-
chen Welt der Technik, der Eisenbahnen, Brücken
und Dampfmaschinen her.

Auch daß man in diesem Gebäude an vielen Stellen erkennt, wie die Dachpfannen von unterfangen-
den Holzkonstruktionen, Längsrippen und Sparren
getragen werden, daß Dach und Wände deutlich
definiert werden, gehört zu dieser Denkweise.
Durch diese Besonderheit wirkt das Dach erst rich-
tig als schützender Raumabschluß, und die Wände
werden als tragende und trennende Elemente
erkennbar. Alles ist gut und deutlich ablesbar.
Gerade in den Elementen seiner Details, in denen
dieser Bau Erwachsenen zunächst ›roh‹ oder gar
›ärmlich‹ erscheint, hat er am meisten Anteil an der
Welt der Kinder.

Grundriß

1 Leiterin
2 Personal
3 Küche
4 Heizraum
5 Abstellkammer
6 Mehrzweckraum
7 Geräteraum
8 Eingangshalle verglast
9 Waschhaus
10 Innenhof offen
11 Pultdächer
12, 15 Ruheraum
13, 14, 16 Krabbelraum

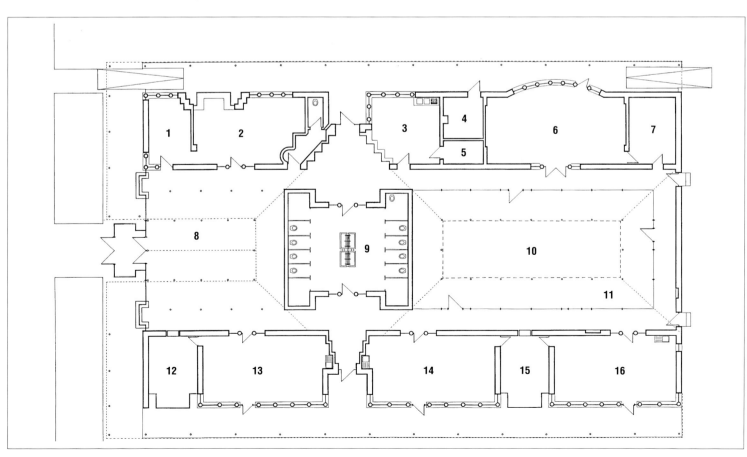

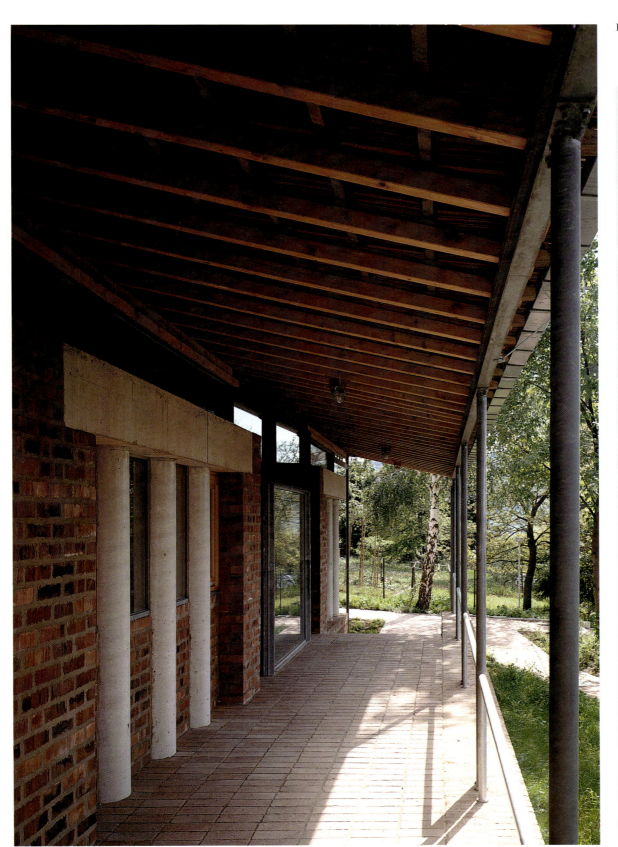

Detail der Talseite

place, and emphasizes the role of the walls as load-bearing components and partitioning elements. Everything is easily legible. Indeed, it is precisely those elements that make the building seem "raw" or even "meagre" in adult eyes that come closest to sharing the world of children.

Because Bienefeld does not make a patronising and artificial distinction between children and adults, he takes his future users seriously. He sees his approach as a challenge to which the children will rise. This is a deeply elementary building and, as such, it is eminently suitable for children. It is a model piece of architecture.

What the children will not notice is something the trained eye will recognize immediately: the degree to which Bienefeld's work is imbued with a sense of tradition and critical awareness. The influence of the classical atrium is evident, and the ground plan is clearly based on the Roman castrum – a tradition proudly upheld all along the Rhine. It is no coincidence that the covered walkways with their alternating closed, semi-closed and open spaces are reminiscent of monastic architecture. This building is directed inwards; it is intended as a shelter. Its accommodating and understanding approach to the world of the child contrasts starkly with its inhuman and sterile setting. The building acts as a screen against the architectural paucity of its surroundings. Bienefeld's kindergarten does not flirt with innovation for its own sake, but aims instead to prove the modernity of quality by presenting the quality of the past. It seeks to reiterate an eternally valid form in a constantly new guise and, in doing so, to break down the

antagonism between old and new.
Architecture critic Wolfgang Pehnt's description of Bienefeld's work seems particularly fitting when applied to the kindergarten in Lahnstein: "Bienefeld's buildings make no effort to conform... yet they give the impression that they have stood on that site for a long time, and that it is the other buildings that are the newcomers, the intruders ... this may well have something to do with the fact that here, longstanding truths and architectural imagery are not cited, but implemented. Bienefeld's buildings do not suggest topicality, but duration."
(W. Pehnt, Deutsche Bauzeitung, 1992)

Eben weil Bienefeld nicht betulich und künstlich zwischen Kindern und Erwachsenen unterscheidet, nimmt er seine zukünftigen Nutzer ernst. Er sieht in der Zumutung seiner Setzungen eine Herausforderung, an der die Kinder wachsen werden. Ein durch und durch elementares und damit kindgerechtes Bauwerk. Ein Lehrstück der Architektur.

Nicht erkennbar wird den Kindern allerdings sein, was der geschulte Blick sofort sieht, wieviel an Tradition und kritischem Geschichtsbewußtsein in die Arbeit Bienefelds eingeflossen ist. Die Nähe zu antiken Atriumhäusern ist überdeutlich, beim Grundriß stand das römische Castrum Pate, eine Tradition, auf die man längs des Rheins immer stolz war. Die überdachten Wandelgänge mit ihrem Spiel von geschlossenem, halboffenem und offenem Raum erinnern nicht zufällig an Klosterbauten.

Dieses Haus orientiert sich stark nach innen, es will ein Schutzraum sein. Das Kindgerechte dieses Hauses in Lahnstein kontrastiert gnadenlos mit der Menschen- und Naturverachtung, der Umgebung. Der Bau funktioniert wie eine Sichtblende vor den baulichen Banalitäten seiner Umgebung. Er ist ein Kleinod in einer Endmoräne aus zeitgenössischer Architektur. Seine strenge Schönheit macht ihn in Lahnstein in besonderem Maß zum ›Fremden‹. Dementsprechend ist er dort zum Stein des Anstoßes geworden. Die Störung, die von diesem ›Fremden‹ ausgeht, ist nicht gesucht, sie ist eine Provokation wider Willen. Sie scheint der Fluch zu sein, der jeglichem Versuch anhaftet, der einen Einspruch gegen die normative Kraft des Häßlichen wagt. Daß der Kindergarten sich gegen normierte Bausterilität ebenso wendet wie gegen eine lächerlich übersteigerte Originalitätssucht, gibt ihm seine besondere Notwendigkeit. Er ist ein Antikörper gegen den Baubazillus der Zeit. Der Bau ist ein Einspruch gegen all das, was Bienefeld »parodistische Architektur« genannt hat. Er ist rauh wie das Leben, schön wie die Kunst und traditionsreich wie die Geschichte.

Bienefelds Kindergarten sucht nicht das Neue, er will an der Qualität des Alten die Modernität jeglicher Qualität sichtbar machen. Er will eine für ihn immer gültige Form in immer neuer Gestalt wiederholen. Er zielt auf die Aufhebung des Antagonismus von alt und neu. »Nicht modern und nicht unmodern«, so hat Dominikus Böhm, dessen letzter Meisterschüler Heinz Bienefeld war, seine Architekturhaltung einmal umschrieben. In diesem Sinn war Bienefeld einer der seltenen konservativen Baumeister, die gerade durch ihren spezifischen Rekurs auf die Architekturtradition ihren Beitrag zur Moderne geleistet haben. Er gehört in eine Reihe mit Baumeistern wie Dominikus Böhm, Rudolf Schwarz, Hans Döllgast oder Karljosef Schattner.

Auf wohl kaum einen Bau dieses Architekten paßt das Urteil des Architekturkritikers Wolfgang Pehnt so wie auf den Kindergarten in Lahnstein: »Bienefelds Häuser machen keinerlei Anstrengung sich anzupassen ... und doch geht von ihnen der Eindruck aus, eigentlich seien sie diejenigen, die schon lange an ihrem Platz stehen; die anderen, das seien die Zugereisten, die Eindringlinge ... Das hängt auch damit zusammen, daß hier alte Wahrheiten und Bilder des Bauens nicht zitiert, sondern verwirklicht werden. Bienefelds Häuser suggerieren nicht Aktualität, sondern Dauer.« (W. Pehnt, ›Deutsche Bauzeitung‹, 1992)

Wenn sich über vieles streiten läßt, über die herausragende architektonische Qualität des Baus kann man nicht streiten. Sie ist offensichtlich. Wer diesen Kindergarten betritt, der wird von seiner schönen Einfachheit spielend gewonnen werden. Polemisieren läßt sich dagegen nur, wenn man, wie die Lokalzeitung, vorsätzlich eine Kampagne inszeniert, hinter der leicht die Verärgerung der örtlichen Architekten erkennbar ist, daß der Auftrag in schwieriger Baukonjunktur an einen ›Fremden‹ vergeben wurde. Da soll der Architekt zum Sündenbock herhalten für die allerdings beklagenswerten Mängel von Handwerkern. Die Lahnsteiner Bürger, deren Mehrzahl diesen Bau noch nie gesehen hat, sollten sich selbst ein Urteil bilden. Sie sollten den Bau besuchen und sich das eigene Urteil nicht abnehmen lassen. Der Bauherr kann stolz darauf sein, solch ein mustergültiges Haus in Lahnstein ermöglicht zu haben. Etwas Besseres konnten die Bürger nicht für sich tun. Künftige Generationen von Kindern werden es ihnen danken, wenn der Streit, der die Entstehung des Hauses begleitete, längst vergessen sein wird.

Jan Thorn-Prikker

Eingangshalle

Gruppenraum

Treppenaufgang

Ansicht von Südosten

Wandabstufung im
Eingangsbereich

Flur um den offenen Innenhof

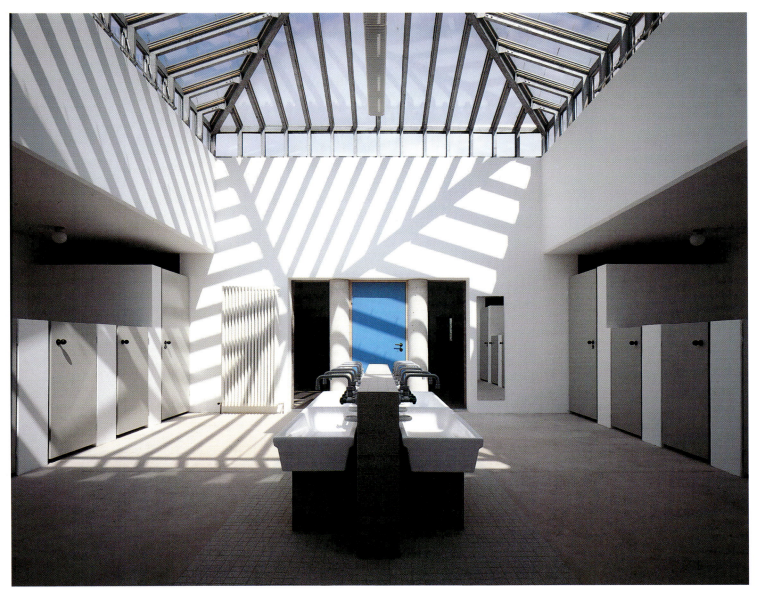

Waschhaus

Fotos: Susanne Trappmann

Helge Bofinger   # Büro- und Geschäftshaus, Berlin

Projektleitung   Helge und Margret Bofinger, Tilmann Klinkhammer

Mitarbeit   Andrea Bartels, Armando M. Bernstein, Detlev Buhlke, Peter Klein, Markus Mildner, Ercan Özen, Katrin Thorhauer, Florian Urbach, Gabriele Weishäupl, Marc Wietstock

Internationaler städtebaulicher Realisierungswettbewerb 1981

1993–1996

Apartment and office building

Helge Bofinger's new HQ for the Social Democratic Party (SPD) in Berlin is a massive building on a triangular site. The pale beige limestone frame encloses a dark blue double facade of glass and steel, setting a vertical contrast to the horizontal line of the facade. Bofinger plays skilfully on Le Corbusier's "ocean liner" metaphor. A curved passage rising the full height of the building slices through the middle, giving a view of the atrium in the centre with its green glass wall. The outline of the filigree glass roof sharply forms a pronounced triangle on the Berlin skyline. The building is in the finest tradition of Berlin's urban architecture, following the likes of Emil Fahrenkamp, Bruno Paul and Erich Mendelsohn, and makes a clean break with the urban planning blight of the 60s and 70s at Mehring-Platz (formerly Belle-Alliance-Platz).

Das Willy-Brandt-Haus in Berlin

Der neuen SPD-Zentrale in Berlin von Helge Bofinger haftet nichts Provisorisches an. Solide ist das Willy-Brandt-Haus auf Kreuzberger Boden gegründet. Mag sein, daß sich aus Tradition und Gewohnheit der Bonner Name ›Baracke‹ wieder durchsetzt. Im Volksmund wurde bisher ›Tortenstück‹ probiert; keine inspirierte Findung. Auch ›Parteidampfer‹ war schon zu hören. Das träfe jedenfalls Architektur und Funktion des Baus genau. Die Spitze der Partei lenkt von hier aus ihr Boot durch die Wogen der Politik – alte, ehrwürdige Metaphern, die weit in die Geschichte des politischen Denkens zurückreichen. Aber auch in die der Architektur, nur

hier nicht gar so weit. Bug und Brücke, Linie und Figur der von Le Corbusier gerühmten »Schnittigkeit des Oceanliners« sind motivisch im Willy-Brandt-Haus offensichtlich: manifestiert in den beiden Erker-Ohren im fünften Obergeschoß, der Kapitäns-Brücke. Und damit auch Nachglanz und Spiegel der eleganten Zwanziger-Jahre-Moderne. Anders nur als so manches Bauwerk jener Zeit schwankt und schlingert Bofingers Haus nicht auf Stadtflucht und Urbanitätsvermeidung umher, sondern ist fest im Stadtraum verankert, ja, stellt ihn an entscheidender Stelle sogar wieder her.

Die Südliche Friedrichstadt, zu der dieser Teil Kreuzbergs stadtgeschichtlich gehört, hat viele Schäden zu verzeichnen gehabt, Bombenschäden des Zweiten Weltkriegs natürlich, aber auch die der »zweiten Stadtzerstörung«. Übersieht man gnädig die zerfransten Grundstücksbrachen rings umher, so sind die Zeugnisse der architektonisch stadtvergessenen sechziger und siebziger Jahre noch in unmittelbarer Nachbarschaft am Mehringplatz zu bestaunen. Bis hoch in die siebziger Jahre lagen rechtsgültige Planungen für eine Autobahn entlang dem Landwehrkanal vor. Der Mehringplatz, das barocke ›Rondell‹ und später Belle-Alliance-Platz, hätte im Schatten eines Autobahnkreuzes gelegen. Davon wendete sich die introvertierte, kreisrunde

Gesamtansicht von Südosten

Platzbebauung mit quadratischer Hochhaus-Rahmung (Planung: Werner Düttmann) prospektive indigniert ab. Bofingers Haus antwortet darauf mit einer städtebaulichen Remedur.

Sie stammt aus den seligen Tagen der IBA Berlin 84/87 unter Josef Paul Kleihues. 1981 hatte sie den ›International engeren städtebaulichen Wettbewerb Südliche Friedrichstadt (Block 19), Wilhelmstraße‹ ausgelobt und sechs Teilnehmer eingeladen; unter ihnen der fast schon wieder vergessene New Yorker ›Architekturpoet‹ John Hejduk, der damals – natürlich! – einen Sonderpreis erhielt. Programmatisch gefordert war die städtebauliche Analogie zu Erich Mendelsohns Bau der IG-Metall von 1928/30 östlich des Mehringplatzes. Wie für diese Ikone der Architekturgeschichte die Lindenstraße, so sollte auch die Wilhelmstraße orthogonal und gegen ihren historischen Verlauf auf den Landwehrkanal geführt werden. Zwei zweite Preise gingen an Halfmann/Zillich Berlin und Bofinger und Partner Wiesbaden/Berlin. Planungsrechtlich wurde Bofingers Entwurf zur Grundlage des weiteren Verfahrens erklärt.

Sein Konzept bestand von Anfang an aus der Bebauung (statt etwa Vorhaltung oder Pocket-Park) und der Durchwegung des großen Blocks mit einer Passage, die imaginär die Biegung des Druckereiflügels im IG-Metall-Gebäude Mendelsohns fortsetzt. Die nunmehr gebaute Passage ist mit gebäudehohen abgerundeten Glasecken portalartig geschmückt und führt auf die Jugendstilfassade des Hebbeltheaters, neben dem eine alte Passarelle den Weg sehr schön aufnimmt. Das Passageninnere schimmert unter der schiefergrauen Alu-Decke und mit der grünen Verglasung geheimnisvoll.

Das dreieckige Grundstück ist im übrigen gleichmäßig bebaut, um die städtischen Raumkanten an der Stresemann- und Wilhelmstraße wieder zu gewinnen. Beidseitig strecken sich die langen Schenkel des Baus die Straßen entlang. Die vorwärtsschießende Dynamik der Figur wird durch den geschickten Kontrast von horizontaler Linie und vertikaler Struktur abgefangen. Ein hellbeigeweißer Steinrahmen aus französischem Kalkstein (›Villehoneur‹) überlagert eine dunkelblaue Doppelfassade aus Stahl und Glas. Bündig ist die diaphane Stahlstruktur in den Steinrahmen eingefügt. Aus architekturästhetischen Gründen ist sie relativ massiv. Sie dient als Träger der Putzbalkone vor der eigentlichen Büroraum-Fassade, die durch liegend langrechteckige Fensterformate gegliedert ist.

Das (theoretische) Dilemma der Dreiecksfigur, von sich aus keine herausgehobene Schau-, also Fassadenseite zu haben, löst Bofinger durch eine knapp gekappte Spitze, die im Sockel hinter einer

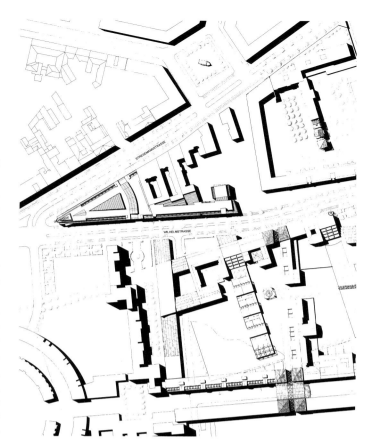

Dachaufsicht einmontiert in den städtebaulichen Entwurf (IBA)

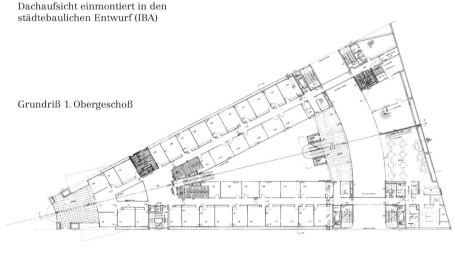

Grundriß 1. Obergeschoß

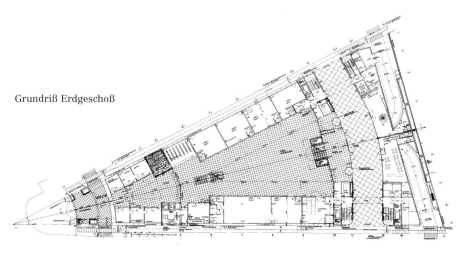

Grundriß Erdgeschoß

Arkade Wagenvorfahrt und Hauptzugang birgt. Die unteren drei Geschosse sind eingekröpft, während die oberen sich als Glastonne auswölben. Leicht ist sie aus dem Baukörper hochgeschoben – eine Reverenz an Mendelsohns Mosse-Haus von 1922 in Berlin Mitte. Klug die Entscheidung, die steinernen Stockwerksbänder um die Kanzel-Tonne herumlaufen zu lassen und sie dadurch in den Baukörper zu (re)integrieren.

Zentrum des Baus ist zweifellos das Atrium. Ein filigranes Glasdach zeichnet die Dreiecksfigur scharf in den Berliner Himmel und taucht den Raum in sanftes Licht. Durch die Einbauten (Holzwände, Lochdecken) ist die Akustik gedämpft. Dennoch beherrscht ihn nichts Intim-Privates, sondern lockt die soziale Grammatik distanzierter Nähe, wie sie dem semi-öffentlichen Raum angemessen ist. Einen theatralischen Akzent setzt die Freitreppe in der Spitze unter einem angedeuteten Baldachin. Ihr Antritt liegt auf einem kleinen Podest; Wahl- und Kanzlersieg-Verkündigungen

sind präformiert. Fein konstruiert ist auch die Treppe an der Basis mit klaren Halbkreisen zwischen den Stockwerken. Einzig die flankierenden Aufzüge aus Glas mit gläsernen Fahrstuhlkörben (ohne Dach) halte ich für keine glückliche Entscheidung des Architekten, da sie das ruhige Gleichmaß der Innenfassade trotz bemühter Immaterialität stören. Sehr schön aber der gewachste Weißputz zwischen den tief dunkelblauen Stahlfensterrahmen. Im Lichtfall tanzen die Schlieren.

Architekturästhetisch liegt dem Bau das Dreigestirn von Bruno Paul (Kathreiner-Hochhaus), Emil Fahrenkamp (Shell-Hochhaus) und – natürlich – Erich Mendelsohn (Mosse-Haus, IG-Metall) zugrunde; und damit die oft im einzelnen bewunderte, aber als Haltung wenig gepflegte urbane Tradition der modernen Architektur. Es ist das nicht geringe Verdienst Bofingers, diese wahrhaft städtischen Architekturhaltungen adäquat aufgenommen und fortgesetzt zu haben.

Gerwin Zohlen

Querschnitt

Längsschnitt

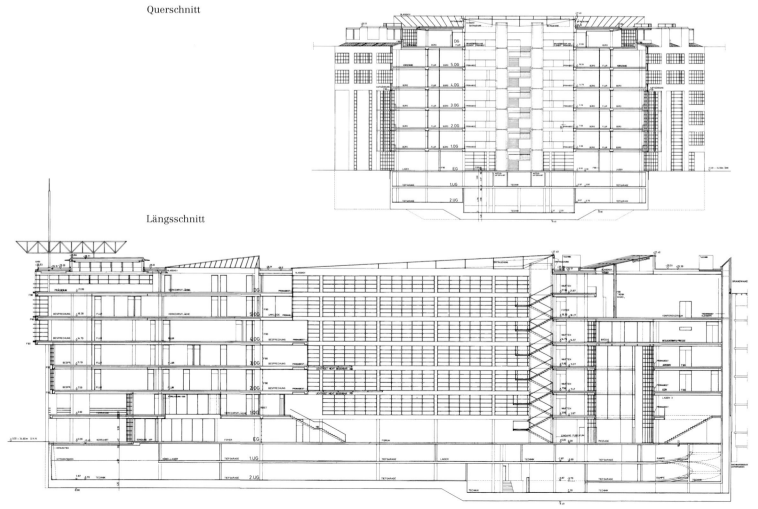

Eingang zur Passage von der Wilhelmstraße

Haupteingangsseite

Passage mit Ausgang
zur Stresemannstraße

Blick zum Glasdach des Atriums

Aufzüge und Treppen im Atrium

Konferenzraum

Blick in das Atrium

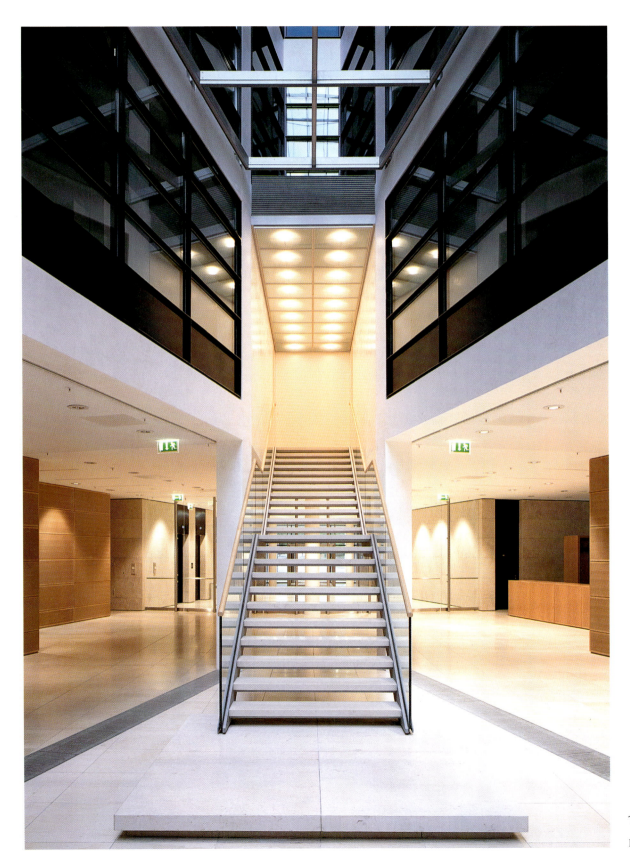

Treppe im Atrium

Fotos: Jochen Helle

Klaus Theo Brenner
mit Gerold Perler

Bankfiliale, Schönebeck / Elbe

Mitarbeit   Michele Restivo

Bauleitung   Büro Lubic mit Decker & Wagner

1994–1995

Bank branch office

Berlin architect Klaus Theo Brenner has achieved a highly unusual contrast between old and new architectural styles with his bank in the historic centre of a small town. The modern building incorporates the neoclassical facade of its predecessor in the form of a facing at first floor level. Past and present meet here in a collage. The street facade blends harmoniously with the urban environment, while the rear of the building presents an impressive volumetric form that dominates its fragmented surroundings. Inside, natural lighting falls into the spacious rooms on every floor from an open light-well, creating an almost meditative atmosphere. The installation on the end wall sets a surrealistic counterpoint to the everyday routine in the financial world.

»... eine intelligente Baukunst ist eine Kunst, die aus der Gegenwart kommt, ohne daß sie zwangsläufig Geschichte verdrängen muß.«[1] Klaus Theo Brenner hat mit seiner Bankfiliale in Schönebeck bei Magdeburg seine eigene These überzeugend umgesetzt.

Gegenüber dem Neorenaissance-Rathaus am Marktplatz gelegen, befindet sich die Bank an einer prominenten Stelle innerhalb des städtischen Gefüges. Daher hatte man vor etwa 200 Jahren das dort befindliche kleine Wohn- und Geschäftshaus, dessen Entstehungszeit nicht mehr bekannt ist, mit einer noblen, urbanen klassizistischen Fassade versehen. Im Lauf der Zeit erfuhr das Haus verschiedene strukturelle und funktionale Veränderungen. Im 19. Jahrhundert wurden im Mittelrisalit der Beletage zwei Fenster zu einem einzigen, größeren zusammengezogen, was der Fassade einen etwas theatralischen Charakter verlieh. Dieses Motiv nutzte Brenner, indem er diesen Teil der Fassade

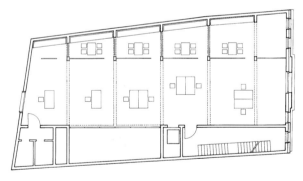

Grundriß 1. Obergeschoß

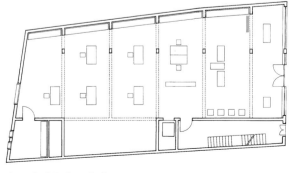

Grundriß Erdgeschoß

als Scheibe, wie eine Kulisse, stehenließ und einen vollständigen Neubau aus Stahlbeton dahinter- und darunterschob. Der obere Abschluß der Scheibe fungiert jetzt als Brüstung für eine Terrasse vor dem zweiten Obergeschoß, das als eine Art Loggia an die Stelle des früheren Satteldaches getreten ist. Durch seine von der Straßenfront zurückgesetzte Lage bleibt trotz des größeren Bauvolumens die Maßstäblichkeit der kleinstädtischen Häuserzeile intakt.

Die Konservierung der klassizistischen Fassade war von denkmalpflegerischer Seite nicht bindend vorgeschrieben. Ihr Erhalt trägt der Bedeutung Rechnung, die ihr der Architekt für das ›Gedächtnis der Stadt‹ zumißt. Brenner bedient sich des Prinzips der Collage als ›eines Aktes der Gleichzeitigkeit, der es ermöglicht, das Vergangene im Gegenwärtigen zu bewahren‹, und fügt dem Platz zugleich ein äußerst modernes architektonisches Objekt hinzu. Die Sprache des Neubaus ist nüchtern und reduziert. Das Erdgeschoß öffnet sich mit großen Glasflächen nach außen und signalisiert damit öffentlichen Raum, auf konventionell repräsentative Elemente wird verzichtet. Es besitzt »strenggenommen überhaupt keine Fassade« (Brenner), sondern erhält seine Gestalt schlicht durch die Fortführung des konstruktiven Systems. Auf den Betrachter wirkt die aus drei übereinanderliegenden Streifen zusammengesetzte Straßenfassade überaus plausibel. Das Aufeinandertreffen der zwei unterschiedlichen Epochen zugehörigen Schichten vollzieht sich ohne optischen Bruch, wobei sich die neue Architektur der historischen gegenüber nicht anpasserisch verhält. Die neue Fassade nimmt Achsen der älteren auf, nicht aber deren Symmetrie, welche, durch frühere Umbauten bedingt, ihrerseits nicht vollkommen ist. Die Fassade der zweiten Etage, die durch den Rücksprung erst aus einiger Entfernung sichtbar ist, weist die gleiche Unterteilung auf wie das Erdgeschoß. Zu der ruhigen, zurückhaltenden Ausstrahlung trägt auch eine feine Abstimmung der verwendeten Materialien bei. Für die Rahmen der modernen wie der klassizistischen Fenster wurde das gleiche Holz verwendet, und das Grau der Stuckelemente der alten Fassade wurde mit der Farbe des Sichtbetons abgeglichen.

Während sich das Gebäude mit seiner Straßenfassade wie selbstverständlich in die zweigeschossige Häuserzeile einreiht, erscheint es, von der Rückseite betrachtet, als ein Fremdkörper. Zwischen kleinteiligen Backsteinanbauten und hölzernen Schuppen stellt der grau verputzte, fast fensterlose Kubus das bei weitem mächtigste Bauvolumen dar, dessen hieratische Strenge seine Umgebung dominiert und ordnet.

Straßenfassade

Schalterhalle

Die Grundrisse aller drei Etagen sehen jeweils einen durchgehenden offenen Raum vor, der von innen unerwartet großzügig erscheint. Eine den Raum gliedernde Stützenreihe lenkt den Blick beim Betreten zusätzlich in die Tiefe. Die vertikale Erschließung des Gebäudes erfolgt über eine einläufige Treppe, die zusammen mit Nebenräumen in einem keilförmigen Streifen so vom Hauptraum abgetrennt ist, daß die windschiefe Geometrie des Grundstücks abgefangen wird. Von jedem Treppenpodest aus gibt ein Fenster den Blick auf das gegenüberliegende Rathaus frei. Damit entsteht wiederum ein Spiel der neuen mit historischer Architektur, ebenso wie bei dem schmalen liegenden Fenster an der Rückwand der Schalterhalle, das einen wie ein objet trouvé gerahmten Ausschnitt der unmittelbar hinter dem Haus verlaufenden mittelalterlichen Stadtmauer zeigt.

Alle konstruktiven Elemente sind in Sichtbeton ausgeführt, Böden, Einbauschränke und Möbel sind aus Holz. Die Belichtung der tiefen Innenräume erfolgt durch einen Lichthof an einer Seitenwand, der das Gebäude in seiner gesamten Höhe durchdringt und zum prägenden gestalterischen Motiv wird. Im Erdgeschoß ist er zugänglich, von den oberen Stockwerken trennen ihn raumhohe Glasflächen. Das von oben einfallende Licht, dessen Ursprung nicht unmittelbar in Erscheinung tritt, verleiht dem kühlen Raum der Schalterhalle einen nahezu meditativen Charakter. An der Stirnwand des Lichthofs befindet sich eine Installation von Susanne Fleischhacker und Holger Manthey, die aus einem Wettbewerb unter Studenten der HBK Braunschweig hervorging. Auf senkrecht zur Wand angebrachten Plexiglastafeln erscheint in roter Schrift ein Ausschnitt aus Oscar Wildes ›Gespenst von Canterville‹. Je nach Sonnenstand entstehen sich verändernde Schattenbilder auf der Wand. Das absurde Textfragment stellt dem von gleichförmigen Arbeitsabläufen geprägten Bankalltag ein surrealistisches, märchenhaftes Moment relativierend gegenüber.

Die Bank in Schönebeck wurde im Jahr 1995 mit dem ›Architekturpreis Sachsen-Anhalt‹ im Bereich ›Bauen im Bestand‹ ausgezeichnet.

Sunna Gailhofer

1 Klaus Theo Brenner, *Das radikale Projekt der modernen Architektur*, Berlin 1995, S. 101

Querschnitt

Lichthof (Erdgeschoß) mit Raumkunst
von Susanne Fleischhacker und Holger Manthey

Treppenhaus

2. Obergeschoß mit Lichthof

Rückansicht

Fotos: Reinhard Görner

Neue Messe, Leipzig

Federführung Planung	Volkwin Marg
Projektleitung	Hubert Nienhoff, Kemal Akay
Tragwerk	Polonyi + Partner, Schlaich, Bergermann + Partner, H. Harringer
Glastechnologie	Ian Ritchie Architects
Haustechnik	HL-Technik, Ebert-Ingenieure
Bauleitung	Rauch und Wiese
Landschaftsarchitekten	Wehberg, Eppinger, Schmidtke
	1993–1996

Tradition und Innovation

Mit der Wiedervereinigung 1990 und dem Wegbrechen der Ostmärkte mußte sich die Leipziger Messe endgültig ihrem seinerzeit als Provisorium gedachten und im Kalten Krieg heftig geförderten Ersatz in Hannover geschlagen geben. Die Frühjahrs- und Herbstmessen wurden entbehrlich, und wenn der

älteste Messestandort Deutschlands mit ungebrochener Tradition seit 1165 nicht sterben sollte, waren schnell neue Konzepte erforderlich. Das alte Messegelände zwischen City und Völkerschlachtdenkmal war seit 1912 mit wechselnden Konzepten kontinuierlich errichtet und seit 1920 für die Großexponate genutzt worden. Gleichzeitig fanden aber Messen oder Teile davon auch in den für Leipzig typischen Messehäusern in der Innenstadt statt, die seit der Umwandlung der Warenmesse in eine Mustermesse 1895 entstanden waren.

Eine Sanierung des alten Messegeländes hätte nach ersten Schätzungen rund 700 bis 800 Mio. DM gekostet, ohne an den Nachteilen – Unübersichtlichkeit, schlechte Anbindung an Autobahn und Flughafen – etwas zu ändern. Für knapp die doppelte Summe ist nun nördlich außerhalb der Stadt in Rekordzeit ein neues Messegelände entstanden. Es umfaßt fünf Messehallen von je 20 000 m², ein Kongreßzentrum und die Messeverwaltung sowie alle übrigen für den reibungslosen Messebetrieb erforderlichen Einrichtungen wie Restaurants und Parkplätze. Diese Gebäude sind zu beiden Seiten einer breiten, abgesenkten Mittelachse angeordnet

Gesamtansicht mit (von links) Kongreßzentrum, zentraler Glashalle und Messeverwaltung

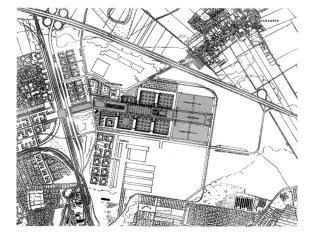

Städtebaulicher Rahmenplan 1993

Lageplan 1. Bauabschnitt

1 = Kongreßzentrum
2 = Zentrale Glashalle
3 = Messeverwaltung
4 = Messehalle

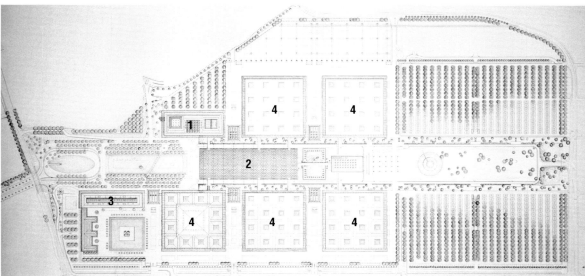

New Trade Fair, Leipzig

The reunification of Germany in 1990 brought with it a complete change in market orientation from East to West, making Leipzig's Spring and Autumn Fairs more or less redundant. In order to save Germany's oldest trade fair venue, which has been hosting such events since 1165, new concepts were urgently needed. Until then, the trade fairs had been held in the city centre trade fair halls and on the trade fair grounds at the "Völkerschlachtdenkmal" (Battle of Leipzig memorial). It would have cost an estimated 700 or 800 million Deutschmarks to renovate the existing trade fair grounds, without actually solving its main problems of unclear layout and inadequate links to the road network and the airport. For barely double that amount, an entire new trade fair centre has now been built in record time on the northern outskirts of the city. The new complex comprises five trade fair halls with a floor space of 20,000 sq.m each, a congress centre, trade fair administration, restaurants and parking facilities. The buildings are arranged along a sunken central axis where the architectural highlight of the new complex – the central glass hall – is also situated.

With a length of 250 m, it is slightly shorter than the concourse of Cologne's famous railway station, and with a width of 120 m it is wider than the famous machine hall at the Paris World Fair of 1889. With similar dimensions, it is the lighter, outwardly oriented structure that distinguishes the new hall from its famous predecessors. It consists of a fine-mesh latticework construction on which frameless glass panes are suspended with "frog-feet". This latticework is supported and reinforced by large outer grids.

und über sie miteinander verbunden. Hier befindet sich auch der architektonische Höhepunkt der Anlage, die zentrale Glashalle.

Sie steht in der Tradition der markanten Stahl-Glas-Hallen des 19. Jahrhunderts, bleibt mit ihrer Länge von 250 m knapp unter der der Bahnsteighalle des Kölner Hauptbahnhofs, übertrifft mit ihrer Breite von 120 m aber die berühmte Maschinenhalle der Pariser Weltausstellung 1889. Neben diesen Maßen ist es vor allem die nach außen gestülpte und wesentlich leichtere Konstruktion, die die neue Halle von ihren berühmten Vorgängern unterscheidet. Sie besteht aus einem inneren engmaschigen Gitter, an dem die Glasscheiben ohne Rahmen mit ›Froschfüßen‹ aufgehängt sind. Dieses Gitter wird seinerseits durch große äußere Gitterträger überfangen und ausgesteift. Unvergleichlich ist auch die Funktion der Halle. Sie bildet das Rückgrat der Gesamtanlage, ist das die Hallen verbindende Forum, das auch separat genutzt werden kann, und gibt der Anlage die Großzügigkeit, die sich aus der Raumwirkung und der – im Gegensatz zu den zweckbetonten Hallen – relativen Zweckfreiheit ergibt. Wie die flankierenden Straßen ist die Halle der Erschließung zugeordnet und duckt sich daher auf das niedrigere Niveau der Mulde zwischen den Hallen.

Die Möglichkeiten eines völligen Neuanfangs sind konsequent genutzt. Es ist eine Anlage aus einem Guß entstanden. Unterschiedliche Konstruktionen für die Glashalle und die kleinere Tonne im Verwaltungsgebäude sowie die Ausstellungshallen, das kleine östliche Foyer und das Kongreßzentrum ergeben sich aus den sehr verschiedenen Maßen. Sie sind aber konsequent durch die Verwendung von Stahl und ihre einheitlich strenge Formensprache in innige Beziehung zueinander gesetzt. Wohltuend im Vergleich zu anderen Messekomplexen ist auch die sorgfältige Detaillierung der Tragstrukturen und technischen Ausstattung in den andernorts architektonisch vernachlässigten Ausstellungshallen. Der Schornstein ist durch seine elegante Konstruktion und das Doppel-M zugleich wegweisender Messeturm.

Das Gelände bietet nach Osten die Möglichkeit der Erweiterung auf den derzeitigen Parkplätzen. Diese zusätzlichen Hallen werden freilich keine unmittelbare Verbindung zur spektakulären Glashalle mehr haben, die sich nicht beliebig verlängern läßt.

Die Besonderheit des Messeplatzes Leipzig war ursprünglich die Einbindung der Messe ins Stadtzentrum. Sie war durch die Verlagerung der Großobjekte in das nun alte Messegelände am Völ-

This is an architecturally homogeneous complex. The load-bearing structures and technical fittings are refreshingly well thought out with considerable attention to detail – an aspect that tends to be neglected in many trade fair halls.

The new trade fair hall is situated near the autobahn and the airport, in the midst of an otherwise undeveloped area with no direct reference to the city. For this reason, the architects have created an associative reference to Victorian stations in the glass hall, and to the "Völkerschlachtdenkmal" in the water basin at the entrance. The architectural quality of the new trade fair is also evident in comparison with the surrounding buildings, to the credit of the extraordinary, high standards of design applied here, down to the last detail.

kerschlachtdenkmal aufgebrochen, aber nicht aufgegeben worden. Dieses Gelände war freilich schon von der Stadt eingefaßt worden und mit dem Zentrum durch die zum Völkerschlachtdenkmal und Südfriedhof führende Allee verbunden. Das neue Messegelände liegt nun nahe der Autobahn und dem Flughafen inmitten ungeordneter Flächen ohne Bezug zur Stadt. Dieser Verzicht auf den urbanen Zusammenhang ist bereits als das schwerste Manko der Neuen Messe genannt worden, das die Architekten jedoch nicht zu verantworten haben. In der Glashalle haben sie daher den Hauptbahnhof und im Wasserbecken vor dem Eingang das Völkerschlachtdenkmal assoziativ an den neuen Standort mitnehmen wollen.

Die architektonische Qualität der Neuen Messe wird auch im Vergleich mit der umgebenden Bebauung deutlich. Hier ist das Dilemma der Verlegung an den Stadtrand Leipzigs deutlich, indem die

umgebende Bebauung durch bereits bestehende Bebauungspläne und Baugenehmigungen der Nachbargemeinden nicht mehr im Sinne der Gesamtgestaltung der Neuen Messe zu beeinflussen war. Dies betrifft insbesondere die Höhenvorgaben der nördlich anschließenden Bebauung. Ein Hotel reckt sich wie ein überdimensionierter Güterwagen höher empor als die Messe und wirkt wie das Gegenbeispiel, das die herausragende gestalterische Qualität des Messegeländes vom Großen bis ins kleinste Detail verdeutlicht.

Stefan W. Krieg

Treppenhalle im Kongreßzentrum ▷

Kongreßzentrum

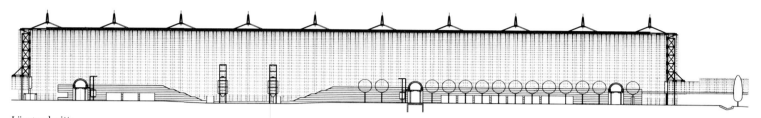

Längsschnitt
Zentrale Glashalle

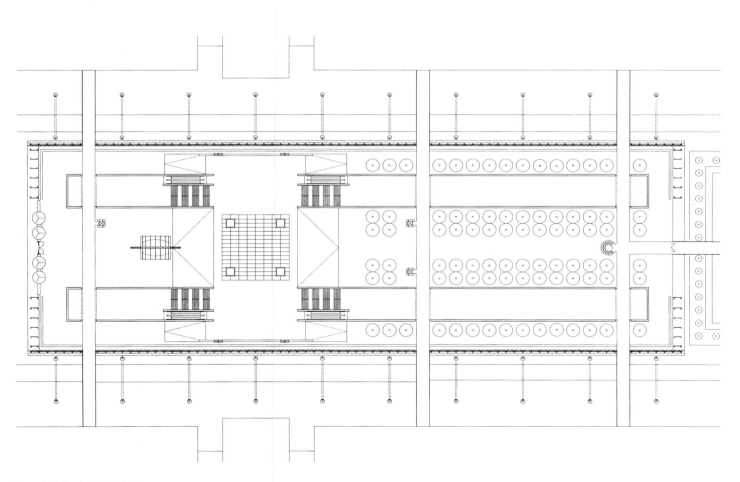

Grundriß Zentrale Glashalle,
obere Ebene

Innenansicht
Zentrale Glashalle

Zentrale Glashalle

Atriumhalle im
Verwaltungsgebäude

Fotos: Jochen Helle

Thomas Herzog,
Hanns Jörg Schrade

Halle 26, Messe Hannover

Entwurf und Planung	Herzog + Partner, Konzeptphase mit Michael Volz
Projektleitung	Roland Schneider
Durchführung und Abwicklung	BKSP Projektpartner
	1994 – 1996

Hall 26, Hanover Trade Fair

Hanover trade fair is a random conglomeration of faceless, low-quality container-style exhibition halls. The latest expansion and development plans, especially for the forthcoming EXPO 2000, evince, however, a distinct commitment towards architectural quality. Hall 26, designed by Munich architect Thomas Herzog, is one such project. The materials used are unusual for trade fair halls: glass and wooden slats instead of trapezoidal sheet metal facades. Another unexpected feature is the suspended roof, spanning three 60-metre hall areas in an economical blend of steel tiebands and wooden panelling. The approach to air conditioning is also unusual: ventilation of the hall is, for the most part, natural, based on the use of supply air and thermics. The intelligent utilisation of daylight means savings on lighting and heating. The architect is convinced that the trade fair halls of the future will employ natural lighting on both economic and ecological grounds.

Quantensprung der Messearchitektur

Es mag heute schwerfallen nachzuvollziehen, von welcher architektonischen Haltung sich mehrere Architektengenerationen der Hannover-Messe in früheren Jahren leiten ließen. Rahmen- und Entwicklungspläne hat es anscheinend nicht gegeben. So ist die Messe ›spontan‹ gewachsen, und es gab kaum einen der damaligen Bauten, der sich etwa an Fluchtlinien der Nachbarhallen, deren Dimension oder gar deren Gestaltung orientierte. Eine Ausstellungshalle reiht sich an die nächste, springt etwas zurück oder tritt hervor, fluchtet an der Straße oder steht leicht verdreht in der Landschaft.

Erst in jüngerer Zeit, da alle Welt von Corporate Identity spricht, nahmen das heute für die Baulichkeiten zuständige Vorstandsmitglied Sepp D. Heckmann und der Leiter des Zentralbereichs Technik, Rainar Herbertz, einen entschiedenen Kurswechsel vor und bemühen sich nun, das Erscheinungsbild zu verbessern. Alle Gebäude wurden in einem gebrochenen Weiß gestrichen, um dem gestalterischen Chaos entgegenzuwirken. Und sie nehmen ihre Bauherrenfunktion wahr und suchen für den weiteren Ausbau ernstzunehmende Architekten zu gewinnen. Den Beginn machten Storch und Ehlers mit dem TCM, dem etwas aufgeregt wirkenden Kongreß- und Pressezentrum, es folgten die Halle 2 mit ihrem mächtigen Stahltragwerk (Architekten: Bertram und Bünemann, Hannover), der dagegen elegant und klar erscheinende Ersatzbau für die Halle 4 (Architekten: von Gerkan, Marg und Partner, Hamburg) sowie die Halle 26 von Thomas Herzog und Partner aus München.

Damit ist freilich erst ein Anfang gemacht, wird doch das Messegelände mit Milliardenaufwand zum Herzstück der EXPO 2000 ausgebaut. In diesem Kontext gibt es nun auch Pläne zur Gesamtentwicklung der Baulichkeiten und der Freiflächen.

Die Halle 26 also ist der jüngste hinzugekommene Mosaikstein – und ein besonders schillernder. Nicht daß er im mattweißen Hallengewürfel besonders bunt in Erscheinung träte, es genügt hier bereits das Material der Fassaden – einmal nicht Trapezblech, sondern Glas und Holzlattung –, Aufmerksamkeit zu erregen. Direkt überraschend ist

die ungewöhnliche Form des Hängedachgebäudes, ein Ergebnis des unkonventionellen Entwurfsansatzes seines Architekten Thomas Herzog.

Zugbelastete Hängekonstruktionen sind natürlich keine Erfindung unserer Zeit und kamen selbst bei Messehallen bereits zur Anwendung. Herzog wählte sie aus Gründen der Ökonomie und weil ihm die entstehende Raumgeometrie aus anderen Gründen ins Kalkül paßte. Stählerne Zugbänder spannen im Abstand von 5,5 m jeweils 60 m über die drei Hallenräume. Bei der Dachfläche war der von Herzog bevorzugte Einsatz des nachwachsenden Rohstoffes Holz in Form von Paneelen möglich. Das Bild der Halle wird wesentlich geprägt von den Fachwerkböcken, an denen das Dach aufgehängt wurde. Aus manchem Blickwinkel wirkt sie denn auch recht ›bockbeinig‹ und entbehrt etwas der konstruktiven Eleganz, die normalerweise Herzogs Bauten auszeichnet.

Doch der Gebäudequerschnitt hat einen anderen, beabsichtigten Nebeneffekt. Er bietet Aufströmfläche und Hochpunkte zur natürlichen Entlüftung unter Nutzung des thermischen Auftriebs. Messebetrieb ist fast durchgängig exotherm, so daß weniger das Problem der Heizung als vielmehr das der Wärmeabführung besteht. Die Halle 26 wird deshalb aus Baldachinen in 4,70 m Höhe aus großformatigen Auslässen belüftet. Die kühle Luft verteilt sich als Quellüftung auf dem Boden, erwärmt sich durch die Wärmelasten der Nutzung, steigt nach oben und entweicht über die Firstöffnungen. Zu- und Abluftklappen werden gesteuert; anströmender Wind erzeugt an den Leitblechen über den Firsten Sog und unterstützt das System. Der Vergleich mit dem monströsen Röhrenlabyrinth unter der Decke der Messehalle 2 macht offenkundig, daß der apparative Aufwand hier minimiert werden konnte, nicht zuletzt zugunsten der Ästhetik. Zudem wurden mit einem Kunstgriff auch die einzigen voluminösen, im Querschnitt dreieckigen Luftkanäle in den Brücken zwischen den Stützböcken behandelt: Sie bestehen aus Glas, lassen die Durchsicht in die Nachbarschiffe frei und treten als Lüftungsrohre nicht in Erscheinung.

Durch das weitgehend ›natürliche‹ System läßt sich, wie die Simulationen und Modellversuche ergaben, die Hälfte des Energieaufwandes für mechanische Lüftung einsparen. Der Luftaustausch sei effektiver, das Klima, so wird versichert, sei ungleich angenehmer als bei der üblichen Luftführung durch intensive Ventilation von oben nach unten und Absaugung wiederum oben (System ›Miefquirl‹, sagen die Architekten abschätzig).

Geheizt wird bedarfsweise vor dem morgendlichen Besuchereinlaß, im übrigen setzt man auf passive Wärmegewinne, denn, anders als bei den Nachbarhallen, hat die Sonne kontrollierten Zutritt.

Diese andere Qualität kennt man bereits von Herzogs Design-Zentrum in Linz: Der Architekt versucht, durch konsequente Steuerung des natürlichen Lichteinfalls Beleuchtungs- und Heizenergie zu sparen. Messehallen mit hellem, schattenfreiem Tageslicht – auf die entgeisterten Blicke der Aussteller war man gefaßt. Die CEBIT mit ihrem Monitormeer als Schönwetterveranstaltung, das konnte sich niemand vorstellen. Doch der Architekt setzt auf den Lerneffekt; die Messebeschicker sollten sich auf die ungewohnten Verhältnisse einstellen. Der Messe bei Tageslicht gehöre aus ökologischen Gründen die Zukunft. So erfolgt die natürliche Belichtung über großflächige Verglasungen der Nordflanken an den ›Sheds‹. Lichtlenkende Elemente leiten die Helligkeit an die Unterseite der Dachfläche, wo sie in die Halle reflektiert und gestreut wird. Tageslicht fällt auch über Glasflächen der Dachhaut ein, wobei die integrierten Reflexionsraster direkte Sonneneinstrahlung abschatten.

Architektonische ›Leistungsform‹, diesen Begriff aus der Frühzeit der Moderne reklamiert Thomas Herzog für seinen Entwurf, der sich so deutlich, aber auch angenehm von der ästhetischen Barbarei seiner Umgebung abhebt. Gewisse Vorbehalte bleiben, Vorbehalte, die im architektonischen Typus begründet sind. Leichte Flächentragwerke, so lehrt die Anschauung, so lauten auch einschlägige For-

schungsergebnisse, lassen sich in geläufige architektonische Zeichensysteme kaum harmonisch integrieren. Sie bilden solitäre Archetypen und stehen meist im Widerstreit mit Ensemble- und Binnenformen. Dieses Problem konnte auch Thomas Herzog nicht lösen, und so beschneidet der sanfte Schwung der Trauflinie jäh das feingeknüpfte Rasternetz der Längsfassaden, bedrängt es optisch die holzverkleideten kubischen Baukörper der dienenden Räume, die seitlich in die Hallenschiffe eingestellt sind.

Solcherart Proportions- und Spannungsempfindungen mögen ästhetisch sensibilisierte Betrachter als Beeinträchtigung erleben. Ihre Relevanz hält sich jedoch in Grenzen angesichts des Quantensprungs, den die Ausstellungsarchitektur mit diesem unter größtem Zeit- und Kostendruck realisierten Bauwerk zumindest für die Hannover-Messe gemacht hat.

Falk Jaeger

Gesamtansicht von Nordwesten

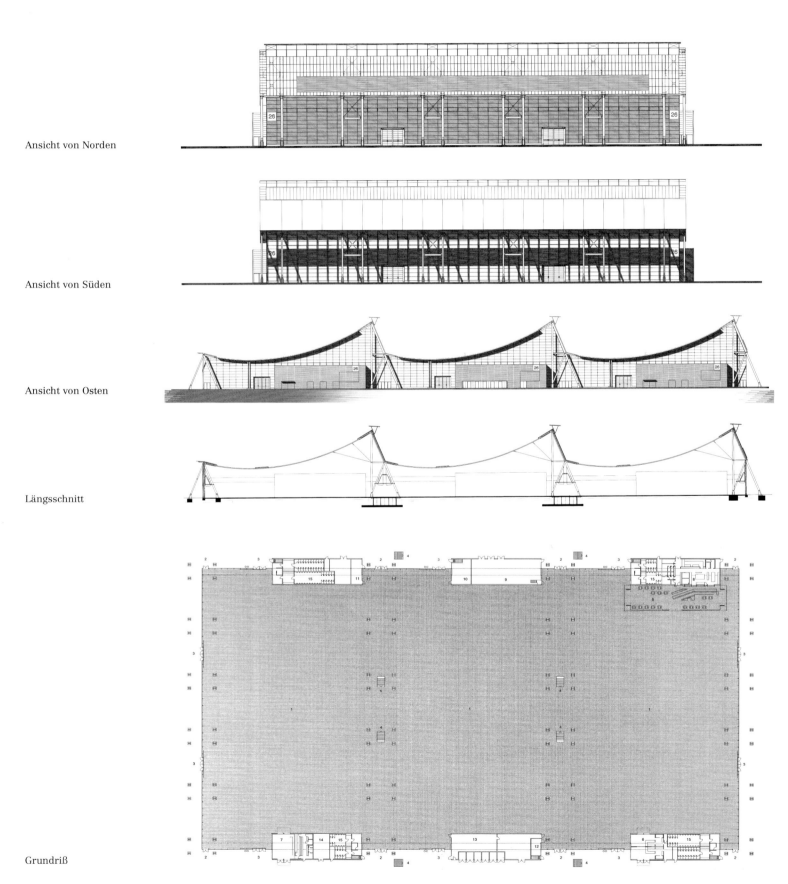

Ansicht von Norden

Ansicht von Süden

Ansicht von Osten

Längsschnitt

Grundriß

Mechanische und natürliche
Lüftung

Das Material der Fassade:
Glas und Holzlamellen

Innenansicht eines der
Schiffe der Halle

Das Innere des gläsernen Luftkanals zwischen den
Stützböcken

Die Weite der Halle mit querlaufender Zonierung

Anschluß des Zugbandes der
Dachkonstruktion. Detail

Blick in die verglasten Dachflächen

Fotos: Dieter Leistner

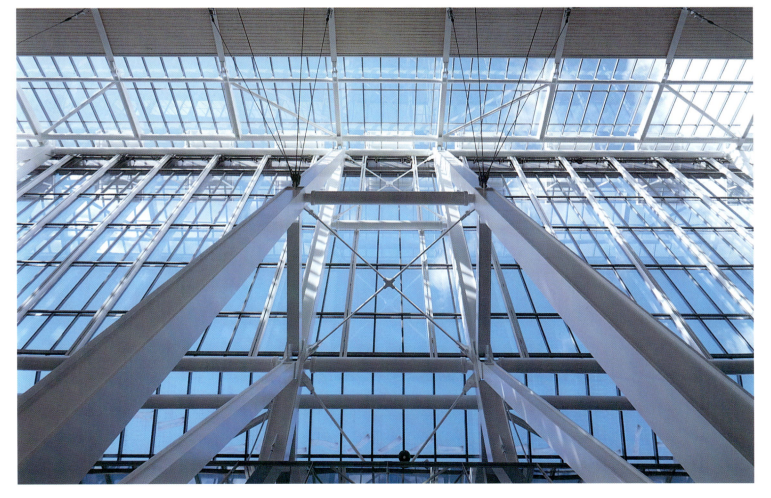

Andreas Hild und
Tillmann Kaltwasser

Lagerhalle, Eichstätt

1993

Warehouse building

In Eichstätt, internationally renowned for its buildings by Karljosef Schattner, the architects Andreas Hild and Tillmann Kaltwasser have built a warehouse on an industrial estate. The long, low building has the appearance of a supermarket. The interior displays all the functional sobriety required for its role as a paint wholesaler's warehouse.
The architecture of concrete, glass and metal, however, has a distinctive and sensual facade. The rhythm of the windows is perfectly choreographed. The eight industrial concrete elements are mounted so that there are windows of three different sizes and a change in wall thickness. The longitudinal facade thus becomes a dynamic relief. On the narrow sides, the architects offset this movement with minimalistic facades.

Es ist ein Zeichen der architektonischen Gegenwart, daß die kleine Form Beachtung genießt. Die Pflege und Gestaltung des Details, die Sorge um den historischen Bestand bei Umnutzung oder Umbau mit dem Entwurf kleiner Wohn-, Industrie- und Gewerbehäuser, die man sich als Prototypen vorstellen könnte. Und es mag kein Zufall sein, daß zwei vergleichsweise kleine Objekte des frühen Werks zu den meistpublizierten des Büros Herzog & de Meuron gehören: ein Hinterhaus in der Basler Hebelstraße (1984–88) und das Lagerhaus einer Süßwarenfabrik am nördlichen Eingang des Schweizer Jura in Laufen (1986/87). Da Lagerhäuser Innenräume mit effizienter Nutzungsorientierung fordern, ist es für die Architekten naheliegend, die gestalterische Seite des Entwurfs auf eine einfache Gesamtform zu konzentrieren und eine künstlerische Fassade anzustreben. Das Team aus Basel tat dies bei seiner Lagerhalle ebenso, wie die Münchner Architekten Andreas Hild und Tillmann Kaltwasser bei einer analogen Aufgabe in Eichstätt.

Der flache Riegel entstand an der südöstlichen Peripherie der Bischofsstadt. Im Niemandsland eines neu erschlossenen Gewerbequartiers gab es keine kontextuellen Rücksichten, wie sie das Eichstätt Karljosef Schattners sonst allenthalben fordert. In der Altstadt Eichstätts haben Hild und Kaltwasser zum Beispiel ein Fachwerkhaus aufgestockt, in dem sie die Morphologie des historischen Baues unangetastet ließen. Mit einer Fassade aus Lochblech verlängerten sie die Kubatur, beachte-

ten die geschichtlichen Maße und erhielten das Satteldach. Hier dagegen, auf neugewonnenem Schwemmland des Flusses Altmühl, verfuhren die Architekten pragmatisch und sinnlich. Die Außenform des Farbengroßhandel-Hauses unterscheidet sich nicht wesentlich von Konsumarchitektur westlicher Vorstädte. Der Bau bietet im Innern Platz für ein Regallager, einen Verkaufsbereich und eine Nutzungsreserve für den Bauherrn. An der Schmalseite im Nordwesten wurde ein Bürotrakt angeschoben und in die Gesamtform integriert. Das sinnliche Element des Baues offenbart sich in Material und Fassadenstruktur. Beton, Glas und Metall behielten ihre lokale Farbigkeit – eine Antwort darauf, daß es im Innern alles für eine künstliche farbliche Haut der Dinge zu kaufen gibt. Die Fassade konstruierte man aus handelsüblichen Betonstäben in sechs verschiedenen Längen und zwei verschiedenen Stärken. Die wie im Puzzle nebeneinandergestellten Stäbe führen zu Fenstern mit drei Größen zwischen fast quadratischem und steilem Hochformat. Die Durchfensterung gleicht nun eher einer Choreographie, die im Innenraum arbeitsfreundlich wirkt und die bei Dämmerung oder Dunkelheit (falls von innen beleuchtet) mit den metrisch genau plazierten Lampen unter dem leicht vorkragenden Flachdach eine Bewegung suggeriert. Die Stimmung, die das Gebäude bei Dunkelheit umgibt, ist lustvoll sakral. Das Beleuchtungsmodell, das man für die Planung baute, hat sich offenbar gelohnt.

Bei Tag ist es die unterschiedliche Stärke der Fassadenelemente, die das lange Mauerband geometrisch rhythmisieren und die vergleichsweise träge Form des Hauses dynamisieren. Besonders zur südöstlichen Schmalseite gibt es über Eck ein inter-

Grundriß

Gesamtansicht von ▷
Südwesten

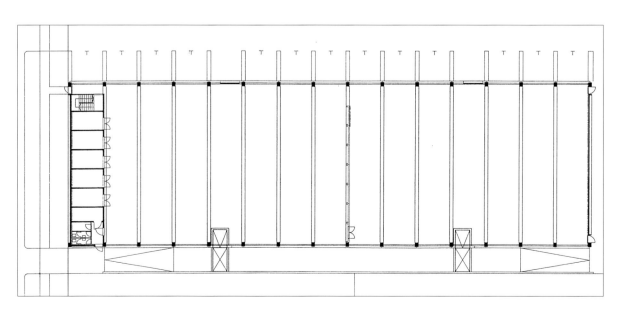

Treppenhaus

essantes Spannungsverhältnis. Denn der kinetische Charakter der länglichen Außenhaut findet hier mit einer minimal wirkenden, massiven Betonwand ein abruptes Ende. Diese ist eine Art Leinwand aus Stein und wird von zwei Türen flankiert und durch ein Fensterband zum Dach hin geschlossen.

Inzwischen ist teilweise auch der Kontext in Form von Nachbararchitekturen im Industriegebiet entstanden. Die ruhige Schlichtheit der einst solitär stehenden Halle von Hild und Kaltwasser wird dadurch schon jetzt aufgewertet.

Lutz Windhöfel

Regallager

Fensterband auf der
südöstlichen Schmalseite

Nordwestliche Schmalseite

Konstruktionsprinzip

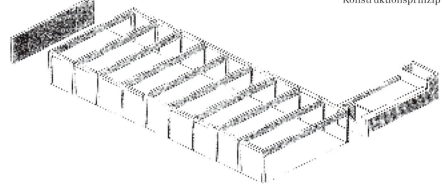

Detail der Südwestansicht

Fassade aus Betonstäben

Andreas Hild und
Tillmann Kaltwasser
Lagerhalle, Eichstätt

Das Gebäude bei
zunehmender Dunkelheit

Fotos: Michael Heinrich

Nikolaus Hirsch,
Wolfgang Lorch,
Andrea Wandel

Gedenkstätte Neuer Börneplatz, Frankfurt am Main

1996

Die Würde der Bescheidung

The Dignity of Modesty

A dilemma remains: even with the utmost creative humility, a well-conceived memorial never fails to echo the terror it is designed to commemorate. Creative modesty is unavoidable when the aim is to allow as much room for remembering and as little room for distracting artistic expression as possible. Only when the reduction of "design" leads simultaneously to the artistic compression of the subject to be memorialised, has monumental art fully reached its expressive limits. The remaining aesthetic appeal of such a modestly

Lageplan

1 Namensblöcke
2 Synagoge
3 Steine der Judengasse
4 Straßenschilder
5 Eingang Jüdischer
  Friedhof

Das Dilemma bleibt: auch bei äußerster gestalterischer Zurückhaltung ästhetisiert eine gelungene Gedenkstätte immer ein Stück weit jenen Schrecken, der Gegenstand ihrer Mahnung ist. Gestalterische Bescheidung wird unumgänglich, wenn es darum geht, Raum für Erinnern möglichst groß, davon ablenkende künstlerische (Selbst-)Darstellung möglichst klein zu halten. Wo Rücknahme von ›Gestaltung‹ gleichzeitig zu künstlerischer Verdichtung des zu gedenkenden Gegenstandes führt, wird die Grenze dessen erreicht, was Denkmalskunst zu leisten vermag. Die verbleibende ›Rest-Ästhetik‹ eines solchermaßen gestalterisch ›ausgedünnten‹ Mahnmals kann dann nur noch um den Preis des Umschlagens ins Nichtssagende oder Beliebige reduziert werden. Einer ›Rest-Ästhetisierung‹ des Schreckens wäre nur zu entgehen, wenn der Inhalt des Gedenkens sich von jeglicher ihn einengenden Gestalt lösen könnte, was gleichbedeutend wäre mit Aufgabe von Gestaltung überhaupt. Die in einem geglückten Mahnmal stets verbleibende ›Rest-Ästhetisierung‹ des Schreckens ist somit der Preis, der für den Versuch gezahlt werden muß, das Nichtdarstellbare des nationalsozialistischen Massenmordes ansatzweise doch darzustellen.

Battonnstraße

Wie bei jeder aus unterschiedlichen Elementen komponierten Gedenkstätte stand auch die Gestaltung der Gedenkstätte Neuer Börneplatz vor einer grundsätzlichen Schwierigkeit: Wie können deren unterschiedliche Elemente so gestaltet werden, daß ihnen einerseits genügend Eigenständigkeit belassen, andererseits aber das ihnen Gemeinsame aufgezeigt wird, ohne den Einzelteilen eine nur oberflächlich verklammernde künstlerische Gestaltung überzustülpen?

Die Antwort am Neuen Börneplatz: durch äußerste Reduzierung der Gestaltungsmittel und Ausrichtung aller Gedenkstätten-Teilbereiche auf den einzig verbliebenen authentischen Ort – den alten jüdischen Friedhof. Und weil die ›zurückgenommene‹ Gestaltung aller Gedenkstättenbereiche von der Stille des Friedhofs durchdrungen zu sein scheint, fällt dessen Authentizität ein Stück weit auf sie zurück: auf den nur im Platzbelag ablesbaren Restgrundriß der 1938 zerstörten Börneplatzsynagoge, auf den die unterschiedlichen Schichten der Zerstörung symbolisierenden Sandsteinkubus und vor allem auf die unmittelbar in die Außenseite der Friedhofsmauer eingelassenen Namensblöcke für die über 11000 in nationalsozialistische Vernichtungslager deportierten Juden.

Diese in ganzer Länge der Friedhofsmauer umlaufenden Blöcke mit Namen, Geburtstag, Todestag und Sterbeort der Deportierten bilden das Herzstück der Gedenkstätte Neuer Börneplatz.

Wo aber liegt der Unterschied zwischen namentlicher Heldenverehrung und namentlichem Erinnern an die Opfer des Massenmordes?

Es zählt zu den Traditionen soldatischer Gedenkstätten, daß in ihnen der angestrengte Versuch unternommen wurde, im Zeitalter der Massentötung jedes Getöteten einzeln zu gedenken. In Wirklichkeit gerieten diese Großdenkmäler zu »Kultstätten des anonymen Massenmordes« (Reinhard Koselleck). Zwischen Opfern, Mitläufern, Tätern wird auf ihnen nicht unterschieden. Die ›Namens-Gedenkstätte‹, zumal die soldatische, verwandelt alle aufgezählten Männer und Frauen unterschiedslos zu Helden, die ihr Leben einer gemeinsamen Sache, einem höheren Zweck ›geopfert‹ haben. Was bei Soldatenfriedhöfen aus dem jeweiligen Zeitgeist heraus noch verständlich gewesen sein mag – die Überhöhung des allen gemeinsamen heroischen Todes für Volk und Vaterland – gerät bei Namens-Denkmälern für die Opfer des nationalsozialistischen Massenmordes unversehens – die ursprünglich als Holocaust-Denkmal in Berlin vorgesehene Mega-Grabplatte belegt es – zu unerträglicher Nivellierung: Mord durch Gas, Foltertod, Strangulation, Erschießung, Zerfleischung durch Hunde,

designed monument can only then be reduced at the cost of turning it into something meaningless or mundane. Aestheticising terror can only be avoided if the content of remembering could be liberated from any restricting form, which is nothing less than dispensing with design altogether. The effect of turning terror into aesthetics in a well designed memorial is thus the price which must be paid for the attempt to portray the non-portrayable: National Socialist mass murder.

As with any monument consisting of different elements, the design of the memorial Neuer Börneplatz was faced by a fundamental difficulty: how the different elements can retain adequate independence while still reflecting the whole, and without simply packing the individual elements in a skin-deep artistic corset?

The answer at Neuer Börneplatz is the stringent reduction of design elements and focusing all memorial components on the sole remaining authentic location: the Old Jewish Cemetery. And because the "slimmed down" design of the memorial areas appears to be permeated by the stillness of the cemetery, its authenticity seems to radiate out and touch the other areas – the remains of the groundplan of the Börneplatz Synagogue, destroyed in 1938, but still visible in the asphalt surface, the various layers of the sandstone cube symbolising the destruction, and above all, the nameblocks directly set into the cemetery wall to commemorate the more than 11,000 Jews who were deported to National Socialist

Alter Jüdischer Friedhof

101

Nikolaus Hirsch, Wolfgang Lorch,
Andrea Wandel
**Gedenkstätte Neuer Börneplatz,
Frankfurt am Main**

Steine der Judengasse

extermination camps. Running along the entire circumference of the wall, these blocks, bearing the name, date of birth, date and place of death of those deported, are the heart of the Neuer Börneplatz.

The tradition of military monuments involves an attempt to commemorate each fallen individual even in times of mass killing. In reality these large monuments turn into "ritual places of mass murder" (Reinhard Koselleck). No differentiation takes place between victims, hangers-on and culprits. The "name memorial", particularly the military one, makes all listed men and women indiscriminate heroes, who have "sacrificed" their lives for a common cause, a higher purpose. That which is perhaps understandable for military cemeteries from the spirit of the times – becomes for name memorials, for the victims of National Socialist mass murder – the Berlin mega gravestone proves this – an unbearable levelling off: murder by gas, death by torture, strangulation, shooting, tearing apart by dogs, excruciating medical experiments – the same stone shroud is draped over everything as if those murdered – like soldiers – had also died for a common cause, for a higher purpose.

In the highly acclaimed Vietnam Memorial, in Washington, D.C., – glorification and hero worship are creatively moderated. The monument is sunk into the ground, visitors are spared the ceremonial climb up to an "altar of the fatherland"; the wall bearing the names of 58,000 dead Americans is designed as a reflecting wailing wall in which the viewers – see themselves drawn into the host of those who fell for America on foreign soil. Even when here one's own social position is reflected, the

qualvolle medizinische Experimente – über alles wird das gleiche steinerne Leichentuch gebettet, so, als ob die Ermordeten – Soldaten gleich – für eine gemeinsame Sache, einen höheren Zweck gestorben seien.

Im Vietnam-Memorial in Washington D. C. – vielzitiert und vielgelobt – sind Überhöhung und Heldenverehrung gestalterisch gemildert. Die Gedenkstätte ist in die Erde abgesenkt, gleichsam geduckt, so daß Besuchern das zeremonielle Hinaufschreiten zu einem ›Altar des Vaterlandes‹ erspart bleibt; in der als spiegelnde Klagemauer gestalteten Wand mit den Namen von annähernd 58 000 getöteten Amerikanern sieht sich der Betrachter in die Menge derer ›hineingezogen‹, die für Amerika in einem fremden Land gefallen sind. Auch wenn hier, vornehmlich für Amerikaner, der eigene gesellschaftliche Standort – im doppelten Sinn des Wortes – reflektiert werden kann, so ist das Vietnam-Memorial, bei aller subtilen Gestaltung, nicht frei von Elementen nivellierender und anonymisierender Heldenverehrung: das Spiegeln der Wand begünstigt Verfließen und Verlaufen der dicht an dicht gedrängten Namensmasse.

Anders bei der Gedenkstätte Neuer Börneplatz: auf den authentischen Ort zentriert – Einschränkung und Chance zugleich – gelingt es den Verfassern Nikolaus Hirsch, Wolfgang Lorch und Andrea Wandel, individualisierendes Gedenken und überindividualisierende Aspekte des nationalsozialistischen Massenmordes unpathetisch darzustellen. Jedem deportierten Menschen ist ein eigener gußeiserner Block mit Angaben zur Person und – soweit bekannt – zum Deportationsschicksal gewidmet. Die in fünf Reihen umlaufenden Namensblöcke ragen aus der Friedhofsmauer hervor, deutlich von ihren Nachbarblöcken abgesetzt. Schlagschatten bei Sonne, Wasserschlieren bei Regen, Staubfahnen zu jeder Jahreszeit: im Spiel der Natur individualisieren sich die Namensblöcke und sind doch gleichzeitig in ein umfassenderes Bild eingebunden – schwankend zwischen Individualisierung und deren Aufhebung. Horizontale und vertikale Reihung der Blöcke lassen das Serielle des nationalsozialistischen Massenmordes anklingen. Zwar sind die Namensblöcke Teil des Friedhofes, verbleiben aber an dessen Außenseite: Sie sind ihm zugehörig und gehören – der äußeren Mauerebene noch einmal vorgeblendet – doch nicht ganz dazu. In dieser feinsinnigen Balance zwischen Versöhnlichkeit – symbolische ›Heimholung‹ der Deportierten – und deren letzter Verweigerung liegt eine der großen Qualitäten dieser Gedenkstätte.

Salomon Korn

Mauer mit Namensblöcken. Ansicht in der Battonnstraße

Namensblöcke (Foto: Nikolaus Hirsch)

Vietnam Memorial is not free from levelling off and anonymous hero worship, despite its subtle design: the reflection of the wall encourages the blurring and dispersal of the densely packed mass of names,

The memorial Neuer Börneplatz is stimulatingly different: by concentrating on the authentic place – limitation and opportunity in one – the architects Nikolaus Hirsch, Wolfgang Lorch and Andrea Wandel have managed to convey both individual memory and the further-reaching aspects of National Socialist mass murder without pathos. A cast iron block showing personal data and – insofar as known – their fate, is dedicated to each deportee. Running in five rows around the circumference of the cemetery wall, the blocks protrude from its surface, each one distinctly separated from its neighbours. In the interplay of nature – the sun's shadow, the rain's rivulets, the dust of time, the blocks stand out as individuals yet bound into a common universe – fluctuating between individualization and its revocation. The horizontal and vertical rows refer to the serial nature of the National Socialist mass murders. Although part of the cemetery, the name-blocks remain on its outside: they are attached to it, but – clinging to the outer wall surface – do not quite belong to it. This delicate balance between reconciliation – the symbolic "bringing home" of the deported – and their final shutting-out is one of the outstanding qualities of this memorial.

Fotos: Norbert Miguletz
(wenn nicht anders angegeben)

Karlhans Hirschmann
und Otfried Weis

Gästehaus der Akademie
Schloß Rotenfels

Mitarbeit

Eberhard Fichtner, Martina Trixner

1995

**Guesthouse, Schloss Roten-
fels Academy**

The State of Baden-
Württemberg has estab-
lished an academy for art
and drama in schools at the
recently renovated Schloss
Rotenfels. This palace forms
part of an important neo-
classicist ensemble designed by the architect Friedrich
Weinbrenner, who gradually
transformed a modest, working country estate into a
magnificent landscaped
park.

The Karlsruhe-based architects Karlhans Hirschmann
and Otfried Weis designed a
guesthouse that blends with
the noise-resricting structure to the rear and creates
a fluid transition to the court-
yard. The structure forms a
carmine-coloured backdrop
that runs the entire length of
the building, corresponding
to its linear development.
Each room has direct out-
door access and the upper
floor leads to a covered
walkway integrated into the
framelike facade of wood.
It is not only quotes, but also
a fundamental overall consensus, that evoke associa-
tions between Weinbrenner's
architecture and the imme-
diate context, especially
through constructive clarity,
through informal symmetry
and through the binding
function of colour.
More palpably still, the ima-
gined metamorphosis of
anorganic to organic materials reiterates the dialectics
of a neoclassicist landscape
architecture: the transition
from rough-hewn stone to
concrete to wood makes the
building seem to grow out of
the ground, for all its clarity.

Weinbrenners späte Gäste

1790: Großherzog Karl von Baden schenkt seiner zweiten Frau Luise Karoline, der späteren Reichs-gräfin von Hochberg, ein Gut bei Rotenfels im unteren Murgtal. Dort soll sie wirtschaften, was ihr nun wirklich nicht liegt.

1804: Auftritt Friedrich Weinbrenners, badischer Oberbaudirektor, der von Luise Karoline gefördert wird. Sein erster Auftrag in Rotenfels ist ein kleiner Vergnügungspavillon, das ›Römische Haus‹.

1806: Weinbrenner baut den als ›Chinesisches Haus‹ maskierten Vitriolofen. Doktor Schrickel soll hier aus Silber Gold machen. Es gelingt ihm nicht. Weil man mit Keramik mehr Glück hat, baut Weinbrenner das Gut weiter zur Manufaktur aus.

1816: Die Reichsgräfin überläßt das Gut ihrem Sohn Wilhelm. Es sind die Jahre, in denen es den Hochbergs gelingt, in die großherzogliche Erblinie des Hauses Baden aufzusteigen – auf Kosten, wenn es denn wahr ist, des armen Kaspar Hauser.

Weinbrenner soll Gut Rotenfels zu einem Land-sitz umbauen. Groß genug ist sein zehn Jahre altes Fabrikgebäude schon, also muß man außen im wesentlichen nur neu verputzen und einen Portikus davorsetzen. Mit zwei freistehenden Ökonomiege-bäuden bildet es nun eine Art Schloßhof. An deren

Mauern bleibt die Ständerkonstruktion ablesbar, ein Remisenpart ist weiterhin nur durch eine zugige Gatterwand aus Vierkanten verschlossen.

Was hier entsteht, ist nicht gerade etwas, wor-über sich einmal die internationale Weinbrenner-forschung den Kopf zerbrechen und die Finger wundschreiben wird, aber doch ein Stück dessen, wofür Weinbrenner geliebt wird: unkompliziert, mit wenigen Handgriffen und wirtschaftlich erstellt, die eigene Bautradition geadelt und eine Grundlage für die kommende gelegt.

(Längere Pause)

1990: Das Land Baden-Württemberg erbarmt sich des Schlößchens und läßt es für eine Landes-akademie für Schulkunst, Schul- und Amateurthea-ter wiederherrichten. Ein zusätzliches Gebäude wird Gästezimmer bereitstellen, ein Wall das Aka-demiegelände von der lauten Bundesstraße 462, Hauptverkehrsader des Murgtals, abschirmen.

Der Lärmschutzwall macht eine Geste, die den Schloßvorplatz weiterführt und arrondiert. Karl-hans Hirschmann und Otfried Weis, beauftragt mit der Planung des Gästehauses, legen den Neu-bau vollkommen in deren Schwung hinein. Die Böschung ist im Innern als gekippte, karminrote Rückwand durchlaufend präsent. Von dort reflek-tiert das Licht aus dem Oberlichtband des oberen Flurs getönt auf die Wände des unteren. (Lei-der auch einiges an Lärm, was den Nutzen des Walls proportional schmälert.) In diesem Luftraum schwebt der obere Flur als Galerie, unterbrochen durch die Foyer- und Treppenachse. Zimmer für

Lageplan

Gesamtansicht mit dem Schloß von Nordost, von der ▷ Murg (Foto: Otfried Weis)

Zimmer schließt an die beiden Flure an und führt am anderen Pol über Glastüren direkt ins Freie, oder: aus dem vermeintlichen Erdinnern ans Tageslicht.

Aus den hölzernen Interieurs ans Freie geholt: So erscheint auch das Holzgestell, das die Fassade rahmt. Im Rhythmus der Fenster gesetzt, schließen sich die Holzstützen zum Vorhang zusammen. Ein Laubengang spiegelt die innere Galerie nach außen.

Inzwischen ist hier auch der modische Unsinn korrigiert, die konstruktiven Holzelemente nicht zu behandeln, damit sie wie in Alpenluft silbrig und hart würden. Hundert Meter über Normalnull und solange die Ozonhülle noch einigermaßen die ultraviolette Strahlung abhält, passiert nichts dergleichen. Also wurden die Holzpfosten nachträglich behandelt. Jetzt passen sie sogar mit dem Honigton der Fensterrahmen zusammen.

Was bei aller Klassizität der Fassade irritiert, ist ihre konkave Rundung. So oder ähnlich suggestiv saugen die Crescents von Bath und Edinburgh ihre parkartige Umgebung in sich auf, um sie jedem Bewohner gleichmäßig als optischen Ziel- und Fluchtpunkt zur Verfügung zu stellen.

Ein Wald von Stützen vor einem Gehäuse aus Beton, das in Bruchstein übergeht und so mit dem Boden verwächst: Eine solche chthonische Metamorphose des Materials paßt nicht schlecht in die klassizistische Parklandschaft Rotenfels; man denke nur an Weinbrenners Römisches Haus. Auch wenn davon heute nur noch das zyklopische Bruch-steinplateau geblieben ist. Der Kontrast zwischen anorganischen und organischen Materialien läßt den Weinbrennerschen Dreiklang aus Sandstein, Putz und Holz offen aufklingen. Die ganzflächig eingesetzte Farbe spielt dabei ihre Rolle als weniger verräumlichendes denn verbindendes Element, so wie sie es schon im Römischen Haus tat, wo pompejanische Innenwände durch die offene Pfeilerfront hinausstrahlten.

Vis-à-vis aber der eigentlichen Schloßanlage zählen vor allem die konstruktive Klarheit, der gleichzeitig flächige und gestellhafte Aufbau, die ungezwungene Symmetrie, die Nüchternheit – und die benediktinische Direktheit mancher Lösungen: etwa die Art, wie Arbeitsplätze in die Fassadenelemente, Sitzbänke in das aufgeweitete Entree und in die darüberliegende Empore integriert sind.

Das Gästehaus ist ein Low-Budget-Gebäude, und auch Karlhans Hirschmann und Otfried Weis vermögen nicht, aus Silber Gold zu machen. Weinbrenner vor Augen, machen sie sich aber die zeitlose und ganz rationale Qualität zunutze, daß ein Gebäude, welches nicht nur unmittelbar auf ein anderes bezogen, sondern ohne dieses gar nicht denkbar ist, das auch sichtbar macht. Schließlich kann es sich nicht aus sich selbst heraus begründen – nicht funktional und nicht wirtschaftlich und nicht als Platzhalter an dieser Stelle. Aber es kann auf diese Weise sogar etwas von dem zurückbringen, was verlorengegangen ist.

Ulrich Maximilian Schumann

Karlhans Hirschmann
und Otfried Weis
**Gästehaus der Akademie
Schloß Rotenfels**

Ansicht von Süden

Grundriß Erdgeschoß

Eingang (Foto: Otfried Weis)

Flur im Erdgeschoß,
mit der Rückwand der
Böschung und dem oberen
Flur als Galerie

Detail der Südwestfassade

Ansicht von Westen

Fotos: Dirk Altenkirch
(wenn nicht anders
angegeben)

107

Wilhelm Huber und
Erich Kessler

Seniorenwohnanlage, Eichstätt

Mitarbeit

Stephan Walter

Eingeladener Wettbewerb 1992
Fertigstellung 1996

Retirement home

Eichstätt, on the banks of the Altmühl, with its green meadows and rugged limestone outcrops, is a quiet little town in southern Germany. Three architects have left their mark here: the Italians Gabriel de Gabrieli and Mauritio Pedetti, and the German Karljosef Schattner. Few contemporary architects have had such a lasting influence on the physiognomy of any town as Schattner, and his retirement from the local planning authority has made building in Eichstätt a more difficult task, for any architectural undertaking is inevitably measured against his achievements. Not only has his oeuvre set a very high standard indeed — one that might well be adopted as a yardstick elsewhere — but it has also established the overall aesthetic tone of an architectural vocabulary so personal that it is difficult to assert an independent syntax. Wilhelm Huber, who worked with Karljosef Schattner from 1985 to 1989, and his partner Erich Kessler, have nevertheless succeeded in doing so, primarily by taking the *genius loci* as their initial source of inspiration.

The riverside site on the western edge of the old part of town was documented as the site of the town abattoir as early as 1357. Only a building dating from 1902 still remained there. Although this building was architecturally attractive and fitted in well with the urban fabric as a whole, it was not listed for conservation as a historic monument. Instead, the town

Denkt man an Eichstätt, so fallen einem die sanften Ufer der Altmühl ein mit ihren saftigen Wiesen, die hier und da schroff aufragenden Kalkfelsen der Jurahänge und die stille Atmosphäre einer süddeutschen Kleinstadt, deren Aussehen drei Baumeister geprägt haben: die beiden Italiener Gabriel Gabrieli und Maurizio Pedetti sowie Karljosef Schattner. Kaum ein zeitgenössischer Architekt hat die Physiognomie einer Stadt so nachhaltig beeinflußt wie er. Seit seinem Ausscheiden aus dem Diözesanbauamt ist das Bauen in Eichstätt schwieriger geworden, denn jede architektonische Unternehmung wird an seinem Werk gemessen werden. Damit ist nicht nur ein hoher Maßstab gesetzt – was wir uns allerorten wünschen würden –, sondern auch ein ästhetisches Erscheinungsbild geprägt worden, bedingt durch ein sehr persönliches architektonisches Vokabular. Hier eine eigene Sprache zu finden, ist schwierig. Wilhelm Huber, von 1985 bis 1989 Mitarbeiter von Karljosef Schattner, und seinem Partner Erich Kessler ist es dennoch gelungen, und das liegt vor allem daran, daß sie sich zunächst einmal ganz vom Genius loci haben inspirieren lassen.

Am westlichen Altstadtrand, unmittelbar an der Altmühl lag der bereits 1357 erwähnte Schlachthof der Stadt, von dem nur noch ein Gebäude von 1902 erhalten war. Obwohl architektonisch ansprechend und städtebaulich gut eingebunden, wurde der Bau

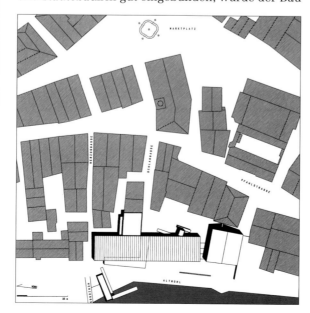

Lageplan

nicht für denkmalwert befunden. Die Stadt Eichstätt entschloß sich, an dieser Stelle altengerechte Wohnungen zu errichten. Ein schöner Ort für ältere Menschen mit dem Ausblick auf die Altmühl und einem nur fünfminütigen Fußweg zum Marktplatz.

Huber und Kessler schlossen die Altmühlfront durch ein langgestrecktes, dreigeschossiges Gebäude mit einer sehr flachgeneigten Dachkonstruktion, die die kubische Gesamtform des Baukörpers an der Uferseite betont. Der Bau folgt dem Verlauf der alten Stadtmauer, und die Begrenzung der zum Fluß gelegenen Terrasse greift die Flucht des alten Schlachthofgebäudes wieder auf. Diese historischen Bezüge bleiben zwar dem orts- und geschichtsunkundigen Betrachter verschlossen, sie sind aber eine Hommage der Architekten an den historischen Ort.

Auf ihrer zur Stadt hin gelegenen Vorderseite wird die Wohnanlage von der benachbarten Altstadtbebauung eng umschlossen, so daß der sich vor ihr ausbreitende kleine Platz eher die Atmosphäre eines Hinterhofes ausstrahlt. Nur über die vom Markt kommende Schlaggasse gibt es einen direkten Zugang. Diese Achse haben die beiden Architekten in sehr geschickter Weise am Bau wieder aufgegriffen. Denn an der Stelle, wo die Schlaggasse auf den Baukörper trifft, ist dieser zwischen seinem hohen Sockel und seiner schmalen, unter dem scheinbar frei schwebenden Dach durchlaufenden Oberkante in der Breite der Gasse ›aufgeschlitzt‹. Der Bau wird so in zwei Blöcke von unterschiedlicher Größe geteilt. Die Kanten des Durchbruches wirken wie der Rahmen eines Bildes. Von der Stadt aus gesehen, fixiert es die Weiden am Ufer der Altmühl, wird aber gleichzeitig überschnitten von den filigranen Geländern der Laubengänge, die an der Vorderfront des Gebäudes entlanglaufen und wie Brücken die beiden Gebäudeteile miteinander verbinden. Blickt man wiederum von der am Ufer gelegenen Terrasse aus in den Durchbruch, so erscheint auf der anderen Seite der Rathausturm wie ein Postkartenmotiv. Und vom gegenüberliegenden Ufer der Altmühl gar wirkt der Durchbruch wie die Negativform des nun im Hintergrund aufragenden Turmes.

Die zum Fluß gelegene Front des Gebäudes ist in einem strengen Rhythmus aus Fenster und Loggienöffnungen gegliedert, deren Ober- und Unterkanten durch Schienen miteinander verbunden sind. Auf diesen Schienen laufen Sonnenschutzelemente aus gestanztem Lochblech. Je zwei Lochbleche mit unterschiedlich großen Lochdurchmessern sind zu einem Element zusammengefügt worden. Durch die unterschiedlich großen Öffnungen zwischen den Lochblechen scheinen die Sonnenschutz-

Ansicht von der Flußseite

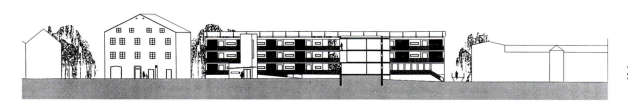

Ansicht und Schnitt von der Stadtseite

elemente, betrachtet man sie von den Innenräumen aus, in ornamentale Muster aufgelöst zu sein, außen jedoch wirken sie von einiger Entfernung völlig geschlossen. Durch die ständig wechselnden Positionen der Schiebeelemente auf der Fassade – mal vor den Fenstern, mal vor der Wand oder den Loggienöffnungen – bietet sich dem Betrachter stets ein wechselndes Bild.

Die beiden durch den Durchbruch getrennten Gebäudehälften an der Uferfront sind nicht exakt gleich gestaltet. Im Erdgeschoß des nördlichen Teils wurde ein kleiner Festsaal mit Küche und weiteren Nebenräumen untergebracht. Hier tritt das Erdgeschoß hinter die Flucht der Fassade leicht zurück und öffnet sich mit großen verglasten Türen auf die zum Fluß vorspringende Terrasse. Durch den Rücksprung wird die nördliche Kante des Gebäudedurchbruches unterbrochen und die Vertikale des Durchbruches in die Horizontale übergeleitet. Dieses Bewegungsmoment nimmt der Verlauf der Terrasse genau auf.

Im Gegensatz zu der flächigen Altmühlfassade wurde die Eingangsseite der Wohnanlage sehr viel plastischer gestaltet. Drei Laubengänge mit ihren filigranen Geländern überziehen die ganze Gebäudefront. Die Treppenaufgänge zu den Lauben liegen versteckt in dem schmalen Durchlaß zwischen dem Ufergebäude und der Kopfbebauung der Schlaggasse. Außerdem sind die Lauben über einen Fahrstuhl zu erreichen, der als ein mächtiger Turm frei auf dem kleinen Platz vor der südlichen Ecke des

authorities decided to erect apartments for the elderly on this pleasant site with a view of the river, just a five-minute walk from the central square.

Huber and Kessler have created an elongated three-storey building with a very slightly pitched roof structure which emphasizes the overall cubic form of the building on the riverbank side. The building follows the line of the ancient city wall, while the edge of the terrace overlooking the river reiterates the line of the former abattoir. Such references, though they may not be evident to an observer who knows nothing of the site and its past, represent the architects' homage to the history of the place.

Fassade zur Altmühl

Laubengänge
(im Erdgeschoß
vor dem Fest-
saal)

Grundriß
Erdgeschoß

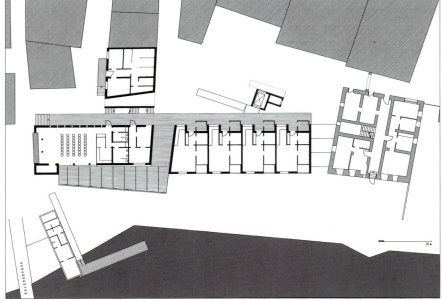

Gebäudes steht. Mit Lärchenholzplatten verkleidete Kuben ragen neben den Eingangstüren zu den Seniorenwohnungen weit in die Laubengänge hinein. Wie ›Bauklötze‹ wirken diese Abstellkammern.

Nimmt man an der Uferseite das Dach kaum wahr, so überschattet es auf der Stadtseite als flache, weit vorspringende, auf dunklen Balken ruhende Scheibe die gesamte Front. Die Dachunterseite ist in einem leuchtenden Rot gestrichen und kontrastiert effektvoll mit den dunklen Stützbalken. Diese Dachkonstruktion ermöglichte es, von der Altmühl aus den Eindruck eines Flachdaches zu vermitteln. So bleibt die kubische Gesamtform des Gebäudes betont, und die dahinter aufragende Stadtsilhouette bewahrt ihre Eigenständigkeit. Auf der Eingangsseite hingegen ist das Dach ein wesentliches Element in dem spielerischen, fast experimentellen Umgang mit Formen, Farben und Materialien. Ferner bindet es die beiden sehr dicht an die Fassade herangerückten ›Solitäre‹ – den Fahrstuhlturm und den Kopfbau in der Flucht der Schlaggasse – an den Hauptbaukörper der Wohnanlage.

Diesen Kopfbau, der die historische Bebauung der Schlaggasse verlängert und bis dicht vor das Ufergebäude heranrückt, haben ebenfalls Huber und Kessler gestaltet. Vier weitere Seniorenwohnungen wurden hier untergebracht. Bewußt haben die beiden Architekten keinerlei Achsbeziehungen, weder zu den alten noch zu dem neuen Nachbarn, aufgegriffen. Einzig das verwendete Material schafft einen Bezug zum Uferbau. Die sich zur Schlaggasse wendende Seite des Kopfbaus ist ganz mit Lärchenholzplatten verkeidet. Sie bilden gleichsam eine dünne Außenhaut, um deren Stärke das Gebäude vor die Flucht der angrenzenden Bebauung tritt. Die rückwärtige Laubengangseite ist mit einem Gitter aus schmalen Lärchenholzlamellen überzogen, die den Baukörper stark verfremden und eine neue Front zu dem davorliegenden kleineren Platz schaffen.

Der fast völlig geschlossene Fahrstuhlturm ist nur auf einer seiner Schmalseiten durch ein Fenster aufgeschlitzt. Sein Eingang wird von einem schräg aufgehängten, weit über die Breite des Turmes hinausgreifenden Stahlblech überdacht. Zunächst als Fremdkörper empfunden, greift der Fahrstuhlturm jedoch zwei wichtige Elemente des Hauptgebäudes wieder auf, wobei diese allerdings jetzt umgewertet sind: den turmartigen Durchbruch und die freischwebende, am Hauptgebäude gestützte, hier aufgehängte Dachscheibe.

Die exponierte Stellung des Fahrstuhlturmes und die ganz sanft aus dem Vorplatz aufsteigende Rampe zum untersten Laubengang haben Huber und Kessler genutzt, um den hofartigen Platz vor der Wohnanlage etwas zu strukturieren und verschiedene Platzelemente abzutrennen.

Der historische Altbau der Pfahlgasse 23, der direkt südlich an das Ufergebäude angrenzt, wurde in den neuen Komplex miteinbezogen, ohne jedoch optisch an den Neubau angegliedert zu sein. Das Gebäude bewahrt seine Eigenständigkeit, und auch die historische Vielschichtigkeit der Uferansicht blieb unberührt. Im Inneren hat man das Treppenhaus und den die ganze Tiefe des Gebäudes durchschneidenden Korridor erhalten. In diese Grundstruktur wurden weitere Seniorenwohnun-

gen eingefügt, deren Fußbodenniveau in den oberen Stockwerken jedoch über dem ursprünglichen liegt. Deutlich erhöhte Podeste vor den Eingangstüren in den Korridoren markieren diese Veränderung gegenüber dem historischen Bestand.

Alt und Neu bleiben gleichberechtigt nebeneinander stehen, und so ist auch das neue Ufergebäude von Huber und Kessler eine eigenständige, subtil gestaltete architektonische Äußerung, die ihre Hauptimpulse aus der städtebaulichen Gesamtstruktur erhalten hat und so auch die historischen Gegebenheiten reflektiert.

Ursula Kleefisch-Jobst

Platz vor der Vorderseite des Gebäudes mit Fahrstuhlturm

Durchgang zwischen Kopfbau und Hauptbaukörper

Laubengänge verbinden die beiden Gebäudeteile des Hauptbaukörpers. Blick von der Terrasse in Richtung Stadt

Sonnenschutzelemente auf der Flußseite

Detail des Laubengangs und der mit Lärchenholzplatten verkleideten Seite des Kopfbaus

Fotos: Peter Bonfig

Hans Kollhoff,
Helga Timmermann

Wohnbebauung Drontheimer Straße, Berlin-Wedding

Projektleitung   Oda Pälmke

1995

Housing development

The housing development on Drontheimer Strasse designed by Kollhoff and Timmermann demonstrates, on the one hand, the architects' wish to formulate new quality standards in low-income housing while, on the other hand, setting an example that underlines their endeavours to turn away from architectural sculpture towards an architecture better attuned to materials and craftsmanship. The distinction between a garden facade based on modern Berlin housing estates and a street facade based on a traditional architectural vernacular underlines the need to find a new approach towards urban architecture. At the same time, the monolithic structure with its dominant clinker brick face, rows of windows and unbroken balustrades transposes the image of the new building based on a conventional design onto a larger scale which displays a more abstract aesthetic approach.

Ambivalenzen und Doppelgesichtigkeiten kennzeichnen die Wohnbebauung an der Drontheimer Straße von Kollhoff und Timmermann. Der Bau changiert, wie so häufig bei den Architekten, zwischen Lückenschließung und solitärer Prägung des Orts, er nobilitiert den sozialen Wohnungsbau als elegantes monotaktisches Design mit Anklängen an Pariser Hotelbautypologien, er formuliert eine prägnante Unterscheidung von Straßen- und Hofseite, und er steht schließlich werkbiographisch zwischen dem großen skulpturalen Objekt der frühen Kollhoff-Entwürfe und der aktuellen Suche nach den elementaren Konventionen des Idealtypus eines großstädtischen Hauses, einfach, solide, handwerklich-taktil.

Bereits in der ersten Annäherung entwickelt das Haus sein ganz eigenes Gewicht und setzt eine Landmarke in die kleinteilig-differenzierte Gründerzeitbebauung des Weddinger Nordens. Anstatt auf einen malerischen Knick im folgenden Straßenverlauf zu reagieren, steht der Wohnblock als Monolith über zwei Parzellen und konterkariert die kleinteiligen Irregularitäten des Orts; die Dimensionen, die auf den ersten Blick monotone Einfachheit der Fassade und eine dunkle Klinkerverkleidung akzentuieren den Bau als Fremdkörper in seiner

Umgebung. Dennoch wirkt diese Fremdartigkeit nicht störend. Eine nähere Betrachtung der Straßenfront erweist die langgestreckte und durch gleichförmige Reihungen gekennzeichnete Fassade als ein feinfühlig ausbalanciertes Kompositionssystem, unterstrichen durch einen gliedernden Einsatz der verschiedenen verwendeten Materialien Klinker, Beton, Naturholz und Glas.

Die durch ein lineares Relief als kräftiger Sockel ausgebildete Erdgeschoßzone wird mittig akzentuiert durch einen großflächig verglasten Schaufensterbereich, der von den beiden Hauseingängen flankiert wird. Die Sockelenden werden jeweils durch eine große Toröffnung bestimmt, die links eine Durchfahrt zum Hof ermöglicht und rechts die Einfahrt zur Tiefgarage bildet. Oberhalb des Erdgeschosses folgen die sechs Wohnungsetagen, wobei die ersten fünf Geschosse eine durchlaufende Gitterbalustrade aufweisen, die Fenster der obersten Etage verfügen über Einzelgitter. Ein durchgehend gleichförmiges System von französischen Fenstern überzieht die flächige Fassade. Lediglich der Geschoßwechsel wird durch die Sichtbetonplatte der Balustraden, beziehungsweise durch einen flachen Rücksprung im Mauerwerk gekennzeichnet. Der obere Fassadenabschluß schließlich ist durch ein doppelt profiliertes Gesims akzentuiert. Diese einfachen Gliederungselemente geben dem Haus einen traditionellen Aufbau in Sockel, Hauptgeschoßzone und einem attikaähnlichen Abschluß. Gleichzeitig transformieren die monotaktische Serialität, die

Straßenseite

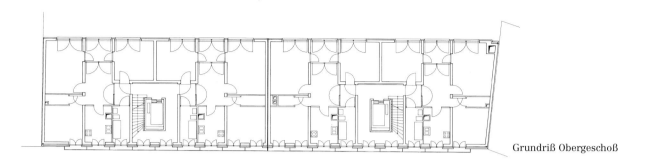

Grundriß Obergeschoß

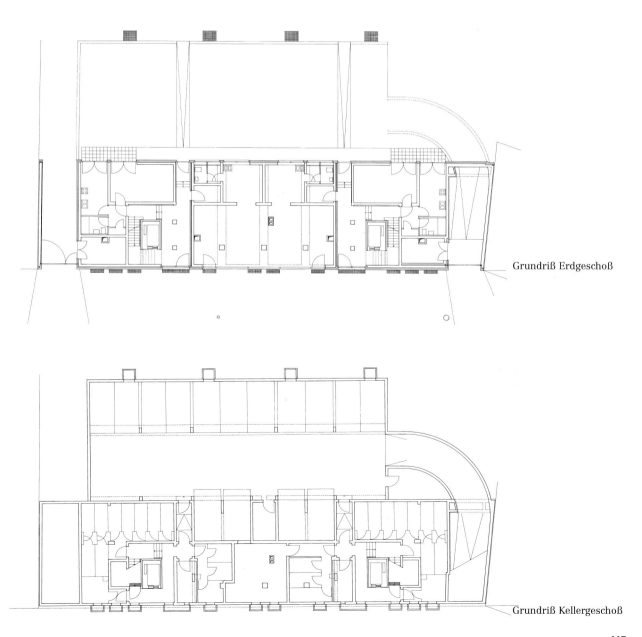

Grundriß Erdgeschoß

Grundriß Kellergeschoß

minimalen Gliederungseingriffe und der großflächig monolithische Charakter des Baus dieses
tradierte Muster in ein abstrahiertes Bild eines
Hauses. In dieser Abstraktion werden Assoziationen vom sachlich-rationalistischen Idealtypus bis
zur Noblesse einer klassischen Pariser Straßen-
randbebauung möglich. Schließlich wird das Bild
durch den warmen Zusammenklang der Materialien Klinker und Holz zu einem für das Büro Kollhoff und Timmermann typischen Exempel von
Architektur als Arbeit an der Ästhetik des Material-
haften.

Hinter diesem idealtypischen Bild wird die
interne Konzeption des Hauses nicht sichtbar.
Weder die Zweiteilung des Grundstückes noch die
Differenzierung in Wohnungs- und Treppenhausbe-
reiche werden gestalterisch nach außen vermittelt.
Jeder Raum, sei es Schlafzimmer, Bad oder Trep-
penhaus, erscheint nach außen egalitär in das
System der bodenlangen Fenster eingebunden.

Hofseitig öffnet sich das Haus zu einem großzügigen Gartenbereich, an dessen Rückseite eine
Kindertagesstätte momentan im Bau ist. Die
Gartenseite überrascht durch eine gänzlich andere
Fassadenkonzeption. Aus Kostengründen wurde
auf eine vollständige Klinkerverkleidung verzichtet,
dominant ist eine mit einem kräftigen Blau ver-

putzte Thermofassade. Oberhalb des flächigen
Klinkersockels öffnen sich die Wohnungen zum
Gartenhof als deutlich ablesbare Einheiten aus drei
jeweils zu einem Band zusammengefaßten, liegenden Naturholzfenstern. Der Zusammenschluß wird
dabei durch seitlich rahmende schmale Klinker-
streifen unterstrichen. Während sich die Straßenfassade mit der Typologie des konventionellen großstädtischen Wohnhauses abstrahierend auseinan-
dersetzt, verweist die Hofseite eindeutig auf das
Vorbild des Berliner Wohnungsbaus der klassischen Moderne. Die Fassade ist durch einfache konzeptionelle Elemente wirkungsvoll rhythmisiert,
eine reizvolle Spannung wird durch den Material-
wechsel von Putz, Holz und Klinker erreicht. Die
Verwendung von kräftiger Farbe als Mittel der graphischen Wandflächenkomposition rundet die Auswahl aus dem Designrepertoire des Neuen Bauens
ab.

Bis auf zwei 1,5-Zimmer-Wohnungen, die sich im
Erdgeschoß zur Gartenseite hin öffnen, verfügen
die restlichen 24 Wohnungen über 3,5 Zimmer. Sie
sind als ›Durchsteckwohnungen‹ konzipiert und
werden zweispännig über die beiden Treppenhäuser erschlossen. Eingangsbereich und Eßzimmer
bilden den zentralen Ort in den Wohnungen, von
dem aus die übrigen Räume erschlossen werden.

Eingang

Flurbereich im Erdgeschoß

Dem Eßplatz vorgelagert und mit diesem durch ein großes Innenfenster verbunden, öffnet ein seitlich erschlossener sogenannter ›warmer Wintergarten‹ die Wohnungsmitte zur Gartenseite. Großzügige Befensterung und Holzrahmungen kennzeichnen den Raum als Hybrid zwischen Außen- und Innenraum.

Bereits die Zweiteilung in eine dem vorstädtisch geprägten Siedlungstyp des Neuen Bauens verpflichtete Gartenseite und eine sich mit den Konventionen des traditionellen Großstadthauses auseinandersetzende Straßenfront verweist auf zentrale Aspekte der jüngsten Planungsarbeit von Kollhoff und Timmermann. Während die Hofseite als ein nicht-städtischer und privater Ort interpretiert wird und dadurch mit dem Zitat des als nicht-städtisch gewerteten Motiv des modernen Siedlungsbaus spielen kann, wird der Straßenseite in der Bauphilosophie der Architekten eine andere Wertigkeit zugeordnet. Der öffentlichen Front des Hauses wird eine Auseinandersetzung mit der Typologie des tradierten innerstädtischen Wohnhauses abgefordert. Die geschlossene und ihre Materialhaftigkeit betonende Front, die Fensterreihungen und Balustradenlinearität sowie das Zitat des dreizonalen Fassadenaufbaus transponieren die Konvention in ein abstrahiertes Bild. Allein der Verzicht auf eine gestalterische Differenzierung des Doppelhauscharakters, der internen Wohnungskonzeption und der Treppenhäuser macht deutlich, daß es den Architekten um die Ausformulierung einer idealtypisch-abstrahierten Ästhetik ging. Daß bei der Arbeit an der Bildhaftigkeit trotzdem die Suche nach einem neuen Qualitätsstandard im sozialen Wohnungsbau im Vordergrund stand, spricht eindeutig für die Architekten und ihre Projektleiterin Oda Pälmke.

Die Wohnbebauung an der Drontheimer Straße geht in ihren Planungen auf 1989 zurück. Im Blick auf jüngste Projektpräsentationen von Kollhoff und Timmermann wird deutlich, daß die Architekten einen Weg von der Großskulptur über die Abstraktion der konventionellen Typologie hin zur Re-Etablierung des konventionellen Bauens nehmen. Zunehmend wird die Schönheit der Materialhaftigkeit in das Bild des tektonischen Systems überführt, wird aus der abstrahierenden Großform die Ästhetik der Schwere. Der Weg erscheint als eine Gratwanderung zwischen subtiler Verfeinerung des Details und gewichtiger Massivität einer bruchlosen Großform. Der durch Arbeiten wie an der Drontheimer Straße formulierte Qualitätsanspruch wird der Maßstab für die neue Projektgeneration sein. *Paul Sigel*

Flurbereich
im Obergeschoß

Gartenseite

Fotos: Ivan Nemec

Anne Rabenschlag **Büro- und Wohnhaus, Leipzig**

Projektleitung Thomas Bofinger
Mitarbeit Almut Buttler
Landschaftsarchitektin Regina Poly
Mitarbeit Christoph Rasche

Auftrag: April 1993,
Ausführung: Oktober 1994 – Dezember 1995

Office and apartment building

This architectural ensemble is a model example of how such factors as investors' interests, building regulations and urban planning can be accommodated so skilfully that no conflict is evident.
On a double site at a street corner, adjacent to a listed commercial property, a group of three separate buildings, all bearing the same formal signature, has been erected. Adjoining the commercial building is a five-storey office building with a penthouse, to the south of which is a five-storey apartment building connected by a transparent stairwell with a four-storey apartment block to the west. The stairwell element is continued along the outside of both apartment buildings as a corridor which also separates the larger one from the office building, protruding from the east facade in the form of a narrow tower with a glass brick front and centred square windows.
Apart from the toilets and kitchens, situated behind the lift and stairwell, the offices form a single open-plan space with two slender columns, to be partitioned as the user sees fit. The rooms of the apartments are all of similar size, so that the residents are free to choose the

Investorenarchitektur in der *boomtown* Leipzig ist fast immer von der maximalen Grundstücksausnutzung geprägt. Hier geht es dagegen um ein Musterbeispiel dafür, wie äußere Forderungen aus Investoreninteressen, Baurecht und stadtplanerischen Vorgaben formal so geschickt umgesetzt werden, daß sie nicht mehr als Zwangspunkte sichtbar werden.

Die Lage des Doppelgrundstücks an einer Straßenecke am Rande des Graphischen Viertels neben einem Gewerbebau der Jahrhundertwende unter Denkmalschutz hätte zu mancherlei Muskelspielen Anlaß bieten können. Entstanden ist eine Baugruppe aus drei verschiedenen Häusern, deren Differenzierung die einheitliche Handschrift nicht ver-

leugnet, sondern scheinbar zwanglos aus den Funktionen entwickelt ist. An den Gewerbebau schließt ein fünfstöckiges Bürogebäude mit aufgesetztem Penthouse an. Nach Süden ist ihm ein fünfstöckiges Wohnhaus vorgelagert, an das nach Westen ein weiterer vierstöckiger Wohntrakt über ein transparentes Treppenhaus angegliedert ist. Dieses Treppenhaus setzt sich als Gang in beiden Richtungen fort, dringt tief in den westlichen Wohntrakt ein und trennt den östlichen Wohntrakt von den Büros. In der Ostfassade ist dieser Gangtrakt als schmaler Turm mit einer Front aus Glasbausteinen mit mittigen quadratischen Fenstern nach vorn und in die Höhe gezogen.

Die Grundrisse unterscheiden sich wohltuend von den üblichen Zumutungen. Die Büros sind bis auf einen Sanitärtrakt mit WCs und Teeküche hinter Aufzug und Treppenhaus eine ungegliederte Fläche mit zwei schlanken Stützen, deren Aufteilung die Nutzer wählen können. Bei Bedarf können sie untereinander mit einer Wendeltreppe verbunden werden. Ähnlich ist die Flexibilität der Wohnungen. Hier ist Wert auf etwa gleichgroße Räume gelegt, um den Bewohnern die Nutzung der Räume selbst zu überlassen. In jedem Geschoß finden sich eine Einzimmer-, zwei Zweizimmer- und zwei Drei-

Gesamtansicht
von Nordwesten

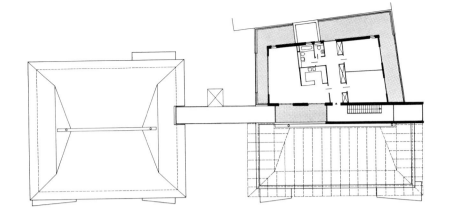

Grundriß
Dachgeschoß

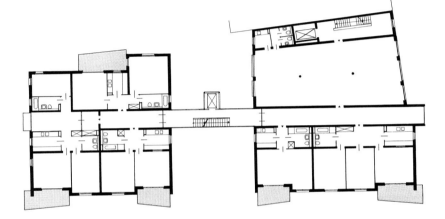

Grundriß
Normalgeschoß

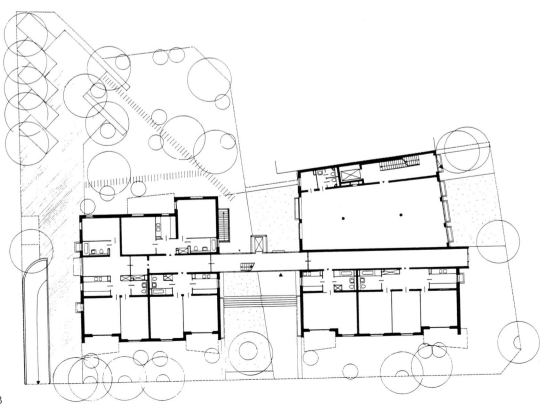

Grundriß
Erdgeschoß

function of each room. Each floor has one studio flat, two 2-room, and two 3-room apartments. On the fourth floor of the eastern tract there is a 4-room apartment. The upright format of the windows and the angled balconies are the most striking features of the south facades. The broad, overhanging eaves add a distinctive finish. On the short sides of the apartment tracts, square kitchen windows restate the horizontal grid pattern of the stairwell glazing. Here, the straight flights of stairs are integrated almost sculpturally into the facade. On the east side, the square format is used for the two rows of stairwell windows. The natural stone surrounds of the floor-to-ceiling office windows echo the neighbouring building.

The building has the air of a manifesto for architectural renewal. The casual alignment of the individual components owes much to the tradition of the more liberated architectural forms of the 1920s and, occasionally, of the 1950s. The roof is both functional and distinctive, while the carefully considered facades retain a certain individuality. Finally, the architect has given the users as much leeway as possible to personalise the premises. For all its formal stringency and discreet materials, the complex's generous stairwell gives it a hint of luxury, while actually replacing two narrower stairwells and acting as an emergency fire escape for the offices. The architect monitored the construction work to ensure that her high quality design was carried out right down to the last detail.

Treppenhaus

zimmer-Wohnungen; im 4. Obergeschoß des östlichen Traktes ergänzt eine Vierzimmer-Wohnung
das Angebot.

Die Fassaden sind auf die wesentlichen Teile
reduziert. Die Südfassaden prägen die stehenden
bzw. aus stehenden Formaten entwickelten Fenster
und die schräg aus der Fassade herausgedrehten
Balkone vor den flach eingeschnittenen Loggien.
Ihre Vertikaltendenz wird aufgehoben durch die
dichte Reihung der Relingstangen vor französischen Fenstern und Balkonen. Einen markanten
Abschluß bilden die weiten Überstände der nach
innen flach geneigten Dächer. In den Schmalseiten
der Wohntrakte vermitteln quadratische Küchenfenster zum liegenden Raster der Treppenhausver-
glasung. Hier sind die geraden Treppenläufe in die
Fassadenwirkung einbezogen; die Ausbildung der
Unterseite in umgekehrter Dachform und der Verzicht auf einen glasseitigen Handlauf betonen die
skulpturale Qualität. An der Ostseite vermitteln
etwas größere Küchenfenster zu den raumhohen
Bürofenstern; das quadratische Format ist hier den
beiden Reihen der Treppenhausfenster vorbehalten. Mit der Natursteinfassung der Bürofenster
wird der Anschluß an das Nachbargebäude ohne
Anbiederung erreicht.

Man mag das Haus beinahe wie ein Manifest für
eine Erneuerung der Architektur und gegen die
Bausünden der Zeitgenossen lesen. Die lockere
Anordnung der Baukörper steht in der Tradition
der freieren Formen der zwanziger Jahre und ihrer
Fortsetzung in den fünfziger Jahren. Das Dach zeigt
dem Betrachter nur seinen Rand und ist nicht eine
Verkleidung für allerlei Vollgeschosse. Die Fassaden
sind aus sinnvollen Grundrissen entwickelt und
dennoch eigenständig gestaltet. Und schließlich
gibt die Architektin nicht vor zu wissen, wie man
am besten wohnt oder arbeitet, sondern läßt den
Nutzern soviel Freiheit wie in einem fremden Haus
möglich.

Bei aller formalen Strenge und unaufdringlichen
Materialwahl hat die Anlage durch das großzügige
Treppenhaus auch einen Anflug von Luxus. Was auf
den ersten Blick wie Platzverschwendung wirkt, ist
freilich überlegt und sparsam. Statt zwei enger und
in die Gebäude eingepferchter Treppenhäuser gibt
es ein einziges lichterfülltes, das zugleich auch als
notwendiger zweiter Rettungsweg für die Büros
dient. Die Ausführungs- und Detailplanung war
abgeschlossen, bevor der Generalunternehmer verpflichtet wurde. Dadurch und weil die Architektin
eine Bauüberwachung betrieb, die einer eigentlichen Bauleitung nahekam, ist die hohe gestaleri-
sche Qualität bis ins Detail möglich geworden.

Stefan W. Krieg

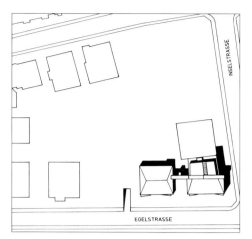

Lageplan   Eingang

Anne Rabenschlag
**Büro- und Wohnhaus,
Leipzig**

Hofseite des Treppenhauses
mit dem Aufzugturm

Flur im 4. Obergeschoß zwischen
Bürogebäude und Wohnhaus
mit dem Aufgang zum Penthouse
▷

Hofseite

Blick aus dem Treppenhaus auf Wohnhaus und Egelstraße   Fotos: Gerhard Kassner

Till Schneider und
Michael Schumacher

Bürogebäude, Frankfurt am Main

Mitarbeit

Karen Ehlers, Petra Pfeiffer, Beate Hoyer, Kristin Dirschl, Matthew O'Malia, Richard Voss, Marcel Eckert und Heike Heinzelmann

1995

Office building

Amidst the bleak desolation of Frankfurt's Osthafen riverport, the magnificently glazed facade of the new building created by Frankfurt architects Till Schneider and Michael Schumacher for the international advertising agency J. Walter Thompson seems almost surreal. The architects describe it laconically as a "shelving unit" – the structural framework of the building being a six-floor steel reinforced concrete skeleton with five access and service cores spaced at regular intervals. Furniture from the Vitra range and glass walls partition the visually linked working areas, allowing a working atmosphere that alternates between intimacy and openness. The most interesting feature of the building, however, is the huge, box-like wintergarden that fronts the north side with its 66 metre wide and 21 metre high suspended facade of glass. Depending on the light conditions, this glass skin seems either transparent or opaque, inviting or shielding the curious gaze. The use of silicone-jointed insulating glass panes (each measuring a remarkable 1.8 x 3.5 metres) and graceful spacing bars that divert wind pressure to the concrete skeleton keeps the actual facade free of unsightly load-bearing elements. From a distance, the north facade looks like a single pane of glass, so that the entire building takes on the appearance of a showcase. The interior of this glass wintergarden structure, which acts as an acoustic and thermal buffer zone, is laid out as a

Schau-Kasten im Frankfurter Eastend

Zu den attraktivsten Quartieren der Mainmetropole wird das Frankfurter Eastend wohl kaum gezählt. Lärmend quält sich der Verkehr durch die Hanauer Landstraße, zwischen Autohäusern, Tankstellen und Möbellagern hindurch. Gebäude, die hier entstanden sind, gehorchen dem ökonomischen Primat und entbehren jeglichen gestalterischen Anspruchs. Inmitten dieses unsystematisch wuchernden Sammelsuriums ephemerer Nutzarchitekturen, in dem sich versprengte Fragmente von Blockrandbebauungen der Jahrhundertwende wie Fossilien einer geordneten Stadtentwicklung ausnehmen, scheint das dogmatische Credo der Moderne, Form müsse der Funktion folgen, wenig mehr denn eine euphemistische Floskel für Phantasielosigkeit und Kreativitätsverzicht. Daß aber gerade eine derartige urbanistische Situation – frei von repräsentativer Prätention und ästhetischer Ambition – das Substrat für eine Transformation von Arbeits- und Lebenswelten zu bilden vermag, zeigt sich seit einigen Jahren.

Fast surreal erscheint in diesem unwirtlichen Ambiente die gewaltige, 21 m hohe und 66 m breite Glasfront des Neubaus für die Werbeagentur J. Walter Thompson, den die Frankfurter Architekten Till Schneider und Michael Schumacher Ende des Jahres 1995 fertigstellten: eine gigantische Vitrine, ein überdimensionaler Schau-Kasten. Je nach Sonnenstand und Lichteinfall irisierendschimmernd oder grell-reflektierend, stumpf-opak oder diaphan und transluzent, wahrt die Fassade Distanz zu der umgebenden Bebauung – und bindet sie doch als Spiegelbild ein. Nur partiell läßt sich das Innere des Bauwerks erkennen und verleiht dem Volumen Ausrichtung und Struktur. Was auf den ersten Blick wie ein eleganter Fremdkörper erscheint, ist seiner Umgebung doch stärker verhaftet als zunächst erwartet; denn der sechsgeschossige Bau, der seinen nordseitigen Glasvorbau der Hanauer Landstraße zuwendet, besitzt eine eigentlich schlichte Tragstruktur (Tragwerksplanung: Arup, Düsseldorf). Fünf alternierende Erschließungs- und Sanitärkerne sowie eine Reihe rasterförmig positionierter Rundstützen tragen sechs jeweils 30 cm starke Stahlbetondecken – die Architekten sprechen lapidar von einem »Regal«

und erweisen auf subtile Weise damit dem spröden Genius loci ihre Reverenz. Ursprünglich hatte der Grundstückseigentümer, ein Frankfurter Getränkegroßhändler, hier ein zweigeschossiges Getränkelager errichten wollen – bis ihn die Architekten gemeinsam mit ihren Auftraggebern überzeugen konnten, statt dessen ein Bürogebäude zu erbauen, speziell auf die Bedürfnisse der renommierten, international tätigen Werbeagentur Thompson zugeschnitten. Optimale Bedingungen für das Entstehen qualitätvoller Architektur mithin: Der Bauherr hatte seine zukünftigen Mieter gefunden, die Agentur konnte ihre Wünsche artikulieren, die Architekten hatten die Chance, fernab der Innenstadt frei von städtebaulichen Restriktionen zu experimentieren.

Zufälligerweise befinden sich zwei der ersten ausgeführten Projekte von Schneider und Schumacher in unmittelbarer Nähe: Zwischen 1989 und 1991 richteten die beiden Architekten in einem ehemaligen Fabrikgebäude das Domizil der Werbeagentur Trust ein und ergänzten den Altbau durch einen tonnenförmigen Dachaufsatz, zeitgleich entstand unmittelbar benachbart das Interieur eines Geschäftes für Designermöbel, bei dem eine milchig verglaste Wand das Depot von den Verkaufsräumen trennt und die dahinter befindlichen, schemenhaft erkennbaren Gegenstände zu magischen Objekten der Begierde werden läßt.

Raumgestaltung als Stimulans ist eines der zentralen Themen im Werk von Till Schneider und Michael Schumacher, die sich während eines gemeinsamen Studiums bei Peter Cook an der Städelschule 1988 entschlossen hatten, ein Büro in Frankfurt zu eröffnen. Architektur wird in den Gebäuden des Duos im eigentlichen Sinne des Wortes attraktiv, nämlich anziehend und verführerisch. Das Werk, mit dem die beiden Frankfurter überregionale Aufmerksamkeit fanden, die 1995 auf dem Potsdamer Platz errichtete Infobox in Berlin, verdeutlicht diesen Anspruch paradigmatisch: Als Belvedere im Baustellendschungel ist es eigentlicher und einziger Zweck des Gebäudes, die Neugier der Besucher zu wecken und zu befriedigen. Die über ausbetonierte Stahlrohrstützen gleichsam schwebende, an architektonische Visionen des russischen Konstruktivismus erinnernde Kiste zieht die Touristen in ihren Bann und verleitet zu einem Besuch. Gleichwohl handelt es sich im besten Sinne um funktionsbezogene Architektur, die den Erfordernissen dient, Ausstellungen zu präsentieren und Ausblicke zu ermöglichen. Und doch erklärt sich die Gestalt des Gebäudes nicht allein aus seiner Nutzung. Erst indem die Architekten auch den Boden mit roten Stahlblechpaneelen verkleideten, über-

höhten sie den Funktionsbau zum auffälligen Zeichen, zum schwebenden, roten Kubus.

In ähnlicher Weise huldigt auch das »Regal« im Frankfurter Osten keiner Ästhetik karger minimalistischer Rationalität. Eine Tordurchfahrt in der die Hanauer Landstraße kreuzenden Schwedlerstraße führt zu einem dem Hauptbau vorgelagerten Empfangsgebäude, das als Schnittstelle zwischen innen und außen, Öffentlichkeit und Arbeitsraum dient. Eine Glasschleuse gewährt von hier aus Zugang zu dem quergelagerten Glasvorbau des Bürogebäudes, einem Wintergarten mit atemberaubender Höhenentwicklung; er fungiert als akustischer und thermischer Puffer zugleich. Laufgänge sind den fünf Obergeschossen vorgelagert, die über zwei verglaste Lifte erschlossen werden – oder vermittels einer grandios inszenierten Freitreppe, die sich fast über die gesamte Breite des Vorbaus erstreckt und einen auch an der Fassade wirksamen diagonalen Akzent setzt. Eigentlich überflüssig – Lifte und die beiden Erschließungskerne sind für die Bewältigung der Verkehrsströme hinreichend –, erweist sich die Treppe als spielerische Zugabe der Architekten zu einem im übrigen streng rational kalkulierten Bauwerk. Sie definiert den verglasten Vorbau als kommunikative Zone, bedient (Re)-Präsentationslust der Agentur ebenso wie den Exhibitionismus des einzelnen. Ihren Widerhall findet sie im Rhythmus der versetzt vor den Laufgängen angeordneten Gitterbalkons, die es ermöglichen, kurzfristig aus der Betriebsamkeit auszuscheren, ohne sich aus ihr zu entfernen.

Das Betonskelett mit seiner Geschoßteilung bestimmt nicht nur die Plazierung der Gitterbalkons und Treppenpodeste, sondern auch den Raster der den Wintergarten nach Norden begren-

Gesamtansicht von Nordosten

spacious open area – with an impressive open stairway setting the only diagonal element against the orthogonal structural pattern. Steel grille platforms jut out as balconies into the void space on every floor, providing quiet havens for employees to take a break. This enormous wintergarden thus serves as a communication zone serving individual egos and the agency's desire to (re-)present itself.

125

zenden Hauptfassade; Schneider und Schumacher verwandelten silikonverfugte, sprossenlose Planar-Isolierglasscheiben von 1,80 m Breite und erstaunlichen 3,35 m Höhe, die an vom Boden bis zum Dach gespannten Stahlseilen (Durchmesser 12 mm) abgehängt wurden. Dadurch war es möglich, auf eine optisch dominante, eigene Tragstruktur zu verzichten, so daß die Fassade von der Ferne aus als eine einzige Scheibe erscheint. V-förmige Stützen leiten die Lasten der Seile im fünften Obergeschoß auf die Dachplatte ab. Auf ähnlich raffinierte Weise gelang es, Windlasten durch horizontale, vermittels Krallen mit vier Scheiben verbundene Abstandshalter (sogenannte ›Props‹) auf die Betondecken zu übertragen. Wie ein Blick auf die Schmalseiten lehrt, wird die Glasfront um die Ecke herumgezogen – der vertikalen Ausrichtung der Scheiben im Norden antworten im Westen und Osten jeweils eine Reihe horizontal gelagerter Glaselemente. Das zurückfliehende Dachgeschoß verstärkt den vitrinenartigen Eindruck des kastenförmigen Glasvorbaus der Nordseite.

Auch wenn die Architekten den Kräfteverlauf anschaulich und ablesbar machen, huldigen sie keiner hypertroph zur Schau gestellten High-Tech-Attitüde. Gerne sprechen sie von einer »organischen Architektur«, bei der Form und Proportion der einzelnen Elemente den bauphysikalischen Erfordernissen folgen. Abstandshalter und Zugseile sind auf das unumgänglich nötige Maß minimiert, treten im Wintergarten primär als graphisch-gliedernde Elemente in Erscheinung und bilden als orthogonale Textur eine Folie für die grandiose diagonale Treppeninszenierung.

Die Südfassade ist demgegenüber konventioneller gestaltet. Vorgelagerte Fluchtbalkons, zu Laufgängen arrangiert, betonen die Horizontalität des Volumens, das von einem seitlichen Rahmen konturiert wird. Gleichzeitig fungieren sie als Sonnenschutz und ließen, Planungen der Architekten entsprechend, weitere diesbezügliche Installationen überflüssig werden. Je nach Lichteinfall verschiebbare, 90 cm breite Mattglaspaneele sollten im Inneren den nötigen Blendschutz garantieren. Doch die Nutzer verzichteten auf dieses System und wollen den Bau mit einem alleinigen Sonnenschutz auf Höhe der Balkonbrüstungen nachrüsten. Allerdings bleibt die Gewinnung thermischer Energie im Winter damit vereitelt. Hinsichtlich eines ökologisch verantwortlichen Bauens setzt der Thompson-Bau gleichwohl Maßstäbe: Sonnenschutz im Süden, Wärmepuffer des Wintergartens im Norden und ein einfaches Belüftungssystem (die Wärme der abgesaugten Luft wird der Zuluft zugeführt) ließen den Einbau einer Klimaanlage verzichtbar werden. Der

Energieverbrauch, so haben Berechnungen ergeben, senkt sich damit um ein Viertel.

Die Bürozone zeichnet sich durch Offenheit, Transparenz und ein Höchstmaß an Flexibilität aus. Während die vom Wintergarten aus belichteten Arbeitsplätze in der Gebäudemitte zu größeren Einheiten zusammengefaßt sind, entstehen zur Südseite hin definierte, abgeschlossenere Einzelräume. Regale und Einbauschränke eines von Vitra produzierten Systems dienen neben Glaswänden als Raumteiler; der Pfostenraster der Südfassade erlaubt eine problemlose Neudisposition. Feste Wände finden sich nur zwischen den Besprechungs- und Aufenthaltsräumen im Dachgeschoß, das an beiden Stirnseiten nach Süden hin abgeschrägt ist und somit den durch die abgeleitete Fassadenlast bedingten Kräfteverlauf in der Dachplatte veranschaulicht. Dadurch entstehen zwei Dachterrassen mit Ausblicken über das Hafengelände und die Stadt Frankfurt.

Schneider und Schumacher ist es gelungen, die 5 000 m² Bürofläche den jeweiligen Bedürfnissen entsprechend zu differenzieren; sie haben inszenierte Zonen für das narzißtische Ego geschaffen, aber auch zurückhaltend gestaltete Bereiche, die mit Leben und Geschäftigkeit zu füllen sind – oder kreative Ruhe ermöglichen. Kommunikation kann stattfinden, wird aber nicht erzwungen. Schließlich obliegt die Aneignung des Raumes den Benutzern.

Hubertus Adam

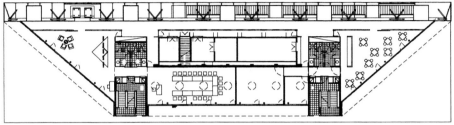

Grundriß Dachgeschoß

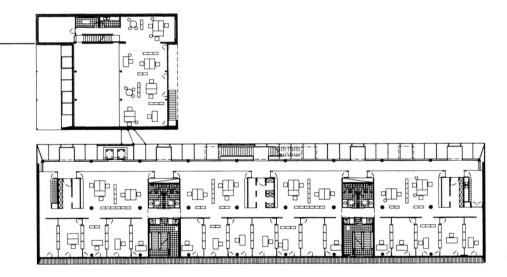

Grundriß 1. Obergeschoß

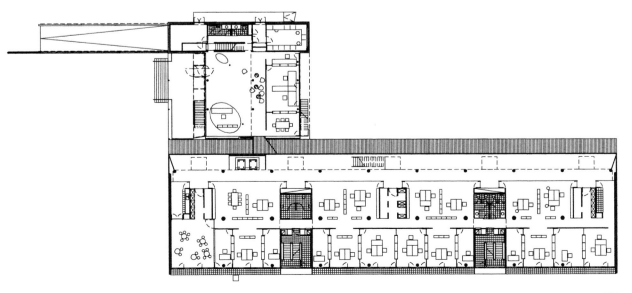

Grundriß Erdgeschoß

Nordfassade (Foto: Jörg Hempel)

Fassadenkonstruktion der Nordseite

Dachgeschoß

Südseite zur Straße

Übergang von Bürotrakt
zu Empfangsgebäude

Hofansicht von Westen

Fotos:
Waltraud Krase
(wenn nicht
anders angegeben)

Rückseite des Empfangsgebäudes nach Norden
(Foto: Jörg Hempel)

Zvonko Turkali
mit Harald Bechler

Bürgerhaus, Guntersblum

Gutachterwettbewerb 1991, 1. Preis

Projektleitung Georg Seegräber

Mitarbeit Jakob von Allwörden, Matthias Feuer

1995

Community centre

Guntersblum is a village near Mainz, the regional capital of Rheinhessen. Here, Turkali has designed a new *Bürgerhaus* or community centre, which is a truly exemplary piece of *Neues Bauen*. With its steel reinforced concrete skeleton construction and rough masonry, the architectural approach is based on regional building traditions while at the same time upholding the architectural maxims of classical modernism.

This stroke of luck for Guntersblum came as a result of local authority plans to alter the old gymnasium, built in 1929, and to add a public library and community centre facilities. Turkali's sensitive approach took the gym hall as the focal point and used it as the basis for a two-part ensemble (extended community centre and library tract) with a fan-shaped open area in the centre. Old and new are merged here in a delightful symbiosis; the gymnasium itself has been given a fresh, new look on the outside, while the interior has undergone a complete functional and technical overhaul, and an extension has been added. In front of the broad side of the gymnasium, which flanks the square, Turkali has placed a slender and modestly proportioned cube containing a foyer, bar and service tract. Several glass elements fitted into the reinforced concrete gridwork open the building over the

»Die Grundsätze des Heimatschutzes bestehen nicht so sehr in der Wiederholung der bisher an einem Ort üblich gewesenen guten oder weniger guten Bauformen, als vielmehr in einer sinngemäßen Fortführung der örtlichen Bauüberlieferung im Geiste der Gegenwart ...«

Hermann Muthesius (1915)

Guntersblum. Ein Dorf in Rheinhessen. Es liegt idyllisch inmitten hügeliger Rebenlandschaft, nur wenige Minuten von der Landeshauptstadt Mainz entfernt. Wie überall in dieser Region, in dem bisweilen dumpfen Klima aus ›laisser faire‹ und ›savoir vivre‹, ist der Wein wichtigstes Kulturgut. Architektur von Rang hat es hier schwer, und bauhistorische Traditionen erschöpfen sich in Nostalgiezitaten. In Guntersblum existiert die einst ortstypische Bauweise des Bruchsteinmauerwerks nur noch in wenigen Beispielen. Sogar im berühmten Guntersblumer ›Kellerweg‹, der alljährlich mit einem weinseligen Fest gefeiert wird, sind die meisten der historischen Objekte durch dilettantische Umbauten erbärmlich verstümmelt.

Aber wer sich quer durch die dörfliche Einheitsmelange aus genormtem Rauhputz und Gartenzwerg-Idyll bis an den Rand des alten Ortskerns vorwagt, trifft völlig unerwartet auf ein Musterbeispiel des ›Neuen Bauens‹: das neue Bürgerhaus von Guntersblum. Dieses Haus besinnt sich ohne jede Anbiederung auf regionalistische Tradition und schreibt zugleich die Architekturgeschichte der

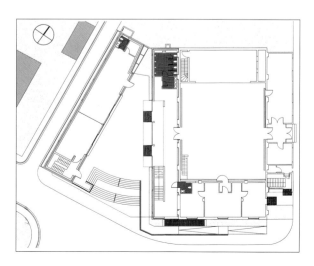

Grundriß Erdgeschoß

klassischen Moderne fort. Mit seinem sichtbaren Betonskelett und der Ausfachung in Glas und Bruchstein zitiert es zum einen ganz frühe Beispiele des ornamentlosen, klar gegliederten Industriebaus; zum anderen kokettiert es mit dem spröden Charme der ›pädagogischen Provinz‹, den die nüchternen Schulbauten im Nachkriegsdeutschland repräsentierten. Die Architektur des Bürgerhauses gibt sich durchaus selbstbewußt, aber es gelingt ihr, sich zwanglos in die kleinteilig strukturierte Wohnbebauung der Umgebung einzufügen. Das gefürchtete Fremdkörper-Syndrom ist hier ausgeblieben, und alles wirkt so, als wäre es schon immer dagewesen: ein schlichtes Haus für die kleinen und großen Feste in einem Dorf. In dieser bewußt zelebrierten Schlichtheit liegt die Stärke des Hauses, denn es gelang dem Architekten Turkali, mit einfachen Mitteln ein einprägsames Bild zu schaffen. Assoziativ steigen zugleich andere Bilder der Erinnerung auf: In der Semantik der Fassade und der strukturellen Grammatik des Grundrisses lebt Le Corbusiers Fabrik Duval in St.-Dié (1946) wieder auf, und natürlich ist da sofort das wunderschöne Bild von Herzog & de Meurons ›Steinhaus‹ in Tavole (1982).

Dieser Glücksfall für Guntersblum begann ganz profan: Die Gemeinde wollte ihre alte Turnhalle aus dem Jahre 1929 umbauen und mit einer öffentlichen Bücherei sowie diversen Veranstaltungsräumen erweitern. Die Turnhalle, ein technisch und funktional völlig veralteter ›Saalbau‹, war historisch sicherlich kein bedeutsames Objekt. Aber für Guntersblum war dieser Zweckbau ein Haus mit Erinnerungswert. Turkalis sensibler Entwurf trug dieser emotionalen Prämisse Rechnung: Er nahm den scheunenartigen Altbau zum Ausgangspunkt und schuf mit ihm ein zweiteiliges Ensemble (Büchereitrakt und erweitertes Bürgerhaus), das in seiner Mitte einen fächerförmigen Platz birgt. Durch den Niveauunterschied zwischen Platz und Straße läßt sich die Form dieses ›Zwischenraumes‹ deutlich ablesen. Gleichzeitig wird die Treppe dadurch zu einem plastischen Element – eine Analogie zu den strengen Bildkonstellationen der Konkreten Kunst.

Der Entwurf kennt keine tümelnde Giebeldachromantik, und es wird auch nicht versucht, die Altsubstanz bis zur Unkenntlichkeit einzuarbeiten. Der Bruch ist Programm: Hier ist das Alte, hier das Neue! Beide Elemente verbinden sich souverän ohne lästige Aufgeregtheit in reizvoller Symbiose. Von außen hat sich die alte Turnhalle wenig verändert. Sie hat sogar ihre niedrigen Anbauten nach Osten hin behalten dürfen und präsentiert sich lediglich mit frischem Make-up: ein weiß gestriche-

Gesamtansicht

ner Putzbau mit roten Fensterlaibungen und neuen Ziegeln auf dem Satteldach. Das Innere wurde allerdings einem gründlichen Lifting unterzogen, denn vor dem Umbau betrat man den Saal quasi ›durch die Küche‹. Diese mangelhafte Situation korrigierte Turkali mit einem Kunstgriff: Vor die gesamte zum Platz hin orientierte Breitseite der Turnhalle stellte er einen schmalen Kubus mit Foyer, Bar und Versorgungstrakt. Die strenge Geometrie des Stahlbetonskeletts in der Fassade korrespondiert spannungsvoll mit der lebendigen Tönung und der unregelmäßigen Struktur des Bruchsteinmauerwerks. Der Haupteingang besticht durch eine verblüffend einfache Lösung: Mehrere ins Stahlbetonraster gesetzte Glaselemente öffnen das Haus über die gesamte Geschoßhöhe. Ein kleines Vordach markiert das Entree. Im Innern des lichtdurchfluteten Foyers regiert der Geist der Bescheidenheit: Die Wände sind weiß und der lebhaft in Braun- und Grautönen gemusterte Steinfußboden ist von der strapazierfähigen Sorte, die der Volksmund sinnigerweise ›Schwartenmagen-Muster‹ getauft hat. Eine schmale, in ihren Details radikal reduzierte Treppe führt vom Foyer ins Obergeschoß zur verbreiterten Empore des Saales. Schmale Fensterschlitze zum Saal erlauben den privaten Blick von ganz oben. Im zurückhaltend ausgestatteten Festsaal ist zwar die ursprüngliche Raumhöhe noch erkennbar, doch wird sie durch vorgehängte Decken- und Wandelemente harmonisch proportioniert.

Vom Foyer des Bürgerhauses fällt der Blick auf den Platz und auf den gegenüberliegenden schmalen Gebäuderiegel mit Bücherei und Mehrzweckräumen. Dieser Teil des Ensembles wird unabhängig vom Bürgerhaus direkt vom Platz her erschlossen. Die formal modifizierte Betonskelett- und Bruchsteinästhetik betont die geistige und entstehungsgeschichtliche Zusammengehörigkeit der Objekte und legt zugleich die funktional bedingten Unterschiede offen. Im Erdgeschoß des Hauses sorgen flexible Raumteiler und raumhohe zum Platz hin orientierte Glasschiebetüren für multifunktionale Nutzung. Darüber liegt die Bücherei: Hinter der rhythmischen Gliederung aus schmalen zurückgesetzten Fensterelementen und vertikal angeordneter graublauer Holzverblendung befinden sich die Leseplätze. Durch ein schmales Fensterband direkt unter der Kante des Pultdaches erhält die Bibliothek mildes Oberlicht.

Die Rückfront des Hauses zeigt, abgesehen von einem Glasband im Sockelbereich, ein hermetisch-steinernes Gesicht. Der Baukörper nimmt die gegebene Straßenführung auf und bildet zugleich das Rückgrat des kleinen Platzes. Dieser intime Platz zwischen Bürgerhaus und Bücherei läuft im spitzen Winkel nach hinten zu – dorthin, wo sich in einem imaginären Fluchtpunkt die Kanten der beiden Gebäuderiegel treffen. Doch dieses Zusammentreffen ist rein optischer Natur, denn es bleibt ein offener Spalt: ein kleines Fenster nach Guntersblum.

Karin Leydecker

entire height and add emphasis to the main entrance. Diagonally opposite is the long, narrow building containing the library and facilities suitable for a variety of functions. The formally modified concrete and steel skeleton aesthetics of the building emphasize the strong link between the two components while at the same time revealing their functional differences. Versatile partitioning using room dividers and sliding glass doors facing onto the square ensure multifunctionality on the ground floor. The upper floor, with its rhythmically structured facade of narrow, recessed windows and vertical grey-blue wooden facing, houses the library. The rear facade of the new building is a closed wall, except for a ribbon of glass in the basecourse. The building skilfully echoes the existing street alignment and at the same time forms the backbone of the small and intimate square.

Querschnitt durch den
Neubau, den Foyeranbau
und den Altbau

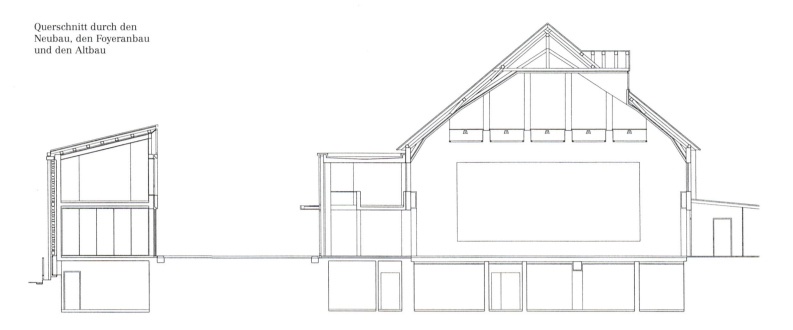

Saal

Fassade Neubau / Bibliothek.
Detail

Blick aus dem Foyer des
Anbaus auf den Platz

Fassadendetail Anbau

Fotos: Meyer und Kunz

Friedrichstadtpassagen, Berlin
1991–1996

Friedrichstadtpassagen, Berlin

Friedrichstrasse, having undergone what has been described as a "critically aware" reconstruction, is the first project to be completed in the current redevelopment of Berlin's city centre. During the last few years of the GDR, in fact, it had already been earmarked for urban renewal and, in the course of the eighties, the Friedrichstadtpalast cabaret theatre and a number of large apartment blocks were built there. A projected department store complex under the name of Friedrichstadtpassagen got no further than the structuraxl shell and was demolished after German reunification. In its place, the new Friedrichstadtpassagen have been built in the form of three major blocks by Jean Nouvel, Oswald Mathias Ungers and the firm of Pei Cobb Freed & Partners. The latter two buildings adopt variations on classical modernism, with Ungers citing the stereometry of Walter Gropius, while Pei Cobb Freed & Partners look to the expressively fluid lines of Richard Bielenberg. In contrast to these two ensembles, both of which are clad in ashlar, Jean Nouvel has created a glass building with predominantly rounded forms. Two other projects of comparable size and significance are Christoph Mäckler's Lindencorso and Philip Johnson's office building at former Checkpoint Charlie. Although Johnson's building is not yet completed, there are already signs that the original neo-expressionistic design will be pared down considerably. Mäckler's Lindencorso is a successful attempt to mediate between the city's neo-classicist tradition and the Berlin expressionism of Erich Mendelsohn. The other buildings are more or (all too often) less acceptable examples of sensitive develop-

Boulevard der Dämmerung
Die neue Friedrichstraße

Lange war nach der Teilung Berlins die Friedrichstraße nicht nur realiter, sondern auch den Phantasien eine Grenze. Im Osten weckte ihr Name Skepsis, im Westen Nostalgie. Auf der einen Seite der Mauer stand sie für die klassenspalterische Luxus- und Vergnügungssucht des Wilhelminismus und der zwanziger Jahre, auf der anderen für Berlins verlorenen Glanz. Mit den Jahren näherten sich die Gegensätze einander an. Drüben mäßigte die Anerkennung für städtebauliche Leistungen der Gründerjahre den Haß, hüben setzte sich die Erkenntnis durch, daß das Gold der ›Goldenen Zwanziger‹ gelegentlich Talmi gewesen war. Im Vorfeld der geteilten 750-Jahrfeier Berlins herrschte dann Einigkeit im differenziert verklärenden Geiste: Die DDR beschloß zum Jubiläum, den historischen »Großstadtboulevard« mit sozialistischen Korrekturen wiedererstehen zu lassen, die Bundesrepublik schaute wohlwollend zu.

Das Ausgangsmaterial der Rekonstruktion war spröde. Zwischen Bombenbrachen standen inselartig Geschäftshauszeilen des Historismus und der Jahrhundertwende. In Richtung Checkpoint Charlie wuchtete der marmorverkleidete Kubus des ›Hauses der sowjetischen Wissenschaft und Kultur‹. Am Bahnhof Friedrichstraße erhob sich seit 1978 das Internationale Handelszentrum, eine auf den Boden der Tatsachen geholte, immerhin weiß gerahmte Betonverwirklichung von Mies van der Rohes kristallinem Wolkenkratzer, der 1921 einige Schritte weiter hätte entstehen sollen.

Mit systembedingter Konsequenz und Schnelligkeit vollzog sich der Wandel zum Großstadtboulevard der DDR: 1984 wurde der neue ›Friedrichstadtpalast‹ eröffnet, ein Revuetheater aus Fertigteilen mit ein wenig spießigen Jugendstil-Zitaten. Den Verlust von Poelzigs expressionistischem Großen Schauspielhaus, das zugunsten des Neubaus abgerissen worden war, vermochte die anämische Plattenbau-Fröhlichkeit nicht annähernd auszugleichen. Auf Berlins Glanz-und-Gloria-Epoche – der Flitter der Varietés und die Demimonde der Kaisergalerie inbegriffen – nahm ab 1987 das neue ›Grand Hotel‹ ausdrücklich Bezug. Die Montage der vorgefertigten Fassade geriet so perfekt, daß erst nach genauem Hinsehen die real-sozialistische Herkunft der wilhelminisch pompösen Pilaster, Kolonnaden und Baluster-Regimenter deutlich wurde.

Die Fixierung auf industriellen Fertigbau erlaubte nur in Ausnahmefällen, historische Bauten zu restaurieren. War dies der Fall, ging man bemerkenswert sorgfältig vor. Doch selbst die Plattenbau-

ten trugen der Besonderheit des Ortes Rechnung: In Höhe der Weidendammbrücke und der Max-Reinhardt-Straße entstanden riesige Wohnblöcke, die mit Vor- und Rücksprüngen, auskragenden Ecken und Mansarddächern recht und schlecht die Maße und Formen der übriggebliebenen Gründerzeitbauten aufnahmen.

Der letzte Höhepunkt des wiederhergestellten Boulevards, der zwischen Jugendstil, Art déco und viktorianischem Patchwork schwankende Plattenbaukoloß ›Friedrichstadtpassage‹, blieb auf halber Strecke liegen. Ihn überholte die Wiedervereinigung. Auch der Blick, den das wiedervereinte Berlin und seine Architekten auf die Friedrichstraße warfen, war ein Rückblick. Neben die Gründerjahre traten nun die zwanziger Jahre und ihre weltstädtische Moderne als Inspirationsquelle; Mendelsohn, Mies, Gropius. Geeint unter dem aufgefrischten IBA-Motto der »kritischen Rekonstruktion« und gesichert vom Drang der Investoren, landeten die ökonomisch und ideologisch vom DDR-Bauen weit entfernten Projekte typologisch genau dort, wo das Regime aufgehört hatte: Wieder kündeten Beschlüsse, Wettbewerbsentscheide und schließlich Bautafeln vom »Berliner Flair«, vom Wiederauferstehen des glitzernden Boulevards und der legendären Metropole.

Wesentliche Teile der neuen Friedrichstraße sind inzwischen fertiggestellt, und einiges läßt auf den ersten Blick an eine gelungene kritische und poetische (so einst das zweite Eigenschaftswort, das Josef Paul Kleihues zu IBA-Zeiten eingeführt hatte) Rekonstruktion glauben. Den Auftakt bildet an der Kreuzung Unter den Linden Christoph Mäcklers neuer Lindencorso. Der Bau ist massig und bietet mit seiner gequaderten Eckwand, die von einer hochrechteckigen Arkadenöffnung durchstoßen wird, ein Tor zum Boulevard dahinter. Die Weite der Kreuzung mildert das gigantische Volumen des Ganzen, die kompakte Großform stellt dem wuchtigen Grand Hotel gegenüber das nötige Gegengewicht. Sensibel hat Mäckler die Fassaden ihrer jeweiligen Umgebung angepaßt: Unter den Linden Dignität, längs der Friedrichstraße aufgelockerte Warenwelt, an der Rosmarinstraße Eingehen auf Berliner Mietshausfronten.

Den ersten Eindruck beherrscht Preußisches: Entlang der Linden dominiert ein Stakkato aus Vierkant-Pfeilern. Mit ihm, samt den liegenden Rechteckfenstern des Zwischengeschosses und den stehenden der drei Hauptgeschosse sowie der penibel gefugten Sandsteinverkleidung werden das Gleichmaß, der sparsame Schmuck und die Strenge des sogenannten preußischen Klassizismus evoziert. Diesem Begriff, der im Berliner Stilstreit zur

Worthülse verkommen ist, gibt Mäckler mit seiner subtilen Verarbeitung berlinisch-preußischer Motive wieder Inhalt.

Im Detail zeigt sich dann die Verbindung mit der Klassischen Moderne. Denn die rückspringenden drei Zusatzgeschosse über dem Traufgesims tragen deutliche Züge von Erich Mendelsohns Berliner Mosse-Haus. Wie dort widerstreiten Dynamik und Beharren in kräftigen, schräg nach außen geneigten Fensterlaibungen und Simsen. Auch Mendelsohns Kunst, die militärische Schnittigkeit des Futurismus in mondäne großstädtische Lässigkeit zu überführen, ist vorhanden. So gelingt Mäckler ein heikler Balanceakt zwischen fordernder und sich selbst dementierender Würde, zeremoniöser Warenästhetik, wie sie die im Lindencorso angesiedelten Läden verlangen und der Förmlichkeit des französischen Kulturzentrums, das hier residieren wird.

Ähnlich beeindruckend handhaben **Pei Cobb Freed & Partners** bei ihrem Block der Friedrichstadtpassagen die Vorbilder der Klassischen Moderne. Ihre Fassade flimmert und zuckt wie frühe Wochenschauen. Doch wird der Charleston der Einzelteile gebändigt durch ein strenges Grundraster, das alles im Zaum hält. Dieses Gestaltungsprinzip wiederholt Richard Bielenbergs und Josef Mosers 1931 eingeweihten Tauentzienpalast. Auch der Grundkontrast zwischen messinggefaßten Fensterbändern, die die Fassade aufbrechen, und Travertin, der sich den gläsernen Furchen fügt, ist dem modernen Vorbild entnommen. Zur Chiffre des Heute wird ›Block 206‹ durch den Schnellauf der zugespitzten Schrägen, die in dichten Abständen aus der Fassade vorspringen. Ihre Staffette läßt an die blitzschnell wechselnden, aggressiven Computersimulationen denken, die virtuelle Bauwelten als Vorschein und Vorbild der wirklichen präsentieren.

Berlin-Modell beim Senator für Bauen, Wohnen und Verkehr. Ausschnitt mit Gendarmenmarkt und den Friedrichstadtpassagen (Foto: Hans-Joachim Wuthenow)

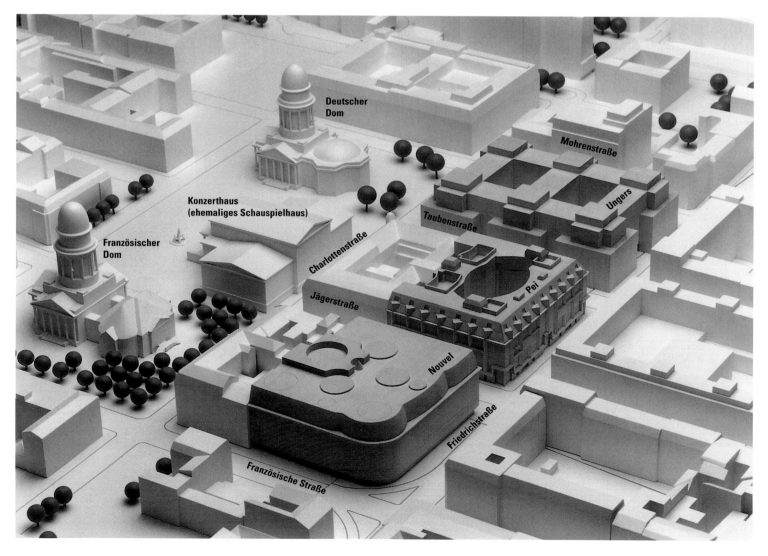

ment within original settings. Three serious urban planning errors are evident in the new Friedrichstrasse development, the most obvious of them all resulting from a special building authority exemption that waived the maximum eaves height of 22 m, allowing set-back upper floors to be built as high as 30 m. This has destroyed the proportional equilibrium of the boulevard and its surroundings, and has ignored the need to integrate the existing high quality historical buildings. Some turn-of-the-century commercial premises have become little more than facades integrated into new buildings, while others have been degraded to mere appendages, utterly overshadowed by the visual impact of the new buildings. The rather one-sided emphasis on creating offices and shops rather than cultural facilities and housing (20% instead of the originally planned 40%) is an impediment to the multifunctionality that is such an essential part of urban life.

Oswald Mathias Ungers war es, der 1989, als das Deutsche Architektur-Museum »Ideen für das Herz einer Gros(z)stadt« sammelte, dafür plädierte, Visionäre der zwanziger Jahre, von Mies bis Loos, Lissitzky bis Gropius, mit Realisierungen ihrer Entwürfe posthum zu ehren. Sein eigener Bau vermittelt zwischen dieser Moderne und ihrem Pionier im Geiste, Karl Friedrich Schinkel. Das Quadratraster seines ›Blocks 205‹ verweist auf Walter Gropius' Entwurf für den Chicago Tribune Tower. Die strikte Symmetrie und das Material, ein hell bräunlicher Sandstein, erweisen Schinkels benachbartem Schauspielhaus ihre Referenz.

Die Imposanz, die ein solches Beharren auf strikter Ordnung entfalten könnte, ist unbestreitbar. Ungers' Neigung zu markanten Volumina, seinem Beharren auf architektonischer Autonomie und die kräftigen Konturen, die den Bau in der Friedrichstraße auszeichnen, prädestinieren den Block 205 zum Markstein dessen, was man die »Renaissance des Steinernen Berlin« nennt. Die Achillesferse des Ensembles findet sich dort, wo seine Rückseite auf den Gendarmenmarkt einwirkt. Dort kontrastiert die Starre des neuen Baus zu heftig mit der anmutigen Strenge des alten. Daß Block 205 mit seinen kompakten Geschoßaufbauten über der Traufe die Silhouette des Schinkelbaus empfindlich bedrängt, ist der hiesigen Bausatzung, nicht Ungers zuzuschreiben.

Die stärksten Momente des Ungersschen Passagenbaus finden sich glücklicherweise da, wo diese Bauten auch am stärksten auf Passanten, Flaneure und Benutzer einwirken – in der Erdgeschoßzone. Mit zweigeschossig verglasten Arkaden, deren Pfeiler die Mitte zwischen Tragen und Stemmen halten, appelliert das Gebäude 205, wie es seiner Bestimmung entspricht, an das Publikum. Die Eingänge, in U-förmigen Rücksprüngen zwischen den vier Großblöcken des Gesamtbaus angeordnet, reanimieren bei aller Disziplin die flittrige Seite der zwanziger Jahre. Opak verglaste, indirekt beleuchtete Baldachine kragen in den Straßenraum vor. Gemeinsam mit dem Messinggestänge der gläsernen Entrées holen sie den Glamour zurück, der in den ›Goldenen Zwanzigern‹, von Kracauer bis Isherwood, von Murnau bis Hegemann, die Interpreten der Metropole Berlin fesselte.

Jean Nouvel ist der einzige, der die obsessive Lust am »Steinernen Berlin« ignoriert hat. Seine Galeries Lafayette funkelt wie ein erstarrter Katarakt über dem Straßenraum. Die gläserne Haut der Galeries schmiegt sich der großen Fassadenkurve an der Kreuzung Friedrichstraße-Französische Straße an und folgt willig den Wogen der beiden zurückgesetzten Geschosse über der Traufe. Daß der Bau damit ein Exot unter den steinfixierten Nachbarn ist, mag man ihm nicht vorwerfen. Dergleichen gehört zu den architektonischen Schocks, die Großstädte anziehend machen. In Berlin, wo man augenblicklich zu oft auf Bautraditionen schwört, die Schinkels und Hegemanns Berlin wollen, aber nur »een Spreeathen« Bolle seligen Angedenken schaffen, erfrischt Nouvels kompromißlose Internationalität. Doch sein bei Tag undurchsichtiger, türkiskalt glitzernder Glaspalast dementiert Walter Benjamins einstige Euphorie, die modernes Bauen als das »Kommende im Zeichen des Transparenten« und damit Symbol der Demokratie willkommen hieß. Auch Nouvel sprach von den Utopien der gläsernen Brücke. Er hat sie nicht verwirklicht, oder wenn, dann nur als Versprechen, die ihre Uneinlösbarkeit auf der Stirn tragen.

Die Innenarchitektur der Galeries Lafayette hat inzwischen Furore gemacht. Niemand will den Blick in die saugende Tiefe des inneren Lichtschachts versäumen, der als gigantischer umgekehrter Trichter Raumsensationen so dramatisch und vulgär inszeniert, wie es sich für Einkaufspaläste ziemt. Auch die übrigen schon genannten Ensembles bieten Überdurchschnittliches; Glaskuppeln wie Schneekristalle, expressive Binnen- und Lichthöfe, dramatisch fluchtende oder sich windende Treppen, Marmor, Granit, Intarsien. Seit Hans Holleins Läden, die Ende der siebziger Jahre die hiesige Postmoderne einleiteten, ist innenarchitektonisch nicht mehr so mitreißend szenisch gearbeitet worden.

Aus diesem Blickwinkel rechtfertigt es sich, daß man die betulichen Friedrichstadtpassagen der DDR im Rohbau abgerissen hat. Der zweite Pluspunkt, den die jetzige Bebauung gegenüber den sozialistischen Projekten aufzuweisen hat, ist die Schonung der Altbauten. Sie war bei den ehedem üblichen Montageverfahren nur ausnahmsweise möglich. Einige, wenn nicht viele der historischen Bauten hätten notgedrungen dem Neuen weichen müssen. Die diesbezügliche Elastizität westlichen Bauens scheint der Hofgartenblock zu beweisen. Dort haben unter der Leitung von Josef Paul Kleihues die in Berlin vielbeschäftigten Architekten Hans Kollhoff, Jürgen Sawade und Max Dudler einen architektonischen Verbund aus Neubauten und geschonten Relikten gestaltet. Die neuen Trakte suchen Anschluß an die Vielgliedrigkeit der einstigen Fassadenfolgen.

Und doch stellt der Hofgarten einen Kronzeugen für die mißlungene Rekonstruktion des neu-alten Boulevards. Denn die historischen Altbauten des

Blocks, die zuvor diesen Abschnitt der Friedrichstraße bestimmten, sind nun zu Karikaturen ihrer selbst geworden: Monatelang standen sie – ein spätklassizistisches Eckhaus, sein stilgleicher niedriger Nachbar sowie ein längst entdekorierter dritter Bau – als leere Fassadenhülle vor der Baugrube. Alles übrige war abgerissen worden. Dem Eckhaus sind nun zwei zusätzliche Obergeschosse aufgesetzt, rasant um die Ecke biegende Kronreife, die signalisieren, daß im Hofgarten Raumstapeln und Rentabilität das Sagen haben. Die beiden übrigen Altbauten, ebenso wie ein neobarockes Gebäude an der Schützstraße, werden von den weitaus höheren Neubauten in die Zange genommen.

Was sich an diesen Altbauten in Schutzhaft zuspitzt, bestimmt die gesamte neu-alte Friedrichstraße: Der Großstadtboulevard ist keiner, sondern er ist eine Investorenklamm. Über allem Bauen nämlich waltete jenes Gesetz des Handelns, das Senat und Bauherren ausgehandelt hatten. Es erlaubte, der traditionellen Berliner Traufhöhe von 22 Metern (der auch schon einige zugemogelt waren), zusätzliche 8 Meter in Gestalt zweier zurückgesetzter Geschosse aufzusetzen. Der Effekt ist erschlagend. Wie zuvor das sowjetische Wissenschafts- und Kulturzentrum als gebauter Totalitarismus überragen nun die Neubauten als Architektur gewordene Rentabilitätstabellen das bisherige Niveau. Mit ihnen ist die Friedrichstraße gleichsam aus der Hüfte verrenkt. Es wird lange dauern, bis die bauästhetischen und stadtplanerischen Wunden vernarbt sind.

Die restlichen Neubauten in der Friedrichstraße sind Lückenfüller. Nun muß dies keineswegs eine zweitrangige Aufgabe sein. Im Gegenteil, der sinnvolle Vorsatz, Berlins Mitte kritisch zu rekonstruieren, bedingt Lückenfüllen. Wieviel Einfühlungs- und Aufnahmevermögen dies von Architekten verlangt und wieviel sie aufzubringen bereit sind, belegt das Projekt Kontorhaus Mitte. Vittorio Magnago Lampugnani sprach für alle dort Beteiligten, als er 1993 die Pauschalschelte, man praktiziere und produziere in Berlin-Mitte architektonischen Neokonservatismus, mit der Frage zurückwies, ob die stürmischen Kritiker wüßten, welche Disziplin und Sorgfalt es erfordere, Fassaden und Baukörper nur mittels Proportionen, Maßen und Materialwahl zu Bauwerken zu einen, die ohne Historismen zwischen Alt und Neu, Tradition und Moderne vermitteln. Sein Beitrag zum Kontorhaus Mitte, der mit Sandsteinverkleidung klassizistisches Air ausstrahlt und mit grauem Stahl sowie klar gegliederten Fensterreihen Berlins prägende Industriearchitektur verarbeitet, genügt den Anforderungen der »Neuen Einfachheit« und dem viel

beredeten »Bauen im Bestand«. Auch Kleihues, Klaus Theo Brenner und Walter Stepp bemühen sich in ihren Beiträgen, der ehemaligen Berliner Synthese aus Einheit und Vielfalt gerecht zu werden. Denn die Vielfalt gibt wider Willen zu erkennen, daß man die monofunktionelle Nutzung des Kontorhaus Mitte kaschiert hat.

Der einstige Großstadtboulevard, auf den alles im wiedervereinigten Berlin so gebannt starrt, wird sich wohl kaum zurückholen lassen. Das pulsierende Leben der Friedrichstraße beruhte auf einer ungeplanten, aber perfekten Nutzungsmischung. Einzelhandel, Klein- und Amüsierbetriebe, Restaurants, Bars, Verlage, Büros und Wohnungen koexistierten. Der Torso des Boulevards, in dem man sich zu DDR-Zeiten eingerichtet hatte, setzte bei aller Tristesse diese Vielfalt fort. Auch die Neubaumaßnahmen der achtziger Jahre waren ihr verpflichtet: Wohnen, Revue, Warenhaus und selbst Einzelhandel waren gleichberechtigte Ziele.

Wo sie verwirklicht wurden, lebt die Friedrichstraße auch heute. Hinter der Weidendammbrücke in Richtung Oranienburger Tor zum Beispiel. Dort verbinden sich Mietshäuser und Plattenbauweise ästhetisch holprig, aber funktional hervorragend mit dem Altbaubestand und haben kleine Läden, Kneipen und Restaurants die Wende überlebt oder gar von ihr profitiert. Daß der Friedrichstadtpalast und das Operettentheater Metropol ums Überleben kämpfen, hat nichts mit ihrem Standort zu tun, sondern mit den Krisen, die augenblicklich die gesamtkulturelle Situation der Bundesrepublik kennzeichnen. Die Lebenskrise der neuen Friedrichstraße ist dagegen hausgemacht: Wo das Schaffen und Anbieten von Büroraum alle anderen Nutzungsmöglichkeiten zu Randphänomenen schrumpfen läßt, wo statt avisierter 40 Prozent Wohnraumbebauung allenfalls 20 Prozent realisiert wurden, nur Ladenketten statt der erhofften exklusiven Läden die Mieten zahlen können, kann sich nur schwer urbanes Leben entfalten.

Dieter Bartetzko

Block 205	**Oswald Mathias Ungers**
	mit Karl-Heinz Winkens und Sebastian Klatt
Mitarbeit	Robert Beyer, Hugo Daiber, Angela Leonhardt, Tobias Scheel, Birgit Schindler, Tanya Trevisan, Martin Weißer

Ansicht Ecke Friedrich-
straße – Mohrenstraße

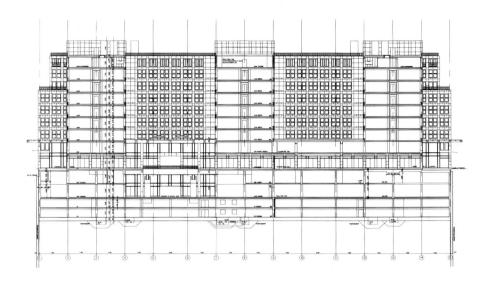

Schnitt Friedrichstraße –
Charlottenstraße

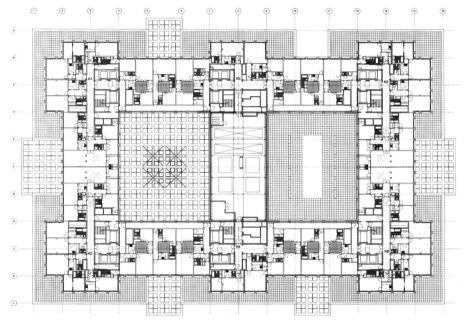

Grundriß 8. Obergeschoß

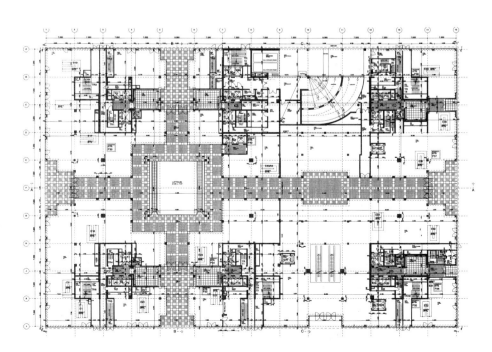

Grundriß Erdgeschoß

Aufzug

Eingang an der Charlottenstraße

Blick in das zentrale Atrium

Foyer

Fotos: Stefan Müller

Block 206   **Pei Cobb Freed & Partners**
Henry N. Cobb, George H. Miller, Michael D. Flynn,
Theodore J. Musho, Brian P. McNally, Fritz Sulzer,
Peter Thurlimann

Mitarbeit   Alan Gordon, Michael Rose, Laureen Vivian, Jacque-
line Thompson, John Perkins, Theodore G. Musho,
Georg Jell, Ivan Kreitman, William Collier, Suzanne
Musho

Ansicht Friedrichstraße
(Foto: Jochen Helle)

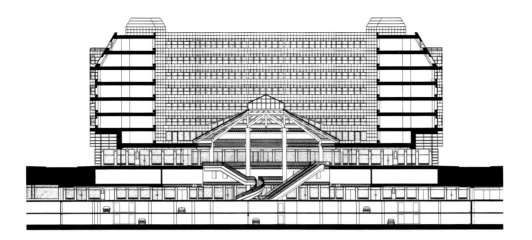

Schnitt Jägerstraße –
Taubenstraße

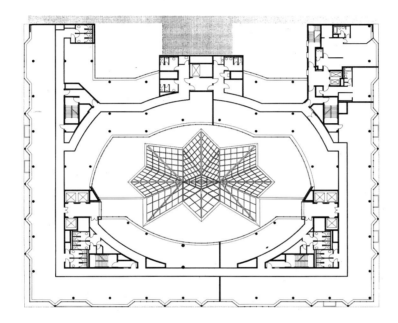

Grundriß 2. Obergeschoß

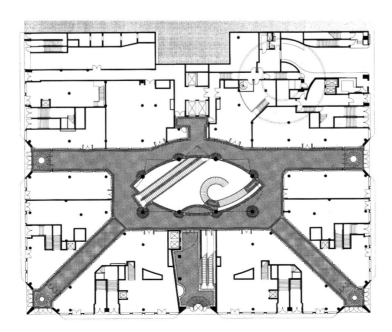

Grundriß Erdgeschoß

Blick aus der Charlotten-
straße auf die Fassade zur
Jägerstraße
(Foto: T. J. Musho/PCF & P)

Spiegelbild des Französi-
schen Domes in der Fassade
zur Jägerstraße
(Foto: T. J. Musho/PCF & P)

Atrium   ▷
(Foto: PCF & P)

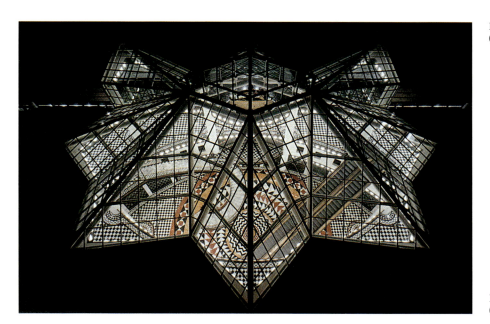

Dach des Atriums
(Foto: PCF & P)

Lichthof über dem Atrium
(Foto: PCF & P)

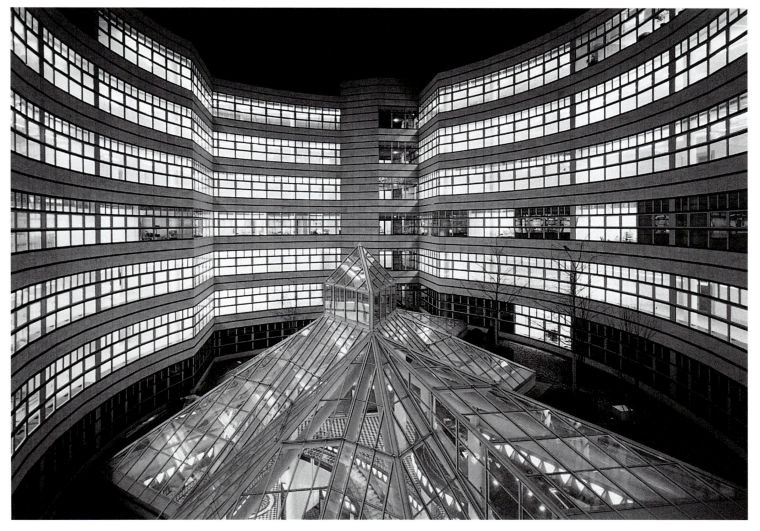

Block 207   **Jean Nouvel**

Projektleitung   Barbara Salin, Laurence Daude, Judith Simon, Viviane Morteau

Mitarbeit   Olga Bauer, Franca Comalini, Hiram Duyvestijn, Stacy Eisenberg, Saïd Fahrat, Vincent Hubert, Wolfgang Keuthage, Walter Kruse, Wolfgang Kruse, Xavier Lagurgue, Jean-Louis Maniaque, F. Marzelle, Nathalie Miegeville, Frédéric Neubauer, Mathias Raasch, Christina Sewerin, Judith Simon, Alexandre Vaucher, Niki Van Osten, Nicole Weber, Beth Weinsten

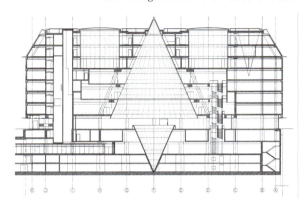

Schnitt Jägerstraße – Französische Straße

Ansicht Ecke Französische Straße –
Friedrichstraße (Foto: Dieter Leistner)

Grundriß Erdgeschoß

Grundriß 6. Obergeschoß

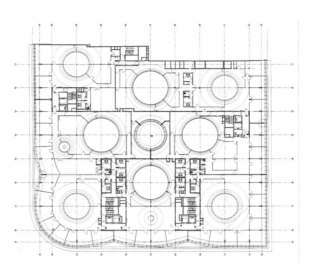

Blick in den Lichthof
(Foto: Dieter Leistner)

Kegelunterspitze
(Foto: Philippe Ruault)

Kegelunterspitze   ▷
(Foto: Philippe Ruault)

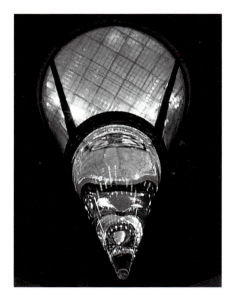

Obere Spitze des großen Lichtkegels
(Foto: Dieter Leistner)

Projekte
Projects

Stephan Braunfels **Pinakothek der Moderne, München**

Mitarbeit   Gabriele Neidhardt (Wettbewerb, Entwurf,
Ausführungsplanung), Mathias Wichmann, Jürgen
Mrosko (Entwurf), Sven Krüger, Christian Müller,
Jutta Braun, Ulrich Rumstadt, Michael Poplawski,
Alfons Lenz, Uwe Koch, Dagmar Adams, Aika
Schluchtmann (Entwurf, Ausführungsplanung)

Realisierungswettbewerb 1992, 1. Preis

Entwurf und Ausführungsplanung 1992–1996

Solitär wider Willen

Ein Solitär in der durchgrünten Maxvorstadt wie
die Einzelbauten der Alten und Neuen Pinakothek?
Ja, aber auch ein geschlossener Blockrand zur
Stadt hin, der das Hauptgebäude in den Hinterhof
verbannen wird. Erst dieser zweite Bauabschnitt,
sollte er denn gebaut werden, wird die eigentliche
steinerne Fassade und den harten Kontrast zum
lichten Eingangstrichter an der Ecke zur Stadt bilden.

Ein rechteckiger Block im Straßenraster der klassizistischen Vorstadt wie die umliegenden Instituts-
gebäude? Ja, aber auch diagonal durchschnitten,
um die unregelmäßig radiokonzentrische Struktur
der Münchner Altstadt in die Maxvorstadt zu überführen.

Ein geschlossener, symmetrischer Baukörper?
Mit seinem kreuzförmigen Grundriß, den betonten
Mittelachsen und seiner zentralen Rotunde sicherlich. Aber auch an zwei Ecken angeschnitten, aufgelöst, das Dach nicht mehr von Wänden, sondern
von Stützen getragen.

Alle Funktionen unter einem Dach? Bei einer
durchgängigen, einheitlichen Dachkante und einer
zentralen Erschließung gewiß. Doch wird sich ein
Teil der Sammlung auch im anderen Haus des zweiten Bauabschnitts befinden, und es gibt sogar ein
Haus im Haus, das die Dachplatte durchstößt: das
Café.

Vier verschiedene Sammlungen gilt es unterzu-
bringen: Das Architekturmuseum der Technischen
Universität erreicht man wie die Staatliche Graphi-
sche Sammlung von der Rotunde aus im Erdgeschoß, zur Neuen Sammlung mit ihren Design-
stücken wird man über einen Treppentrichter in die
Tiefe des Untergeschosses gezogen, und die Staatsgalerie moderner Kunst empfängt wahlweise über
eine zweite Treppe zur klassischen Moderne oder
die gegenüberliegende Monumentaltreppe zur zeitgenössischen Kunst im ersten Stock. Doch nicht
säuberlich getrennt sind die Bereiche, sondern mit
Sonderausstellungsräumen im Erdgeschoß, mit

einem gemeinsamen Ausstellungsraum in der
Rotunde und durch räumliche Beziehungen um und
durch die Rotunde miteinander verbunden.

In den Ausstellungsbereichen gruppieren sich die
Räume zu Clustern, die durch Versorgungszonen
voneinander getrennt sind. Wie die Insulae einer
antiken Gründungsstadt um Cardo und Decumanus
fügen sie sich in ein Achsenkreuz, das zwar als
ständige Orientierungshilfe wirksam sein soll, ohne
aber seinerseits das Gebäude bis zu seinen Rän-
dern zu durchmessen. Um dieses zentrierende
Erschließungskreuz, das wie die zentrale Rotunde
in der Tradition des Museumsbaus schon von selbst
gerechtfertigt erscheint, bildet sich eine Vielzahl
von Raumbeziehungen: Raumpaare stehen neben
langen Enfiladen, die wiederum von Diagonal-
erschließungen durchkreuzt werden.

Im Obergeschoß gänzlich als Tageslichtmuseum
mit einer offenen Rasterdecke eingerichtet, dienen
die Räume mit ihren abstrakt weißen Wänden
und ihrem grauen Estrichboden einzig der Kunst.
Eigenen Kunstanspruch erhebt dagegen die Zu-
gangszone mit ihren das Gebäude diagonal durch-
schießenden Raumkeilen, die ihrerseits durch gewaltige Treppen wieder in die Schräge gelegt sind.

Und die Fassade schließlich: Einerseits zwischen
den gläsernen Rücksprüngen der Versorgungszonen als abstrakte Flächen angelegt, an denen die
Schalungsfugen des vor Ort gegossenen Betons die
Wandflächen des Obergeschosses mit den Fenster-
flächen des Erdgeschosses zu einer schwebenden
Einheit à la Tadao Ando verbinden sollen, um den
Eindruck einer instabil durchfensterten Sockel-
zone zu vermeiden. Andererseits als angeschnit-
tene und aufgebrochene Räume à la Axel Schultes
verstanden, vor denen eine rhythmisierte Rund-
stützenreihe die innere Aufteilung nach außen
transportiert. Und diese divergierenden Fassaden-
zonen verbunden durch ein einheitliches Band aus
quadratischen Fenstern, hinter denen sich teilweise zwei Bürogeschosse verbergen.

Zu welchem Ergebnis solch skrupulöses Abwä-
gen zahlreicher Ideen und Ansprüche führen und
welcher Eindruck zwischen eklektischer Kargheit
und bescheidener Monumentalität entstehen wird,
kann das Museum nun bald selbst zeigen: Nach
vierjährigem Projektieren wird jetzt gebaut.

Wolfgang Sonne

**Pinakothek der Moderne,
Munich**

This is a freestanding building amidst the green spaces
of Munich's Maxvorstadt,
along the lines of the Alte
Pinakothek and the Neue
Pinakothek. Yet it is one that
also presents a closed frontage towards the city, relegating the main building to
the back yard, as it were.
Indeed, it is this second construction phase, if it is built
at all, that will form the
actual stone facade in sharp
contrast to the light and
spacious funnel-shaped
entrance at the corner facing the city centre.
The building forms a rectangular block in the street grid
of this urban district, as do
the other institutional buildings nearby. Yet it is also
bisected diagonally in a way
that transposes the irregular,
radial structure of Munich's
historic centre to this newer
district.
Is it a self-contained, symmetrical building? It has a
cruciform groundplan, distinct central axes and a central rotunda. Yet it is also
cropped at two corners,
breaking down the first
impression: its roof sup-
ported by columns rather
than walls.
It is a building that unites all
its facilities under one roof,
with a central foyer area. Yet
part of the collection will
also be located in another
building to be erected in the
second construction phase
and there is even a house
within a house that pierces

Wettbewerbsmodell
(Foto: Henning Koepke)

through the roof plane: the café.

Four very different collections focusing on twentieth century culture are to be housed here: the Architektur Museum der Technischen Universität and the prints collection are situated on the ground floor, with access via the rotunda. The Neue Sammlung with its design collection is on the basement floor, reached by a stairway that seems to draw the visitor down into the depths like a vortex. The Staatsgalerie moderner Kunst, on the first floor, can be reached either by a secondary stairway leading to the collection of classical modernism or by the main, monumental stairway opposite, that leads to the collection of contemporary art. The different areas are not clearly separated, but are linked with the temporary exhibition spaces on the ground floor, the common exhibition space in the rotunda and each other through the spatial interaction around the rotunda. In the exhibition spaces, the rooms are grouped in clusters separated by service zones. Just as the insulae of a Roman town are grouped around the intersection of cardo and decumanus, the rooms in the new museum building are grouped around an axial crossing that is intended as a constant point of reference, without traversing the building from edge to edge. Around this central crossing, which seems as self-evident as the traditional central rotunda of museum architecture, we find a number of different spatial correlations: rooms

Perspektive Haupteingang
Stadtseite (2. Bauabschnitt)

Grundriß Obergeschoß
(Staatsgalerie moderner
Kunst)

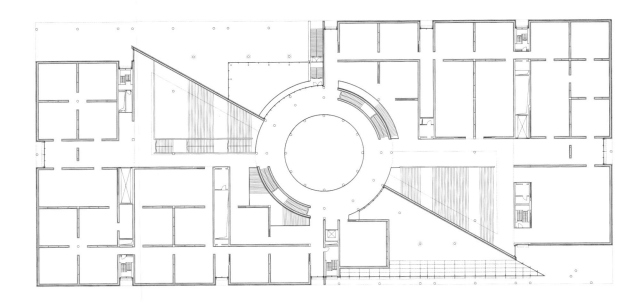

Grundriß Erdgeschoß
(Architekturmuseum,
Staatl. Graph. Sammlung)

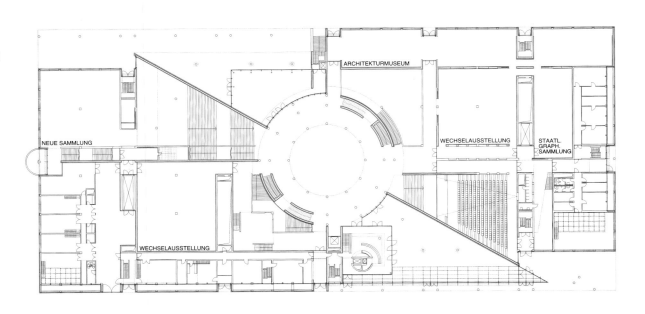

Grundriß Untergeschoß
(Neue Sammlung)

Rechte Seite

oben:
Modell, Blick in Eingangs-
bereich von Norden
(Foto: Jens Weber)

unten:
Modell, Blick in Winter-
garten von Süden
(Foto: Jens Weber)

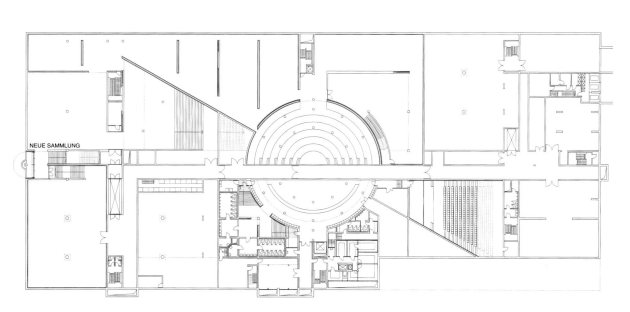

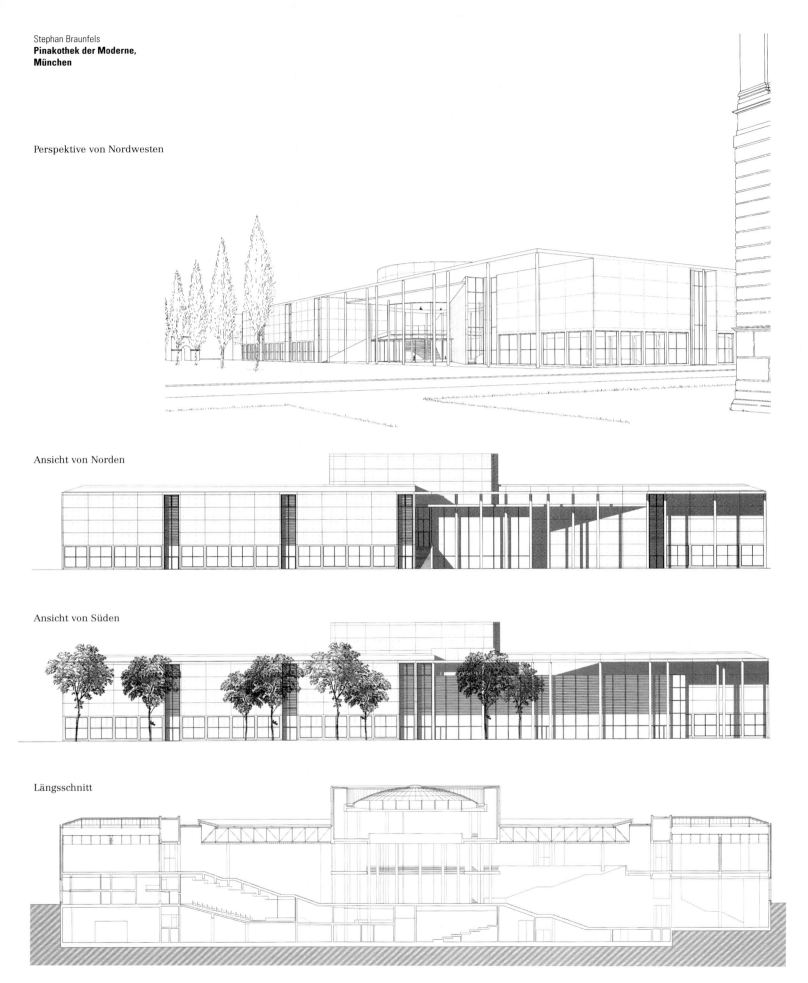

Perspektive von Nordwesten

Ansicht von Norden

Ansicht von Süden

Längsschnitt

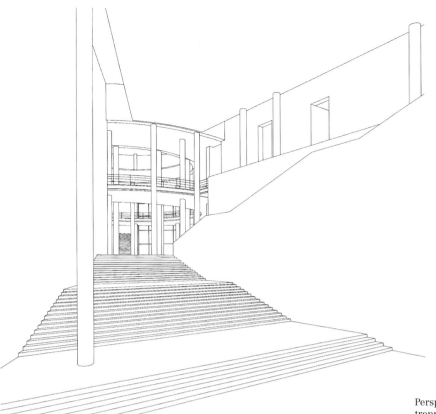

Perspektive durch das Haupt-
treppenhaus mit zentraler Rotunde

are arranged in pairs or in long flights which, in turn, are segmented by diagonal access areas.

On the top floor, with its natural daylight falling through an open gridded ceiling, the rooms with their white walls and grey flooring are dedicated entirely to art. The access zone, on the other hand, where the wedges shooting diagonally through the building are bevelled by huge flights of stairs, is a work of art in its own right. Finally, there is the facade. Designed as a series of abstract planes between the glazed returns of the service zones, the joints of the cast-in-situ concrete formwork link the wall areas of the upper floor with the windows of the ground floor, creating the overall impression of a floating entity in the manner of Tadao Ando and thus avoiding the aesthetic pitfall of a seemingly unstable, window-pierced basecourse. At the same time, we find what may be regarded as a series of cropped and broken spaces in the manner of Axel Schultes, before which a rhythmically spaced row of round columns transports the interior divisions to the exterior. These different facade zones are linked by a uniform strip of square windows, behind parts of which two office floors are concealed.

Just what such a carefully considered variety of ideas and ideals can lead to and how the resulting balance between eclectic sparseness and modest monumentality will look is something the museum will soon be able to show for itself; following a four-year planning phase, it is now under construction.

Modell, Blick in zentrale Rotunde
(Foto: Jens Weber)

157

Max Dudler **Auswärtiges Amt, Berlin**

Realisierungswettbewerb, 1. Preis
1996

German Foreign Office

The Swiss-German architect Max Dudler's winning entry in the competition to design an extension for the German Foreign Office in Berlin is an urban planning composition in the spirit of Schinkel. Situated in front of the Reichstag building, completed in 1933, it consists of two rectangular blocks, one of them reiterating the dimensions of Schinkel's Academy of Architecture. The particular urban and aesthetic appeal of this design lies in the typology of the ensemble, whose predominant architectural tone is one of Italianate neorationalism with its stone facade and windows providing natural ventilation.

Gleich wie Karl Friedrich Schinkel heute vornehmlich als ›individualité énorme‹ bewundert wird, die den barockhöfischen Regelkanon des Bauens durchbrach, betrachtet man sein letztes und für viele auch schönstes Werk, die Berliner Bauakademie, meist als Solitär, dem sich architektonisch zu nähern einer Blasphemie ähnelt. Dabei war sie historisch (sozusagen) der erste serielle, also auf Wiederholbarkeit angelegte Bau, was für Lobpreis und Wiederaufbau-Begründung auch weidlich genutzt wird. Soll an ihrem Ort zwischen (heutigem) Schloßplatz und Werderschem Markt jedoch weitergebaut werden, heißt es: Noli me tangere; rasch in die Vitrine, das gute Museumsstück. Selbst wenn es noch gar nicht wieder aufgerichtet ist.

Der Deutsch-Schweizer Max Dudler neigt nicht zu solch subalterner Idolatrie. Umgekehrt nimmt er die szenischen Städtebau-Prinzipien Schinkels als vorhandenes Gestaltungsinstrument auf und legt sie seinem Entwurf für den Erweiterungsbau des Auswärtigen Amtes in Berlin zugrunde. Der deutsche Außenminister soll künftig im ehemaligen Reichsbank-Gebäude, errichtet 1933 von Heinrich Wolff, auf dem Friedrichswerder residieren, brauchte aber für die diffizile Verwaltungsarbeit noch weitere rund 12 500 m² HNF, deren Einhausung jetzt in einem Wettbewerb geklärt wurde.

Dudler ergänzt den finster monumentalisierenden Reichsbank-Bau (über zwei Stadtblöcke!) mit zwei unterschiedlich großen Quadern. Der kleinere im Westen erhält ziemlich genau die Dimensionen der Schinkelschen Bauakademie schräg gegenüber, während der größere den Stadtraum an Spree und Schloßplatz kantig schließt. Bibliothek und (Paßamts-)Verwaltung werden darin untergebracht. Das Preisgericht (Vorsitz: Josef Paul Kleihues) lobte vor allem die »Stadtkomposition im Schinkel'schen [sic!] Sinne«. Und wirklich ist es nicht so sehr die Gebäude-, wie Dudler meint, sondern die Platztypologie vom (künftigen) Schinkelplatz im Norden der Bauakademie über den Werderschen Markt zum ›Neuen Platz‹ zwischen Alt- und Neubau bis schließlich zur Wall-Anlage im Westen (vorderhand noch Parkplatzwüstenei), die am Entwurf besticht. Die Architektur wird stilistisch vom gegenwärtig staatstragenden italienischen Rationalismus (deutscher Aneignung) geprägt; Stein, Glas, Kastenfenster mit viel Naturlicht und -luft. Die Farbe ist noch unbestimmt.

Das Preisgericht entschied für Dudler (mit 10 : 5) ungewöhnlich heterogen. Dem Vernehmen nach tendierten ›die Bonner‹ zum zweiten Preis von Müller Reimann Architekten, Berlin.

Gerwin Zohlen

Perspektive von Westen

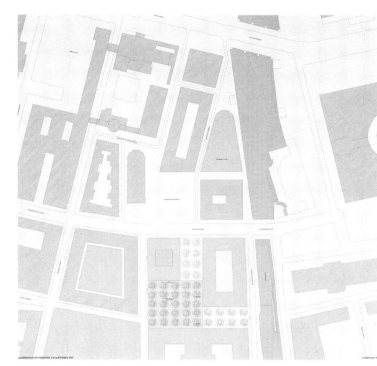

Lageplan

Grundriß Erdgeschoß

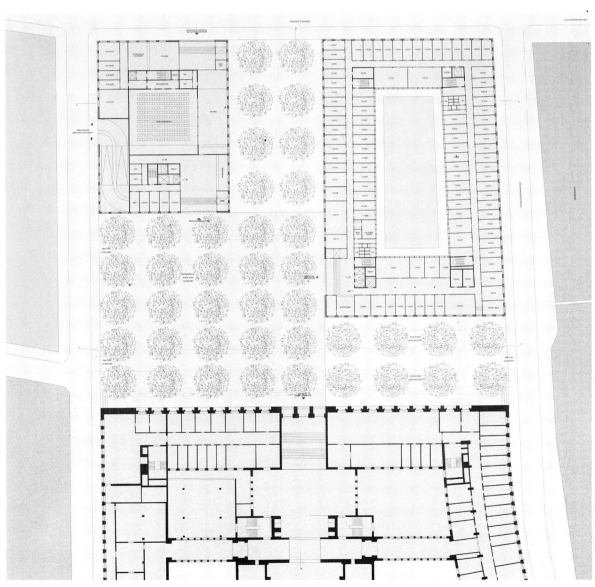

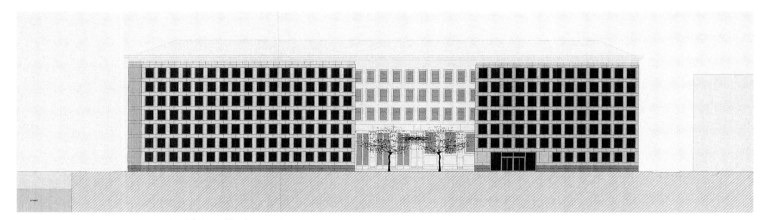

Ansicht von Norden

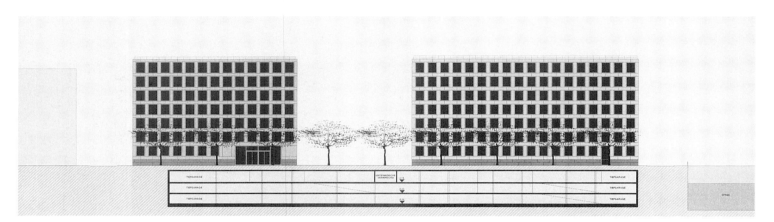

Ansicht von Süden

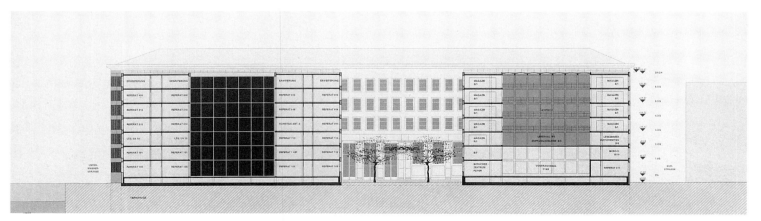

Ost-West-Schnitt

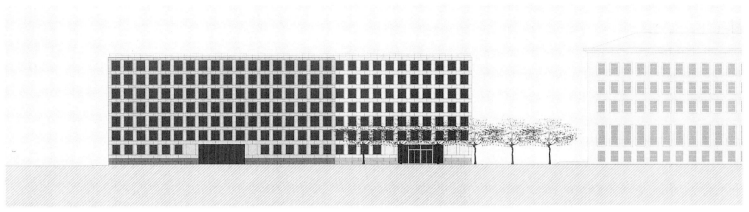

Ansicht von Westen

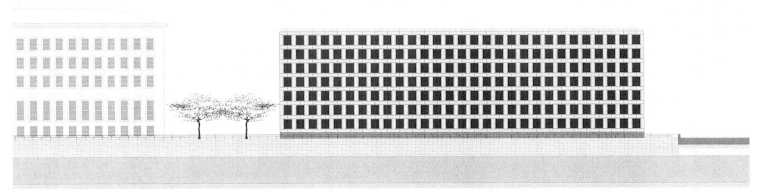

Ansicht von Osten

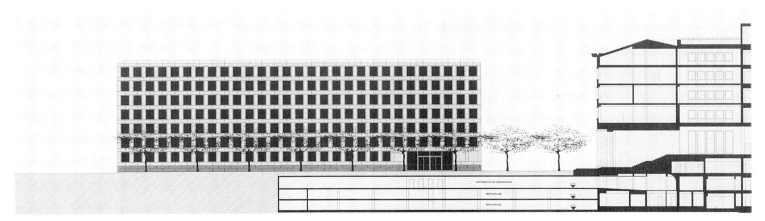

Nord-Süd-Schnitt

Jacques Herzog,
Pierre de Meuron und
Harry Gugger

Bibliothek der Fachhochschule Eberswalde

Mitarbeit

Siebdruckmotive der
Fassaden

Andreas Reuter, Yvonne Rudolf, Stefan Eicher

Thomas Ruff

Planung 1994/95, Ausführung ab 1996

College Library

Eberswalde Fachhochschule is a higher technical college consisting of a heterogeneous group of nineteenth century buildings on an almost square site with mature trees. In extending the complex by adding a seminar building and a library building, Herzog and de Meuron have taken the opportunity of developing the two open spaces at the corners of the square and thereby bracketing the site in a way that logically complements the existing buildings.

Architecturally, no attempt has been made to pander to the existing buildings – a fairly futile task in any case, given the diversity of styles. Nor have the architects sought to reinvent the library. The layout of the uncluttered, three-storey structure is as simple as it is practical. The reading places are grouped along the outer walls, while the bookshelves and service tracts are located in the interior.

As is so often the case in the work of Herzog and de Meuron, it is the facades that are the most striking feature. They consist of glass and concrete panels aligned in horizontal bands, creating the impression of three superimposed containers and thereby aptly visualising the building's actual function as a storage place for books. Unlike the average office building, however, the windows are not at eye level, but higher, providing natural

Printmedien

Die Fachhochschule Eberswalde besteht aus einer heterogenen Gruppe von Bauten des 19. Jahrhunderts, die sich auf einem baumbestandenen, annähernd rechteckigen Grundstück befinden. Die Erweiterung des Schulkomplexes um ein Seminar- und ein Bibliotheksgebäude nahmen Herzog und de Meuron zum Anlaß, die beiden Freiflächen an den Ecken des Gevierts zu bebauen und damit das Grundstück an den Enden einzufassen. Städtebaulich findet die Häusergruppe des Altbestandes somit seine logische Ergänzung.

Auf architektonischer Ebene wurde hingegen gar nicht der Versuch unternommen, sich den Altbauten anzubiedern, was bei den ohnehin recht disparaten Gebäuden nur schwer möglich gewesen wäre. Genausowenig wurde mit dem Bibliotheksgebäude der Anspruch verbunden, den Typus der Bibliothek neu zu erfinden. Der einfache, dreigeschossige Gebäudequader besitzt einen ebenso banalen wie praktischen Grundriß. An den Außenwänden gruppieren sich die Leseplätze, während

im Inneren die beiden Erschließungskerne sowie die Büchergestelle zu stehen kommen.

Das Hauptaugenmerk lag – wie zumeist bei Herzog und de Meuron – auf den Fassaden. Sie bestehen aus bündig gesetzten Glas- und Betonplatten, die zu horizontalen Bändern angeordnet sind, wodurch der Eindruck eines Lagergestells aus drei übereinandergestapelten Containern entsteht. Die Funktion des Gebäudes als Lagerhaus für Bücher findet somit seine bildliche Entsprechung. Im Gegensatz zu einem beliebigen Bürohaus sitzen die Fensterbänder jedoch nicht in Augenhöhe, sondern darüber und versorgen die einzelnen Geschosse mit Oberlicht. Die Leseplätze sind hingegen durch einzelne Fenster belichtet, die die Betonbänder durchlöchern.

Dieses Spiel mit Fensterband und Lochfassade bewirkt eine Irritation der üblichen Sehgewohnheiten, indem es eine klare Geschoßzuweisung auf den ersten Blick erschwert. Zusätzlich gesteigert wird diese Irritation dadurch, daß sowohl die Betonplatten als auch die Scheiben der Oberlichtbänder durchgehend mittels eines speziellen Siebdruckverfahrens mit Bildern bedruckt sind. Die Motive dieser Bildertapete setzen sich aus Pressefotos zusammen, die von Thomas Ruff ausgewählt worden sind. Durch diese das gesamte Gebäude umfassende Bedruckung wird neben der Verunklärung der Geschoßebenen auch eine Verschleifung der Materialgegensätze erreicht, so daß das Gebäude je nach Betrachtungsweise als uniforme Box oder als

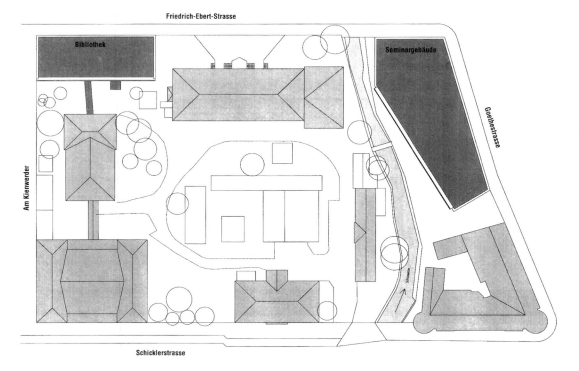

Lageplan

Fassadenplatten mit Siebdrucken von Thomas Ruff
(Foto: Herzog & de Meuron)

Modell (Foto: Herzog & de Meuron)

overhead lighting on every floor. The reading places, on the other hand, are lit directly by individual windows which pierce the bands of concrete.

This alternation between strip window and punctuated facade is rather confusing at first glance, for the individual storeys are not clearly legible. What is more, both the concrete slabs and the glass panes bear printed images, applied by a special silkscreen process. The motifs are taken from press photos selected by Thomas Ruff. The overall result is a blurring of borders between different levels and different materials, so that, seen from different angles, the building takes on the appearance of a uniform box or a system of layers and breaks. Indeed, the building is like a book — the longer one studies it, the more levels of meaning it reveals.

In this respect, the library in Eberswalde is not so much a further development of the concepts applied to the Jussieu and Cottbus library projects, but rather, represents one step further towards exploring the issue of the changing materiality of facades, their (apparent) contrast and the resulting differences in the way the building is perceived. Moreover, the design is based on a notion of the library as more than just a virtual data store, but as that which it primarily is: a place for the study of printed media.

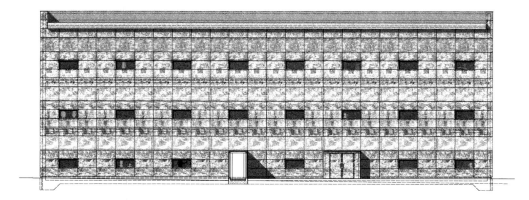

Ansicht von Süden

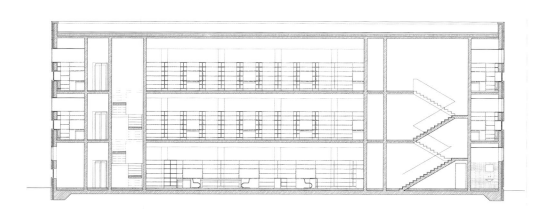

Ost-West-Schnitt

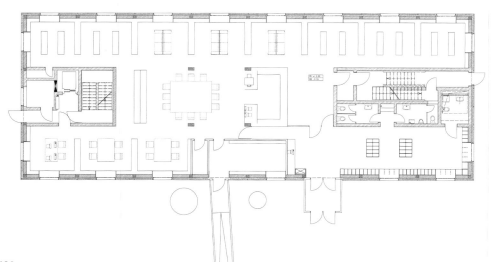

Grundriß Erdgeschoß

Ansicht von Westen

Nord-Süd-Schnitt

vielschichtiges System von Überlagerungen und Brüchen erscheint. Das Haus gleicht dabei einem Buch, das – je länger man sich mit ihm beschäftigt – zunehmend an Bedeutungsebenen gewinnt.

Die Bibliothek in Eberswalde bildet somit weniger eine Weiterentwicklung der in den Bibliotheksprojekten für Jussieu und Cottbus angedachten Konzepten als vielmehr einen weiteren Schritt in der Auseinandersetzung um die Frage der wechselnden Materialhaftigkeit der Fassaden, ihrer

(scheinbaren) Gegensätzlichkeit und der daraus resultierenden unterschiedlichen Wahrnehmung des Gebäudes. Darüber hinaus liegt dem Entwurf eine Auffassung zugrunde, die die Bibliothek nicht als flimmerndes, virtuelles Datenmagazin begreift, sondern als das, was sie neben der Datenrecherche vor allem ist: ein ruhiger Ort zum Studium von Printmedien.

Markus Jager

Peter Kulka
mit Ulrich Königs

Sportstadion Chemnitz 2002

Mitarbeit **Ilse Kurz, Christoph Schmidt**

Konstruktion **Ove Arup & Partners, London**
Cecil Balmond
Robert Lang

Wettbewerb, 1. Rang 1994

Stadionarchitektur hat eine lange Tradition. Von Griechenland und Rom ausgehend, hatte sich der Typus des Stadions über Jahrhunderte hinweg kaum verändert: ein in aller Regel oval angelegtes Gebäude mit senkrechten Fassaden nach außen, im Inneren mit ansteigenden Sitzreihen und – natürlich – ohne Dach.[1]

Erst im 20. Jahrhundert hat aufgrund neuerer technischer Möglichkeiten, etwa des Betonbaus, der Raumfachwerke und der Stahl-Binder-Konstruktionen diese Gattung einen Variantenreichtum erlebt, den frühere Jahrhunderte für unmöglich, weil unbaubar gehalten hätten. Der Bogen dieser neuen Möglichkeiten spannt sich von Luigi Nervis kühnen Betonkonstruktionen über die stützenfreien Raumfachwerke von Konrad Wachsmann und Max Mengeringhausen (Mero-System) bis zu Frei Ottos, besonders in München exemplifizierten

leichten Acrylglas-Zeltdachkonstruktionen (denen freilich Günter Behnisch ihre statische Bodenständigkeit gab) und den expressionistisch-biomorphen Raumüberspannungen eines Santiago Calatrava. Neben die technischen Innovationen aber, die die Gattung ›Stadionbau‹ revolutionierten, tritt der Versuch, die sozialen Hierarchien und tradierten Gewohnheiten der Nutzung (zum Beispiel Ränge, Tribünen, Verkehrsflächen und Überdachungen, nicht zuletzt die sozial ebenso berühmte wie gefürchtete ›Nordkurve‹) neu zu definieren.

War schon diese konstruktive ebenso wie soziologische Entgrenzung für Stadionentwürfe der siebziger und beginnenden achtziger Jahre konstitutiv und etablierte ein verändertes Anspruchsniveau der öffentlichen Auftraggeber, so kamen im Verlauf der späten achtziger Jahre nochmals erweiterte architektonische Möglichkeiten hinzu, die, weltweit entwickelt, sich durchaus zunächst in anderen Baugattungen artikulierten. So entwirft der japanische Architekt Toyo Ito seit nunmehr fast fünfzehn Jahren schwebende Dächer, sogenannte ›nomad architectures‹, allerdings bewußt für die auftrittsverliebte Klientel einer metropolitanen Diskotheken- und Bararchitektur in den Vergnügungsvierteln von Tokio. Das österreichische Architektenduo Coop Himmelb(l)au hat, ähnlich wie andere, zum

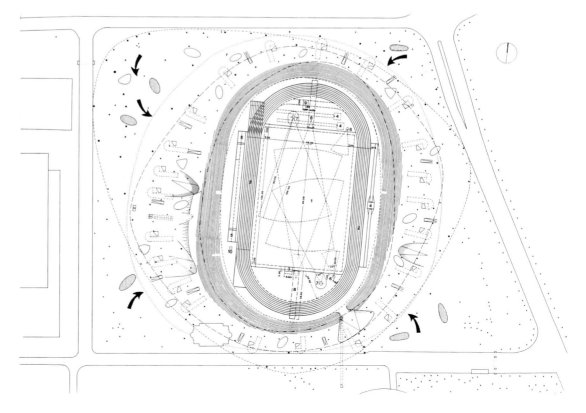

Lageplan

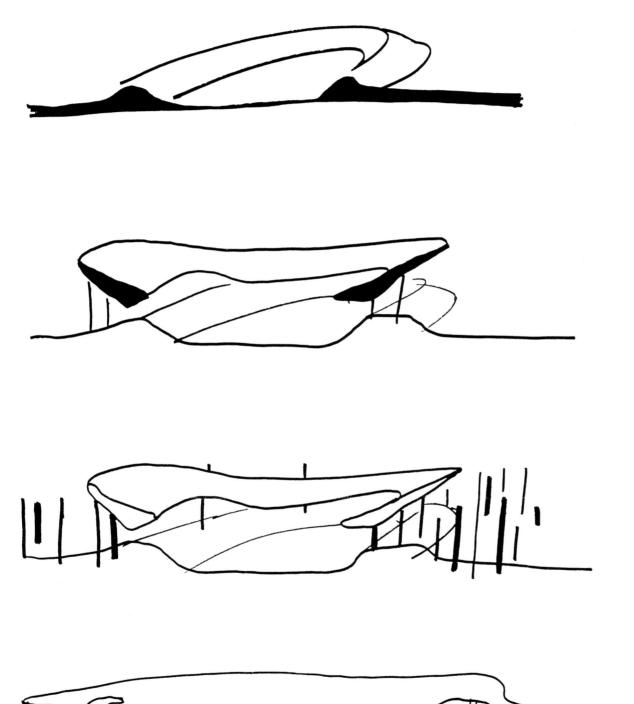

Konzeptskizzen mit den Elementen Hügellandschaft, Ringskulptur, Stützenwald und Wolkendach

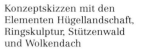

Sports Stadium Chemnitz 2002

In the 70s and early 80s, as the structural and sociological borders of stadium design shifted, the state as client began to demand new standards. Frei Otto and Günter Behnish, Toyo Ito and Santiago Calatrava were seminal influences who revolutionised the genre. Following in their footsteps, the firm of Peter Kulka and Ulrich Königs (Cologne/Dresden) has designed a stadium that breaks the traditional mould of an oval, symmetrical building with vertical outer facades, providing in its place an irregular, non-hierarchical location. The stadium consists of a "forest" of columns whose apparently random positioning is reminiscent of the jumble of sticks in a game of jack-straws, supporting an equally irregular roof-structure that seems to float like a cloud of oscillating roofing levels. The complex calculations for this free-standing structure were made possible by calling upon the services of one of the world's most respected engineering consultancies: Ove Arup and Partners, London. As the actual sports field is set into a flat hillside, the stadium forms an integral part of the urban landscape and creates a permeable filter towards the city. The anti-hierarchical design of this public building opens up a whole new dimension in the celebration of national and international sporting events. Its poised yet casual aestheticism points the way towards the next century.

Modell
(Foto: Henryk Urbanietz)

Beispiel auch amerikanische Architekten, vermocht, statische Probleme des Lastens und Tragens nicht mehr allein über symmetrische, mithin leicht berechenbare Konfigurationen abzuwickeln, sondern vielmehr eine zufällige, eigentlich stochastische Situation der Lasten- und Zugkräfteabtragung zu entwickeln, die allerdings ohne den Einsatz leistungsstarker Rechner gar nicht realisierbar wäre.

Alles das im Kopf, im Stift habend, näherte sich das Büro Peter Kulka und Ulrich Königs (Köln/Dresden) der Wettbewerbsaufgabe eines neuen Stadions für Chemnitz, mit dem sich die Stadt für die Leichtathletik-Europameisterschaften 2002 bewerben möchte. Wohl wissend, was heute möglich ist, entwarfen sie ein Stadion von beispielloser Unvorhersehbarkeit. Der primäre Entwurfsgedanke war, einen Ort zu schaffen, der trotz der Anwesenheit von Zehntausenden, wenn nicht Hunderttausenden von Besuchern nicht hierarchisiert ist, die Grenzen zwischen innen und außen des Stadions auflöst und nicht zuletzt architekturhistorisch einen Ort definiert, der die Moderne transzendiert, konterkariert und gleichzeitig zu ihrem Recht kommen läßt. Kulka und seine Partner entwarfen eine »Wolke« schwingender Dachebenen auf unregelmäßig positionierten, mikadoähnlich ›hingeworfenen‹ Stützen, unter denen sich die Sportler und ihre Zuschauer versammeln können: ein Ort, in dem man eher eingespült, eingesaugt wird, als daß man ihn formell über die architektonische Barriere einer Fassade betritt; ein Ort auch, der Sport als sich selbst genügendes Ereignis zelebriert. Am Beginn des Entwurfsprozesses gab es eher konzeptionelle Bilder als schon konkrete Machbarkeitsvorstellungen. Erst in einer zweiten Entwurfsphase pragmatisierte sich der Entwurf mithilfe der Ingenieure vor Ort. Kulka und Königs sagen: »Die Konstruktion sollte nicht zum bestimmenden Element unseres Entwurfs werden. Wir hatten einen bestimmten Effekt vor Augen, der dann durch eine entsprechende Konstruktion erzielt werden sollte. Dieser angestrebte Effekt wurde von uns als die Wolke beschrieben. Wolken sind frei geformte Gebilde, transluzent, immateriell und ohne sichtbare Konstruktion. Sie haben alles, was Architektur in der Regel nicht hat – und wurden daher zum Ziel unserer Imagination.«[2]

Die Statik dieser freien Konstruktion allerdings berechnete eines der avanciertesten Ingenieurbüros der Welt: Ove Arup & Partners, London, begeisterten sich für dieses Projekt und rechneten das zunächst so erscheinende ›Unrechenbare‹. Mit Hilfe computergenerierter Berechnungen wurde ein verschlungenes Netztragwerk entwickelt, das aus einander überlappenden Trägern besteht. So werden die Kräfte nach innen abgeleitet, was dann ein Dach ermöglicht, welches an drei Seiten bis an die Grundstücksgrenzen heranreicht. An jedem einzelnen Kreuzungspunkt des komplexen unregelmäßigen Tragsystems wurden die Last- und Zug-

kräfte individuell berechnet. Allerdings verschwin-
det die Konstruktion unter halbdurchsichtigen,
transluzenten Membranen. Aufgrund ihrer Geometrie besitzen diese gefalteten Oberflächen bereits
eine Eigensteifigkeit, auch ohne die Lasten vollständig abzutragen. Der Stützenwald wurde erst im
Laufe des Planungsprozesses in seinen Einzelposi-
tionen festgelegt – eine freie Ordnung als, wie Kulka
formuliert, »kohäsiver Filter zwischen Landschaft
und Himmel«.

Das eigentliche Sportfeld ist in einem flachen
Hügel eingelassen, der sich kaum aus dem umgebenden Gelände abhebt. So wird das Stadion zu
einem integralen Teil der urbanen Landschaft und
ebenso zu einem durchlässigen Filter zur Stadt. Die
einzelnen Grundrißebenen umspielen, jeweils
leicht gegeneinander asymmetrisch verschoben,
die elliptische Laufbahn und das Sportfeld. So
bekommt der Tribünenring nicht nur skulpturale
Qualitäten, sondern erlaubt es auch, die optischen
Bezugspunkte als sich dynamisch verändernde
Größen wahrzunehmen.

Die Jury, die diesen Beitrag unter anderen Beiträgen zu würdigen hatte, beeindruckte gerade die
Nicht-Normativität des Entwurfs; jene Haltung, die
in der Erfüllung der Anforderungen des Wettbe-
werbes diese selbst zur Disposition stellte. Insofern
wäre es auch falsch, das Projekt nur aufgrund seiner statischen Realisierungsmöglichkeiten oder
funktionalen Bedarfserfüllungen zu bewerten, viel-

mehr sind diese eine Bedingung der Möglichkeit
des Projektes und evident gegeben. Viel wichtiger
ist der prinzipielle Impetus des Projektes: Es zeigt
erstens, daß die Form- und Rezeptionsgeschichte
von architektonischen Gattungen fortgeschrieben
bzw. transzendiert werden kann; es zeigt zweitens,
daß öffentliche Bauten konstitutiv antihierarchisch
strukturiert sein können; und es zeigt drittens, daß
der kreative Transfer von architektonischen Erfin-
dungen in eine andere Gattung nicht nur Sinn machen kann, sondern genuin etwas Neues erzeugt.

Mit diesem Entwurf, der trotz aller Technologie
selbstverständlich, fast absichtslos wirkt und zur
Erreichung seiner Ziele eben nicht mehr visuell
gewissermaßen die Muskeln anspannen muß (wie
dies fast alle Gebäude des sogenannten High-tech-
Stiles immer noch tun), ist eine Ästhetik der Beiläu-
figkeit und Souveränität gelungen, die tatsächlich
ins nächste Jahrtausend weist.

Anna Meseure

Anmerkungen

1 Franz-Joachim Verspohl, *Stadionbauten von der Antike bis zur
  Gegenwart. Regie und Selbsterfahrung der Massen*, Gießen
  1976
2 ›Peter Kulka, Ulrich Königs, Sportstadion Chemnitz 2002‹, in:
  Stadt Bauwelt, H.129, 1996, S.729

Oswald Mathias
Ungers

Wallraf-Richartz-Museum, Köln

Wettbewerb 1996, 1. Preis

**Competition design for
Wallraf-Richartz Museum**

There is to be a divorce. The
marriage between the longstanding Wallraf-Richartz
collection and Peter Ludwig's
collection of modern and
contemporary art under a
single roof is to be dissolved.
It seems a pity to separate
them, for I always found this
unlikely juxtaposition highly
stimulating. It allowed visitors to gain a comprehensive
view of art history. Peter
Ludwig, however, has
bequeathed his Picasso collection to the city of Cologne
on condition that the
museum beside the cath-
edral should now be dedi-
cated solely to modern art. A
new building is thus needed
for the Wallraf-Richartz collection.
The architectural competition held by the city has been
won by Oswald Mathias
Ungers. 122 designs were
submitted to the jury. The
competition was initially lim-
ited to Cologne firms of
architects, but was later
extended to include five
other entries. Ungers had
already taken part unsuc-
cessfully in competitions to
design a new Wallraf-
Richartz Museum in the 50s
and again in the 70s. Third
time around, he has now
been able to fulfil a longstanding wish.
The new Wallraf-Richartz
Museum will close a gap in
the historic centre of
Cologne: the area between
the Gürzenich complex and
the Rathausplatz. It is certainly a fitting site for the
city's oldest art collection,
for it is a place where urban
history seems to rush by in
fast motion. On the site earmarked for the new museum,
the remains of a major
Roman edifice have been
recently excavated and are
to be integrated into the new
building. To the north, the
site is bounded by the
Rathausplatz, a city square
with the remains of a Jewish
mikveh dating from around

Nun wird sie geschieden, die Ehe zwischen der traditionsreichen Sammlung Wallraf-Richartz und der vor allem zeitgenössischer Kunst gewidmeten Sammlung des Kunstmäzens Peter Ludwig. Nur wenige Jahre waren ihr in dem neuen Doppelmuseum am Rhein beschieden. Schade, wirkte diese Vereinigung doch stets sehr anregend; sie erlaubte dem Besucher einen umfassenden Überblick über die Geschichte der Kunst. Peter Ludwig aber wollte seine Picasso-Sammlung nur unter der Bedingung der Stadt Köln vermachen, daß das Museum am Dom in Zukunft ausschließlich der modernen Kunst überlassen bleibt. Für die Bestände des Wallraf-Richartz-Museums muß also ein neues Museum gebaut werden.

Den von der Stadt ausgeschriebenen Wettbewerb hat Oswald Mathias Ungers gewonnen. 122 Entwürfe lagen dem Preisgericht vor. Die Konkurrenz war zunächst nur auf Kölner Büros beschränkt, wurde dann aber um fünf auswärtige Beiträge erweitert. Bereits in den fünfziger und siebziger Jahren hatte Ungers an Wettbewerben für einen Neubau des Wallraf-Richartz-Museums teilgenommen, jedoch ohne Erfolg. Im dritten Anlauf nun erfüllte sich sein lang gehegter Wunsch.

Der Neubau wird eine empfindliche Brache im Altstadtkern der Domstadt schließen: den Bereich zwischen dem Gürzenich-Komplex und dem Rathausplatz. Es ist ein schöner Standort für die älteste Kunstsammlung der Stadt, denn dort erlebt man die Stadtgeschichte gleichsam im Zeitraffer. Auf dem Gelände des zukünftigen Museumsneubaus befinden sich die Reste eines römischen Großbaus, der erst in den letzten Jahren ausgegraben wurde und der in den Museumsneubau integriert werden muß. Im Norden grenzt das Grundstück an den Rathausplatz, in dessen Mitte noch Teile eines jüdischen rituellen Bades aus der Zeit um 1150 erhalten sind. Im Süden soll der Neubau unmittelbar an die Ruine von St. Alban anschließen. Diese nicht wiederaufgebaute Kirche, in deren verfallenem Innenraum die Plastik der ›Trauernden Eltern‹ von Käthe Kollwitz aufgestellt ist, erinnert heute an das Leid und die Zerstörungen des Zweiten Weltkrieges. An der Südseite der Kirche liegt der Gürzenichkomplex mit seinem spätgotischen Fest- und Tanzsaal, ein Zeichen der einst einflußreichen Bürgerstadt Köln. Im Zweiten Weltkrieg weitgehend zerstört, wurde das Äußere des Festsaales in seinen historischen Formen wiederhergestellt und zwischen 1952 und 1955 durch einen Zwischentrakt nach Entwürfen von Rudolf Schwarz mit der Kirchenruine verbunden. Vor allem das Foyer mit seinem geschwungenen Treppenlauf ist heute eine Inkunabel der fünfziger-Jahre-Architektur.

Der Entwurf von Oswald Mathias Ungers nimmt Bezug auf diese historische Situation, indem er bestimmte formale Elemente der angrenzenden Bebauung aufnimmt, sie aber in die für ihn so charakteristische Rasterarchitektur übersetzt.

Der Museumsneubau soll aus zwei Komplexen bestehen: einem würfelförmigen Solitär an der zum Rathausplatz offenen Grundstücksseite und einem in die Tiefe gestaffelten Baukörper längs der zerklüfteten Bebauung an der Kirchenruine. Beide Gebäude werden durch ein doppeltes Treppenhaus miteinander verbunden. Dieses liegt tief im Inneren zwischen den beiden Gebäudefluchten und tritt deshalb zwischen den Außenfassaden der beiden Komplexe nicht in Erscheinung. Die so entstehende Fuge zwischen den beiden Museumsteilen greift den historischen Verlauf der Gasse ›In der Höhle‹ auf. Dort lebte und arbeitete im 15. Jahrhundert Stefan Lochner, der Hauptmeister der Kölner Malerschule. Wenn das Museum vollendet ist, wird er mit seinem Werk, soweit es in der Sammlung Wallraf-Richartz repräsentiert ist, gleichsam an seine alte Wirkungsstätte zurückkehren.

Der Solitär am Rathausplatz ist als strenger Kubus geplant. Sein Erdgeschoß soll von großen quadratischen Fenstern durchbrochen werden, während die Lage der Obergeschosse nur noch durch schmale, horizontale Fensterschlitze an den Fassaden markiert wird. Die blockhafte, geschlossene Struktur des Gebäudes reflektiert die ebenfalls strenge kubische Gestalt der Gürzenichfassade. Dieser Gebäudeteil ist ausschließlich als Ausstellungsbau konzipiert. In den vier oberirdischen Geschossen wird die Sammlung Wallraf-Richartz ihren Platz finden, während die beiden Untergeschosse, in die auch die archäologischen Funde integriert werden, für Wechselausstellungen vorgesehen sind.

Das Gebäude, das unmittelbar an die Kirchenruine angrenzt, ist dreifach zurückgestuft. So entstehen an seiner Fassade drei schmale Kuben, die nur im Erdgeschoß und in den beiden Obergeschossen kleine Fensteröffnungen besitzen. Ungers greift mit der Dreiteilung die Struktur der benachbarten Kirchenruine auf und vermittelt durch die gestaffelte und geschlossene Form der Fassade den Eindruck von drei Türmen. Durch die neue Bebauung wird der Turm von St. Alban unweigerlich seine exponierte Stellung einbüßen, als Ausgleich erhält er nun ›drei kleinere Geschwister‹.

Aber nicht nur in der Gestaltung dieses Gebäudeteils bezieht sich Ungers auf den benachbarten Kirchenbau. Aus dem Vierungsquadrat der Ruine ist das Modul abgeleitet, dem die gesamte Struktur des Neubaus unterworfen ist. Dieser Zusammenhang wird wohl dem Betrachter und Besucher verschlossen bleiben, vielleicht wirkt er sich aber positiv auf die Gesamtproportionen aus.

In dem der Kirche benachbarten Bauteil sollen alle Nebenräume des zukünftigen Museums untergebracht werden. So auch ein großer Vortragssaal, der sich über das erste und zweite Geschoß erstrecken soll und an dessen Südseite die beiden hohen Kirchenfenster von St. Alban integriert werden. Ungers greift hier eine Idee auf, die auch schon Rudolf Schwarz in seiner Gürzenich-Erweiterung in den fünfziger Jahren umgesetzt hat: die Einbeziehung der Kirchenfassade in die neue Baustruktur.

Auch in der Materialwahl fühlt sich Ungers dem historischen Erbe der Stadt verpflichtet. Die Stahlbetonkonstruktion soll mit hellen, für die romanischen Kirchen Kölns typischen Tuffsteinen verkleidet werden.

Unter den fünf Preisträgern haben alle, bis auf Giorgio Grassi, der den dritten Preis erlangte, einen kubischen Baublock für die zum Rathausplatz offene Seite vorgesehen. Der Entwurf von Oswald Mathias Ungers zeichnet sich vor den Konkurrenzentwürfen vor allem durch die stringente Lösung für den Bauteil zwischen St. Alban und dem eigentlichen Museumssolitär aus. Der Rückgriff auf die Fassadenstruktur der Kirchenruine integriert diesen Gebäudeteil in die Gesamtstruktur der Bebauung. Es besteht aber die Gefahr, daß seine geschlossene Gestalt innerhalb des städtebaulichen Gefüges zwischen Rathaus und Gürzenich zu dominant wirken könnte.

Ursula Kleefisch-Jobst

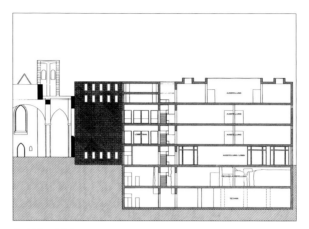

Süd-Nord-Schnitt

West-Ost-Schnitt

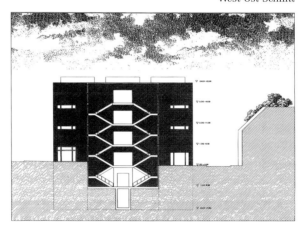

1150 at its centre. To the south, the new building will border directly on the ruins of the church of St Albans, where a sculpture by Käthe Kollwitz, entitled "Mourning Parents" has been installed in the crumbling interior as a memorial to the suffering and destruction of the second world war. On the south side of the church, the Gürzenich complex with its late gothic banqueting hall and ballroom bears witness to Cologne's former prosperity and influence. Severely damaged by wartime bombing, the exterior of the great hall was restored in its historic form and linked to the church ruins by an intermediate tract designed by Rudolf Schwarz between 1952 and 1955. The foyer, in particular, with its sweeping stairway, is a superb example of 1950s architecture. Oswald Mathias Ungers' design acknowledges this historic context by adopting certain formal elements of the neighbouring buildings while transposing them into the gridlike architecture that is so typical of his work. The new museum is to be made up of two separate units: a freestanding cubic building on the side of the site facing Rathausplatz and a stepped-back building bordering the ragged edge of the church ruin. The two buildings are linked by a double stairwell deep inside the intermediate space, which is not visible between the facades of the two units. This join between the two parts of the museum echoes the historic line of the alley known as "In der Höhle" which used to run through here, and where Stefan Lochner, fifteenth century master of the Cologne school of painting, once worked. When the museum is completed, Lochner's work will

Lageplan mit
Grundriß Erdgeschoß

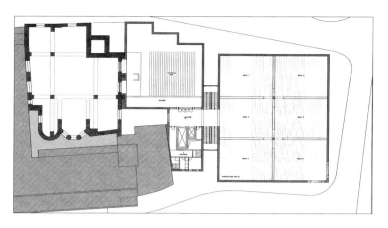

Grundriß 2. Obergeschoß

return, as it were, to the
place from which it origi-
nated.

The building on Rathausplatz
is designed as a stark cube.
The ground floor is to be
pierced by large, square
windows, while the upper
floors have narrow, horizontal slits for windows. The self-
contained block reflects the
strict cubic design of the Gürzenich facade. This part of
the building is intended solely
as an exhibition space. The
Wallraf-Richartz collection
will be housed on the four
above-ground storeys, while
the two basement floors, in
which the archeological ex-
cavations will be integrated,
are to be used for temporary
exhibitions.

The building directly bordering the church ruins is
stepped back three times,
creating three slender
facade blocks with square
window apertures on the
ground floor and the two
upper floors only. By dividing
the building in three, Ungers
echoes the structure of the
adjacent church ruins and at
the same time creates the
impression of three towers.
Though the new develop-
ment means that the tower
of St Albans is no longer
prominent, it also adds
"three little sisters" by way
of compensation.

Ungers refers to the church
in another way, by adopting
its crossing square as the
basic modular unit for the
entire new building. Though
this connection might not be
evident to the casual
observer, it may well have a
beneficial effect on the proportions as a whole.

All the ancillary rooms of the
future museum are to be
housed in the building next
to the church, including a
large lecture hall on two
floors, with the windows of
St Albans integrated on the
west side. In this respect,
Ungers adopts a concept
applied by Rudolf Schwarz
for his Gürzenich extension
in the 1950s: the integration
of the church facade into the
new building.

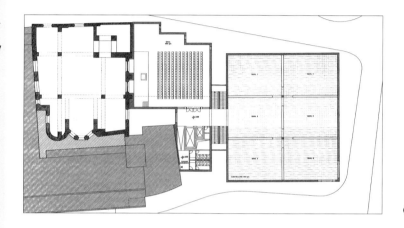

Grundriß 1. Obergeschoß

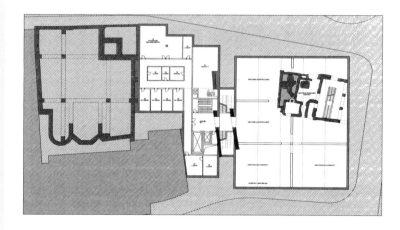

Grundriß 1. Untergeschoß

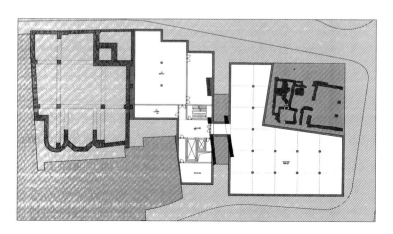

Grundriß 2. Untergeschoß

Ansicht von Osten

Ansicht von Westen

Ansicht von Norden

Perspektive vom
Gülichplatz

Perspektive vom
Rathausplatz

Bundesarbeitsgericht, Erfurt

Projektleitung	Michael Großmann
Mitarbeit	Till Huggler (Wettbewerb), Heike Buchmann (Wettbewerb), Stefan Plog, Matthias Burkart
Außenanlagen	Dieter Kienast
Mitarbeit	P. Hüsler

Offener Realisierungswettbewerb 1995, einer von vier 1. Preisen

Überarbeitung 1995, 1. Preis

Im Zuge der deutschen Wiedervereinigung soll das im nordhessischen Kassel ansässige Bundesarbeitsgericht in die thüringische Landeshauptstadt Erfurt verlegt werden. Ein Grundstück in bester Lage, am Fuße der barocken Festungsanlage auf dem Petersberg, steht bereit.

Der kompakte Block der jungen Berliner Architektin Gesine Weinmiller reagiert auf die prominente Lage mit dem uralten Konzept von ›äußerer Stille und innerem Reichtum‹; ihr Entwurf vermittelt die der Bauaufgabe angemessene Ruhe. Das klar gegliederte, viergeschossige Haus und der große, von Dieter Kienast entworfene Park bilden eine Einheit, bedingen sich gegenseitig: Der ›Solitär im Park‹ steht im Dialog mit der Natur. Der Freiraum wird von der Architektin als dem Gebauten ebenbürtiger Körper gesehen; der naturhaft gestaltete, Spuren der Vergangenheit aufnehmende Zwischen-Raum des Parks ermöglicht so erst die spröde Tektonik des Blocks.

Lageplan

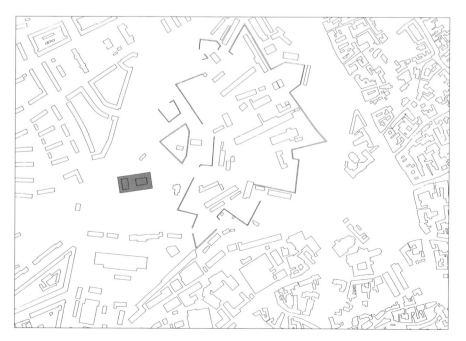

Der Entwurf, der einige Verwandtschaften zu Louis Kahns New Havener Yale Center for British Art von 1973 aufweist, ließ die Wellen in Erfurt und anderswo hochschlagen. In der ortsansässigen Lokalpresse las man von einer »Mischung aus Zentralkomitee und Plattenbaublock«; von »Macho-Architektur«(!) und »sozialistischem Klotz« war die Rede. Auch das »Steinerne Berlin mit seinen ewiggleichen Lochfassaden« wurde bemüht. Doch die strenge Großform des Baukörpers löst sich bei näherem Hinsehen in eine lebendige, feingliedrige Fassadenstruktur mit hohem Glasanteil auf, die spielerische Elemente mit innovativen Lösungen verbindet. Die Haut des Hauses besteht aus einer regelmäßigen, schlank dimensionierten Pfosten-Riegel-Konstruktion; zwei unterschiedliche, von Geschoß zu Geschoß verspringende Betonfertigteile bilden das tragende Skelett der Fassade. Jedes Achsraster ist zu einem Drittel mit einer ebenfalls alternierenden Box aus bakelisiertem Sperrholz, wie es normalerweise für Schaltafeln verwendet wird, ausgefacht. Darin sind zwei mit eingeätzter Schrift versehene, nichtspiegelnde Glasschiebeläden untergebracht, die als Sonnen- und Blendschutz individuell vor die französischen Fenster gefahren werden können. Eine zentrale Steuerung schließt alle Läden bei Nacht und verbessert so den Wärmeschutz. Die Rahmen der innenliegenden Schiebefenster sind ebenso wie die in den Obergeschossen notwendigen Brüstungsgeländer mit Eisenglimmer beschichtet.

Die von Gesine Weinmiller in Zusammenarbeit mit ARUP entwickelte luftige Fassade zeigt sich als klassisch-reine Konstruktion ohne vorgehängte Verblendungen; die Materialien Glas, Holz, Beton lassen eine Anmutung fern jeder einschüchternden Monumentalität erwarten. Das eindeutige Konzept der Fassade setzt sich im Inneren des Gebäudes fort: Ein Kontinuum von differenzierten Räumen befindet sich in einer klaren Hülle mit kurzen Wegen. Zwei eingeschnittene Innenhöfe, auch sie unterschiedlich dimensioniert, ermöglichen gute Orientierung und natürliche Belichtung. Im Erdgeschoß befinden sich die um ein großzügiges Foyer gruppierten Gerichtssäle; im ersten Obergeschoß die bedeutende Bibliothek; in den beiden oberen Geschossen die Büros.

Gesine Weinmillers Entwurf für den Neubau des Bundesarbeitsgerichts am Erfurter Petersberg überzeugt. Er steht und fällt mit der lebendigen Fassade. Wenn diese am Geld scheitern sollte, wäre es besser, erst gar nicht zu bauen und das Gericht am angestammten Ort zu belassen.

Christof Bodenbach

Plan von Haus und Park

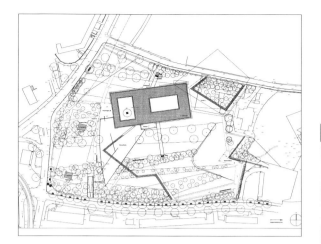

Federal Labour Court

The Federal Labour Court is to be relocated to Erfurt. Gesine Weinmiller's design takes a discreet and sensitive approach to the task of constructing a new building on a prominent site at the foot of the city's Baroque fortifications. The building and the park form a cohesive unit, with the free-standing structure responding harmoniously to its green surroundings. The uncluttered overall form of this large building is broken down into a finely structured facade with large areas of glass, combining playful elements with innovative solutions. The clear-cut concept of the facade is reiterated in the interior, where a sequence of distinctive spaces has been incorporated in a clear outer shell with short communication pathways. Two inner courtyards provide natural daylight and facilitate orientation.

The creatively structured facade is such a vitally important feature of this new court building that if it were to be amended in any way or a compromise sought on financial grounds, it would be preferable to abandon the project altogether and leave the courtrooms on their present site.

Modellansicht von Südwesten (Foto: Ivan Nemec)

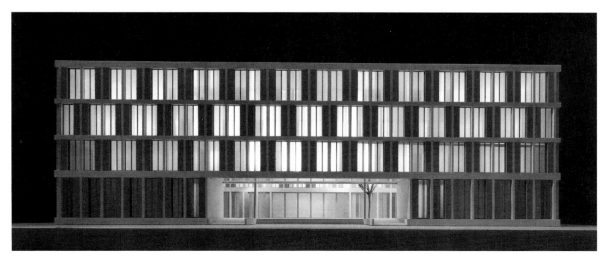

Modellansicht von Westen mit dem Haupteingang (Foto: Ivan Nemec)

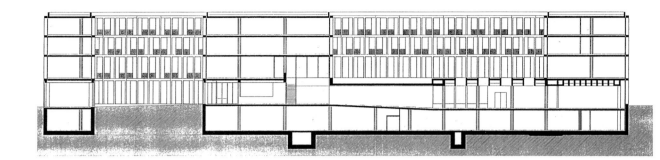

Ost-West-Schnitt

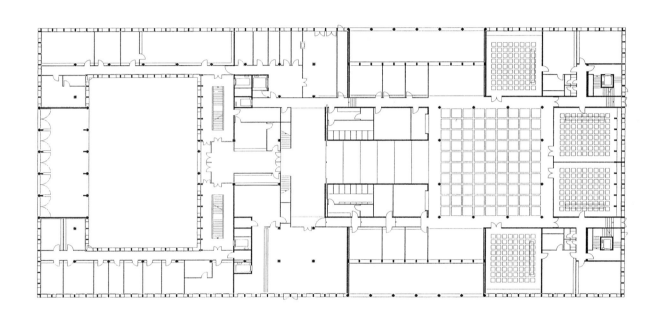

Grundriß Erdgeschoß

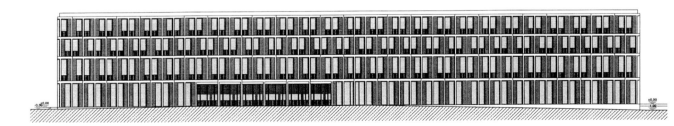

Ansicht von Norden

Ansicht von Osten

**Aus dem Archiv
des DAM
From the Archives
of the DAM**

Evelyn Hils-Brockhoff

Zum Nachlaß von Max Cetto
(1903–1980)

Estate of Max Cetto

In 1987, the Deutsches Architektur-Museum was able to purchase the extensive library of German-Mexican architect Max Cetto, who died in 1980. The museum has also been able to acquire his estate, documenting Cetto's career in Germany before his emigration to America. The estate contains the only plans, photographs and written documents Cetto took with him to the USA in 1938 and, the following year, to Mexico, where he was to spend the rest of his days. All the material from Cetto's Mexican period was presented to the Universidad Autonoma Metropolitana in Mexico City by his family.

The estate acquired by the Deutsches Architektur-Museum comprises a total of 600 photographs – many of them from the studio of Paul Wolff – as well as 70 plans, 25 drawings, hundreds of letters, manuscripts and other documents. This material, much of it hitherto unknown, not only allows us to trace the individual waystations of Cetto's life, but also gives us a detailed insight into his architectural oeuvre up to 1938. A point of particular interest in respect of Frankfurt's architectural history is the fact that Cetto not only worked here on the staff of the city planning authority under Ernst May from 1926 until 1930, as was previously believed, but that he actually stayed four years longer. From 1930 until 1938, he was a member of the Bund Deutscher Architekten and worked privately as an architect in Frankfurt from 1931 onwards.

From 1935 onwards, following his Frankfurt period, Cetto worked as chief of construction on various Ger-

Bereits 1987 konnte das Deutsche Architektur-Museum die umfangreiche Bibliothek des 1980 verstorbenen deutsch-mexikanischen Architekten Max Cetto ankaufen. In diesem Jahr gelang nun der Erwerb des Nachlasses, der die Schaffenszeit Cettos in Deutschland bis zu seiner Emigration nach Amerika im Jahre 1938 dokumentiert. Es handelt sich hierbei um die einzigen Pläne, Fotos und schriftlichen Unterlagen, die Cetto 1938 in die USA und von dort aus 1939 nach Mexiko mitnahm, wo er den Rest seines Lebens verbrachte. Alle Materialien, die aus Cettos Zeit in Mexiko stammen, wurden von seiner Familie der Universidad Autonoma Metropolitana in Mexico City übergeben.

Der nun erworbene Nachlaß umfaßt insgesamt 600 Fotos – viele davon aus dem Atelier von Paul Wolff – sowie 70 Pläne, 25 Zeichnungen, Hunderte von Briefen[1], Manuskripten und anderen Schriften.[2] Anhand dieser zum größten Teil völlig unbekannten Materialien lassen sich jetzt nicht nur die einzelnen Stationen im Leben Cettos nachvollziehen, es ist erstmals auch ein Gesamtüberblick über sein architektonisches Werk bis 1938 möglich.[3] Für die Frankfurter Architekturgeschichte von besonderem Interesse dürfte dabei sein, daß Cetto hier nicht – wie bisher angenommen – von 1926 bis 1930 arbeitete, wo er zum Stab von Ernst May im Hochbauamt gehörte, sondern daß er bis einschließlich 1934 in der Mainmetropole blieb. Seit 1930 (bis einschließlich 1938) war er Mitglied im Bund Deutscher Architekten und in seiner Frankfurter Zeit, ab 1931, als Privatarchitekt tätig.

Max Ludwig Carl Cetto wurde am 20. Februar 1903 in Koblenz geboren. Wie den Unterlagen im Nachlaß zu entnehmen ist, lebte er seit 1912 in Trier, wo er das Realgymnasium bis zur Reifeprü-

fung im Jahr 1921 absolvierte. Er studierte von 1921 bis 1923 an den Technischen Hochschulen in Darmstadt und München – aus dieser Zeit sind mehrere Porträts sowie Aktzeichnungen im Nachlaß erhalten. In den Jahren 1923 bis 1925 war er an der Technischen Hochschule in Charlottenburg eingeschrieben, wo er unter anderem bei Hans Poelzig studierte. Zahlreiche Bühnenbildentwürfe – beispielsweise zu Shakespeares Macbeth und zu Goethes Pandora – tragen die Unterschrift Hans Poelzigs. Aus Cettos Studienzeit bei diesem großen Baumeister und Lehrer stammen weiterhin mehrere Innenraumentwürfe zu einer Kirche aus dem Jahr 1924 sowie zu einem Theater aus dem Jahr 1925. Bei dem letztgenannten Projekt handelt es sich um seine Examensarbeit. Über 40 Fotos von anderen Hochschularbeiten Cettos, aber auch von Arbeiten seiner Mitschüler sowie von Cetto im Kreise seiner Lehrer und Kommilitonen vervollständigen das Bild des Berliner Studienaufenthaltes.

Direkt im Anschluß an sein Studium wurde Cetto 1926, erst 23jährig, von Ernst May nach Frankfurt geholt. May, der 1925 auf Wunsch des amtierenden Oberbürgermeisters Ludwig Landmann nach Frankfurt gekommen war, hatte als Stadtbaurat und Leiter des Hochbau- und Siedlungsamtes die Aufgabe, einen Generalbebauungsplan für die Stadt aufzustellen und ein auf zehn Jahre angelegtes Wohnungsbauprogramm durchzuführen, um der hier herrschenden Wohnungsnot entgegenzutreten.

Das Bauprogramm, das in die Architekturgeschichte als das ›Neue Frankfurt‹ eingegangen ist, sah ringförmig um Frankfurt angelegte Siedlungen mit Kleinstwohnungen für die ›minderbemittelten Schichten‹ der Bevölkerung vor. Anstelle von dichtbebauten Blöcken wurden nun freistehende Häu-

Umkleidehalle Bertramswiese, Frankfurt, 1926/27

links: Volkshaus Praunheim,
Frankfurt, 1927/28

rechts: Unterstandshalle
Ostpark, Frankfurt, 1927–30

serzeilen geplant. Kriterien wie Licht, Luft, Natur und Landschaft wurden ebenso miteinbezogen wie die einfache ästhetische Gestaltung der Gebäude. Die projektierten Siedlungen sollten mit allen Einrichtungen ausgestattet sein, welche die Bewohner für das tägliche Leben benötigten. Neben Arbeitsstätten, Gewerbebetrieben kleineren und mittleren Umfangs und großindustriellen Unternehmen, war auch an den Bau von Volkshäusern, Schulen, Kindertagesstätten, Einkaufsläden und anderen Zentraleinrichtungen wie Heizungsanlagen, Wäschereien und Garagen gedacht.

Um so ein gigantisches Siedlungsbauprogramm realisieren zu können, hatte Ernst May bei seiner Einstellung darum gebeten, Mitarbeiter seiner Wahl benennen zu dürfen. Als freie Architekten konnte May u. a. Walter Gropius, Max Taut und Mart Stam für Frankfurt gewinnen. Daneben zählten Herbert Böhm, Martin Elsaesser, Werner Hebebrand, Ferdinand Kramer, Adolf Meyer und Margarete Schütte-Lihotzky, aber auch Max Cetto zu seinem Team im Hochbauamt. Max Cetto wurde in der Hauptsache mit der Errichtung technischer städtischer Bauten wie Energieanlagen betraut; hierzu zählen Elektrizitätswerke ebenso wie Umspannwerke. Daneben war er aber auch mit der Projektierung und Erbauung von Volkshäusern, Berufsfachschulen, Kindergärten, Altenheimen, Kliniken und vielem anderen mehr beschäftigt. Eine Bescheinigung, die die Stadt Frankfurt am Main Max Cetto am 24. 6. 1931 ausstellte und die sich im Nachlaß befindet, gibt genauen Aufschluß darüber, welche Arbeiten Cetto für die Stadtverwaltung ausführte.

»Herr Architekt Dipl. Ing. Cetto war vom 6. 4. 1926 zunächst während 3 Monaten im Siedlungsamt und danach im Hochbauamt bis zu seinem Austritt aus der Stadtverwaltung am 31. 12. 30 beschäftigt. Herr Cetto wurde von Herrn Stadtrat May der Dienststelle ›Allgemeine Unterhaltung‹ als Leiter der Entwurfsabteilung und künstlerischer Berater zur Dienstleistung überwiesen. In dieser Eigenschaft wurden von ihm im Rahmen des Hochbauamtes folgende ausgeführte Projekte vom Entwurf bis zum Detail selbständig bearbeitet.[4]

Umkleidehalle Bertramswiese [1926/27],
Kohlenmühle, St. E. W. [1926–29],
Schaltanlage 5 und 6, St. E. W. [1927/28],
Unterstandshalle Ostpark [1927–30],
Schulküche Berufspädagogisches Institut [1928/ 29],
Schulküche im Keller der Voltaschule [o. J.],
Umbau Neue Mainzer Straße [1929],
Erweiterung der Kleinviehschlachthalle [o. J.],
Überwinterungshalle der Stadtgärtnerei [1929],
Siechenhaus Rödelheim [1929/30],
Baracke für Hautkranke des Städt. Krankenhauses [o. J.],
Erweiterungsbau der Universitäts-Zahnklinik Carolinum [1928],
Spielhalle Sommerhoffpark [o. J.],
Gleichrichterstationen Ostpark und Sachsenhausen [o. J.],
Umspannwerk Eschersheim [1928–30] und Norden [1930],
Gumpertz'sches Siechenhaus [1929–31].

man airport projects, including Jüterbog-Damm and Greifswald. The estate includes a hitherto unknown album containing 280 photographs and a groundplan of the former airport. This album is a unique stage-by-stage record of the airport's construction, from the service buildings and hangars to the underground bunkers, staff accommodation and sports facilities. From March 1936 until May 1938, Cetto was employed in the construction management department of the Heinkel aviation company in Rostock and Oranienburg, as project director for all construction and civil engineering tasks related to aircraft production. He was in charge of the construction of no less than ten large factory buildings, a number of administrative buildings, an extensive road and rail network, and an airport, and was directly answerable to the head of

Kesselhaus des Städtischen Elektrizitätswerkes,
Frankfurt, 1928

Universitäts-Zahnklinik Carolinum,
Frankfurt, 1928

the works construction department, government architect Rimpl. Apart from a testimony detailing his work, a number of photographs from this period have also survived.

In 1938, Max Cetto emigrated to the USA, where he worked for the firm of Richard Neutra until 1939, and was involved in the Kahn House project for San Francisco.

After moving to Mexico, he worked as a private architect, initially with J. Villagrán García, Luis Barragán and Jorge Rubio. In 1945, he set up his own office in Mexico City. He was a member of the Sociedad de Arquitectos Mexicanos and of the Colegio Nacional de Arquitectos de Mexico. Though most of his work involved designing and building single-family homes, he also created commercial and industrial buildings. Since the 1910 revolution, modern architecture in Mexico had begun to develop along European lines,

Die Durchführung dieser Bauten überwachte er als künstlerischer Leiter. An nicht ausgeführten Projekten hat Herr Cetto weitere Krankenhausbauten, Schulbauten, Volkshäuser[5], Schwimmbäder, Bootshäuser, eine Omnibusgarage, kleinere Verwaltungs- und Betriebsbauten, einen Wasserturm und ein Wohnhaus für den Direktor des Zoologischen Gartens bearbeitet.«[6]

Wie die aufgelisteten Projekte zeigen, war Cetto während seiner Zeit im Hochbauamt nicht nur mit dem Bau von Wohnungen, sondern in der Hauptsache mit der Errichtung städtischer Versorgungs- und Gemeinschaftseinrichtungen für die neuen Siedlungen beauftragt. So waren beispielsweise im Zuge der Umstellung der elektrischen Versorgung auf Drehstrom mehrere Umspannwerke und Schaltanlagen notwendig geworden, die Cetto in den Jahren 1926–30 in verschiedenen Stadtteilen Frankfurts errichtete. Von den ursprünglich für jede neue Siedlung vorgesehenen Versorgungs- und Gemeinschaftseinrichtungen wie Schulen, Kindergärten, Zentralwäschereien, Läden etc. konnte Cetto nur vereinzelt Schul-, Sport- und Spielanlagen realisieren, da die Stadt Frankfurt aufgrund der sich ständig verschlechternden wirtschaftlichen Lage dazu gezwungen war, von den meisten geplanten Bauprojekten Abstand zu nehmen. In einer Untersuchung über den Siedlungsbau der Ära May wird

hierzu ausgeführt: »Die Versorgung der kleineren Siedlungen muß vollständig von den umliegenden Stadtteilen übernommen werden. In den größeren Siedlungen hat die wirtschaftliche Versorgung vor allen anderen Einrichtungen Priorität und beschränkt sich auf die Errichtung von Ladenlokalen, die stets zentral untergebracht werden. [...] Die Versorgung der großen Siedlungen mit Schulen ist mäßig, mit allen anderen verwaltungstechnischen, sozialen und kulturellen Einrichtungen schlecht. Die ärztliche Versorgung kann in keinem Fall gewährleistet werden. Die Schaffung von Arbeitsplätzen in Siedlungsnähe unterbleibt, in einigen Fällen werden die Siedlungen in die Nähe der Arbeitsplätze gelegt.«[7]

Leider fielen den wirtschaftlichen und finanziellen Zwängen der Stadt auch Cettos Volkshäuser zum Opfer, die er für die Hellerhofsiedlung und die Siedlung Praunheim als Kommunikationsräume geplant hatte. Beide Volkshäuser, die im Sinne des modernen Bürgerhauses als Unterhaltungs- und Erziehungsstätten konzipiert waren, wurden von den damaligen Fachblättern sowie Frankfurter Zeitungen als wichtigste Kollektiveinrichtung, als »Mittelpunkt des geistigen Lebens einer geschlossenen Gruppe«[8] der jeweiligen Siedlung gepriesen.

Wie alle Architekten des Neuen Frankfurt war auch Cetto dem Formwillen Ernst Mays künstle-

Umbau Neue Mainzer Straße,
Frankfurt, 1929

Schulküche Berufspädagogisches Institut,
Frankfurt, 1928/29

risch verpflichtet. »Der neue Stil wird von May der Welt des neunzehnten Jahrhunderts diametral entgegengesetzt. Der Charakter dieses Jahrhunderts wird mit den Begriffen ›Scheinwelt‹, ›Epigonentum‹ und ›Stilchaos‹ umrissen. Dagegen liege das Wesen des zwanzigsten Jahrhunderts in dem ›Bekenntnis zur Wahrheit‹. ›Einfachheit‹, ›Ordnung‹ und vor allem ›Einheitlichkeit‹ sind die Forderungen, die May immer wieder an die neue Gestaltung stellt. Im bewußten Gegensatz zur Kunst des neunzehnten Jahrhunderts formuliert May die neue Ästhetik: ›Jedes architektonische Gestalten bedeutet Ordnen und jede Ordnung wiederum Schönheit.‹«[9]

Aufgrund der verheerenden Weltwirtschaftskrise fand das 1925 aufgestellte Wohnungsprogramm 1930 jedoch ein vorzeitiges Ende. Ernst May, der sich wohl keine Hoffnungen mehr machte, den »Stand der Verwirklichung im Wohnungsbau noch quantitativ und qualitativ verbessern zu können« und der »den sozialen Anspruch der sozialdemokratischen Wohnbaupolitik in Frankfurt insgesamt nicht eingelöst sah«,[10] zog es vor, die Stadt zu verlassen, und ging 1930 in die Sowjetunion. Andere Wegbereiter des Neuen Frankfurt taten es ihm gleich. Sie folgten ihm entweder nach Moskau, wie Walter Schwagenscheidt, Mart Stam, Hans Leistikow, Grete Schütte-Lihotzky oder Werner Hebebrand, oder emigrierten ins Ausland; Ferdinand

Kramer ging beispielsweise in die USA. Max Cetto blieb hingegen noch bis 1934 in Frankfurt, wo er unter anderem Privatbauten und Tankstellen errichtete. Nach verschiedenen Stationen in Jüterbog-Damm, Greifswald, Rostock und Oranienburg verließ er Deutschland erst 1938.

Im Jahr 1933 schrieb Max Cetto einen offenen Brief an den Propagandaminister Goebbels, in dem er ihn aufforderte, dem Neuen Bauen doch eine Chance einzuräumen.[11] Seit dem Wiederabdruck bei Anna Teut (1967) und bei Uhlig/Rodrigues (1977) bildet der Brief eine wichtige Quelle der neueren Baugeschichte. Wer sich heute mit dem komplexen Thema der Architektur in jener schwierigen Zeit beschäftigt, stößt auf diesen Text. Cetto hinterläßt darin den Eindruck eines Mannes, der nicht daran dachte, die seit den zwanziger Jahren von der Avantgarde behaupteten Positionen ohne Auseinandersetzungen aufzugeben. Wie manch anderer Architekt des Neuen Bauens hoffte auch Cetto, die eigenen Architekturvorstellungen in dem neuen politischen System etablieren zu können.

Wie seinem weiteren Lebenslauf zu entnehmen ist, war Max Cetto im Anschluß an seine Tätigkeit in Frankfurt am Main von 1935 an Bauleiter für verschiedene Flughäfen in Deutschland, unter anderem in Jüterbog-Damm und Greifswald. Im Nachlaß befindet sich ein bisher völlig unbekanntes

with a tendency towards economical and functional design. During the second world war, it freed itself from the European model and went its own way. German architects in exile collaborated with Mexican architects to create a modern oeuvre in which traditional techniques and regional vernacular blended with the formal syntax of the new architectural sobriety. One of those who thus paved the way for modern Mexican architecture was Max Cetto.

Fotoalbum mit insgesamt 280 Aufnahmen und einem Lageplan zum Bau des Flughafens Jüterbog-Damm. Das Album stellt ein einmaliges Zeugnis dar, da es die Entstehungsgeschichte der gesamten Anlage mit dem Flughafengebäude, den Flughallen, den unterirdischen Bunkern, den Mannschaftsunterkünften sowie kleineren Wohnhäusern und Sportplätzen in allen Schritten der Entstehung festhält. Vom März 1936 an[12] bis zum Mai 1938 war Cetto in der Bauleitung der Ernst Heinkel Flugzeugwerke, Rostock, bzw. Heinkel-Werke-GmbH, Oranienburg, tätig. Ihm war die Oberbauleitung für die Durchführung der Hoch-, Straßen- und Tiefbauten der Flugzeugfabrik übertragen worden. Sein Aufgabengebiet umfaßte die Realisierung insgesamt zehn großer Fabrikhallen, einer Anzahl von Bauten für die Verwaltung, eines ausgedehnten Straßen- und Eisenbahnnetzes sowie eines Flugplatzes. Cetto war dem Leiter der Bauabteilung des Werkes, Regierungsbaumeister Rimpl, unterstellt. Neben einem Zeugnis, das Auskunft über seine geleisteten Arbeiten gibt, sind auch zahlreiche Fotos aus jener Zeit vorhanden. Die hier aufgeführten Unterlagen aus dem Nachlaß, welche die Zeit von 1933–38 dokumentieren, eröffnen erstmalig die Möglichkeit einer eingehenden wissenschaftlichen Erforschung dieses Lebensabschnittes von Max Cetto.

1938 emigrierte Cetto in die USA. Er arbeitete bis 1939 im Büro von Richard Neutra, wo er am Kahn House für San Francisco mitwirkte.

1939 verließ er schließlich die USA. Er wanderte nach Mexiko aus, um sich als Privatarchitekt niederzulassen. Er arbeitete zunächst mit den Architekten J. Villagrán García, Luis Barragán und Jorge Rubio zusammen. 1940 heiratete er Gertrud Catarina Kramis. Die Kinder Veronica, Ana Maria und

Bettina wurden geboren. 1945 gründete er ein eigenes Büro in Mexiko City. Er war Mitglied der Sociedad de Arquitectos Mexicanos und des Colegio Nacional de Arquitectos de México. In der Hauptsache war er mit dem Entwurf und der Ausführung von Einfamilienhäusern beschäftigt. Daneben entstanden aber auch Handels- und Industriebauten. Die moderne Architektur in Mexiko hatte sich seit der Mexikanischen Revolution (1910) – nach europäischem Vorbild – in Richtung einer sparsamen und funktionalen Bauweise entwickelt. Während des Zweiten Weltkrieges befreite sie sich vom europäischen Vorbild und schlug einen eigenen Weg ein. Deutsche Exilarchitekten arbeiteten hier mit mexikanischen Architekten zusammen und schufen ein modernes Werk, in dem traditionelle Bauweisen und regionale Bezüge mit der Formensprache des neuen sachlichen Bauens verschmolzen. Einer der Architekten, die als bahnbrechend für die moderne mexikanische Architektur zu gelten haben, war Max Cetto.[13]

Anmerkungen

1 Die Korrespondenz enthält beispielsweise Briefe von Sigfried Giedion, Walter Gropius, Hans Poelzig, Oskar Schlemmer, Alvar Aalto, Alfred Roth, Paul Damaz, Richard Döcker, Egon Eiermann und Konrad Wachsmann.
2 Unter anderem findet sich hier eine Sammlung von Materialien zu europäischen und nordamerikanischen Architekten

Umspannwerk Eschersheim, Frankfurt, 1928–1930 ▷

Altenpflegeheim Rödelheim, Frankfurt, 1929/30

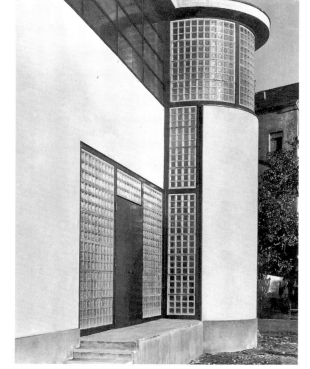

mit denen Cetto befreundet war, wie beispielsweise Walter Gropius, Hans Poelzig, Frank Lloyd Wright und Mies van der Rohe.

3 Eine wissenschaftliche Bearbeitung des Gesamtwerkes von Max Cetto steht noch aus. Einige seiner Frankfurter Projekte sind bisher nur beschrieben in: Heike Risse, *Frühe Moderne in Frankfurt am Main 1920–1933. Architektur der zwanziger Jahre in Frankfurt a. M. Traditionalismus – Expressionismus – Neue Sachlichkeit*, Frankfurt/Main 1984, und in: Christoph Mohr/Michael Müller, *Funktionalität und Moderne. Das Neue Frankfurt und seine Bauten 1925–1933*, Frankfurt 1984. In den Jahren 1989 bis 1990 wurde an der Universidad Autonoma Metropolitana in Mexiko im Fachbereich Architektur eine Diplomarbeit erstellt, die sich mit dem Werk deutscher Architekten in Mexiko beschäftigt und die den Einflüssen nachgeht, die diese Architekten auf die mexikanische Architektur ausübten. In diesem Zusammenhang wurde auch auf das Werk von Max Cetto eingegangen. Der Cetto betreffende Teil dieser Arbeit wurde inzwischen veröffentlicht unter: Susanne Dussel Peters, *Max Cetto 1903–1980. Arquitecto mexicano-alemán*, Universidad Autonoma Metropolitana, Azcapotzalco 1995.

4 Die Daten in Klammern wurden mit Hilfe der Materialien im Nachlaß ermittelt. Wurde »o. J.« angegeben, ist eine Datierung heute nicht möglich.

5 1927/28: Volkshaus Praunheim, 1930/31: Volkshaus West.

6 Anhand der Materialien im Nachlaß läßt sich die Liste der von Cetto ausgeführten Arbeiten sowie projektierten Entwürfe während seiner Frankfurter Zeit wie folgt ergänzen (wurden keine Ortsangaben gemacht, handelt es sich ausschließlich um Frankfurter Projekte):
Teilnahme am Wettbewerb für ein Postgebäude (1926),
3. Preis beim Wettbewerb für das Hauptzollamt (1926/27),
Teilnahme am Wettbewerb für den Völkerbundpalast in Genf zusammen mit Wolfgang Bangert (1926/27),
Teilnahme am Wettbewerb Friedhof Osnabrück zusammen mit Wolfgang Bangert (1927),
Teilnahme am Wettbewerb für die Frauenfriedenskirche (1927),
Amtsgebäude in der Kaulbachstraße (1927),
Schulbaracke in Praunheim (1928),
Teilnahme am Wettbewerb für ein Altenheim für die Budge-

stiftung zusammen mit Wolfgang Bangert (1928),
Kino (Projekt 1928),
Pförtnerloge im Rathaus (1928),
Kesselhaus des Städtischen Elektrizitätswerkes (1928),
Umbau von acht Läden im Erdgeschoß der Kleinmarkthalle (1928/29),
Teilnahme am Städtebau-Wettbewerb Spandau für eine Arbeitersiedlung zusammen mit Wolfgang Bangert (1929),
Erweiterung bzw. Vergrößerung des Flohmarktes (1929),
Kindergarten (1930),
Pädagogische Schule (Projekt 1930/31),
Gleichrichterstation in der Nähe der Großmarkthalle (vor 1931),
Zwei Tankstellen (1932),
Arbeiterhäuser (1932),
Z's Haus am Hainerweg (1933),
Teilnahme am Wettbewerb für die Bebauung des südlichen Mainufers in der Höhe der Dreikönigskirche (o. J.),
Nähklasse (o. J.).

7 Ruth Diehl, ›Die Tätigkeit Ernst Mays in Frankfurt am Main in den Jahren 1925–30 unter besonderer Berücksichtigung des Siedlungsbaus‹, unveröffentlichte Dissertation, Frankfurt/Main 1976, S. 49 f.

8 Christoph Mohr/Michael Müller (Anm. 3), S. 242

9 Ruth Diehl (Anm. 7), S. 78 f.

10 Christoph Mohr/Michael Müller (Anm. 3), S. 46

11 Veröffentlichung in: *Die neue Stadt*, Heidelberg und Zürich, Heft 1, 1933/34, S. 26–28

12 1936 nahm Max Cetto noch an einem Wettbewerb für eine Schokoladenfabrik mit seinem Ex-Schüler Ludwig Zimmer teil, bei dem sie den 2. Preis erlangten.

13 Max Cetto hat über die neue Architektur in Mexiko viele Vorträge in den USA und in Europa – auch in Deutschland – gehalten. Er war von 1965–79 Professor an der Architekturfakultät der Universidad Nacional Autonoma in Mexico City und Verfasser vieler Publikationen zur mexikanischen Architektur, u. .a: *Moderne Architektur in Mexiko*, Stuttgart 1960, und *Modern Architecture in Mexico*, New York 1961. Außerdem arbeitete er am *Knaurs Lexikon der Modernen Architektur* mit, das 1963 in München erschien.

Umspannwerk Norden, Frankfurt, 1930

Romana Schneider

Zeichnungen von Hans Poelzig neu in der Sammlung des Deutschen Architektur-Museums

Drawings by Hans Poelzig

In June 1996, with the generous support of the Hessische Kulturstiftung (regional cultural foundation), the Deutsches Architektur-Museum was able to acquire a bundle of 14 architectural drawings and a sketchbook containing 67 pencil drawings by the architect Hans Poelzig (1869–1936). The loose leaf drawings comprise sketches for the Grosses Schauspielhaus in Berlin (the theatre was built in 1919, its expressionist fittings were destroyed in 1936/37), the Festspielhaus in Salzburg (1920–22, not built), and two drawings of the Konzertsaal in Dresden (1918, not built). The works acquired also include two pastel studies: one showing the "Capitol" cinema in Berlin (built 1925) and a perspectival rendering of the Berlin trade fair site, a major urban planning project in collaboration with Martin Wagner (then municipal architect), which was reworked several times between 1927 and 1930 but was never fully implemented. The loose leaf drawings by Hans Poelzig also include two sketches for the administrative building of the chemicals company, I.G. Farbenindustrie in Frankfurt am Main, which was built between November 1928 and September 1930. The sketchbook acquired by the Deutsches Architektur-Museum contains 27 drawings relating to the I.G. Farbenindustrie building. As far as we are aware, no preliminary sketches for this building were previously known to exist. We therefore consider ourselves particularly fortunate in being

Im Juni dieses Jahres konnte das Deutsche Architektur-Museum dank einer großzügigen finanziellen Unterstützung der Hessischen Kulturstiftung ein Konvolut von 14 Architekturzeichnungen sowie ein Skizzenbuch mit insgesamt 67 Bleistiftzeichnungen des Architekten Hans Poelzig (1869–1936) erwerben. Bei den losen Blättern handelt es sich um Skizzen zum Großen Schauspielhaus in Berlin (1919 realisiert, expressionistische Ausstattung 1936/37 zerstört), zum Festspielhaus Salzburg (1920–22, nicht gebaut) und zwei Zeichnungen zum (ebenfalls nicht realisierten) Konzertsaal in Dresden (1918). Des weiteren befinden sich unter den angekauften Werken zwei Pastelle: eins vom Kino ›Capitol‹ in Berlin (1925 errichtet) sowie eine Perspektive zum Berliner Messegelände, einem wichtigen städtebaulichen Projekt in Zusammenarbeit mit dem damaligen Stadtbaurat Martin Wagner, das zwischen 1927 und 1930 mehrfach überarbeitet wurde, aber im wesentlichen nicht verwirklicht werden konnte. Zum Konvolut der losen Zeichnungen von Hans Poelzig gehören auch zwei Skizzen zum Verwaltungsgebäude der I.G. Farbenindustrie AG in Frankfurt am Main, dessen Bauzeit von November 1928 bis September 1930 dauerte. In dem vom DAM erworbenen Skizzenbuch befinden sich 27 Zeichnungen zum IG-Farben-Haus.

Unseres Wissens sind bisher noch niemals Entwurfsskizzen zu diesem Bauwerk bekanntgeworden. Und so schätzen wir uns besonders glücklich, mit diesen einmaligen Zeichnungen die Sammlung des Deutschen Architektur-Museums bereichern zu können. Wann ungefähr Hans Poelzig die Skizzen angefertigt haben muß, läßt sich leicht rekonstruieren. Im April 1928 wurde von der Konzernspitze der IG-Farben AG ein engerer Wettbewerb ausgeschrieben, zu dem auch die Architekten Paul Bonatz (Stuttgart), Fritz Höger (Hamburg), Jacob Koerfer (Köln) sowie Frankfurts damaliger Baudezernent Ernst May mit Martin Elsaesser eingeladen waren. Im August desselben Jahres gewann Poelzig den 1. Preis und bekam den Bauauftrag. Ob dies die einzigen Skizzen sind, die er zum IG-Farben-Haus gemacht hat, ist fraglich.

Auf nur zwei angedeuteten Grundrißzeichnungen erscheint die Struktur der Anlage bereits im wesentlichen so konzipiert, wie sie dann auch ausgeführt wurde, ein leicht geschwungener, verhältnismäßig schmaler Ost-West-Trakt mit Flügeln, die stark nach Süden vorstoßen. Die Anzahl der Quer-

Vorstudie zum IG-Farben-Haus aus einem Skizzenbuch von Hans Poelzig

able to add these unique drawings to the museum's collection. It is fairly easy to pinpoint when Hans Poelzig must have executed the sketches. In April 1928 the board of directors of I.G. Farbenindustrie invited designs to be submitted by such architects as Paul Bonatz (Stuttgart), Fritz Höger (Hamburg), Jacob Koerfer (Cologne) and Frankfurt's city planning officer Ernst May, together with Martin Elsaesser. In August of that year, Poelzig won the competition and was awarded the contract. It is unlikely that these are the only sketches he made for the I.G. Farbenindustrie building.

Skizze zum IG-Farben-Haus,
18 x 22,2 cm

gebäude schwankt in den Skizzen allerdings noch zwischen fünf und sieben. Theodor Heuss bemerkt in seiner Biographie über Hans Poelzig (1939): »Jene Krümmung nun des Bogens, die die Glieder nach der wandernden Sonne sich ausstrecken läßt, ist auch der entscheidende künstlerische Gewinn. Denkt man sich das Werk schnurgerade ausgerichtet [wie in den Wettbewerbsentwürfen von Höger und May/Elsaesser praktiziert, R. S.], so spürt man die Gefahr einer gewaltsam abgebrochenen Härte; jetzt aber geht durch die Bewegung der schweren Massen ein leichtes Ausschwingen. Vor allem aber: woher man immer komme, die Bewegung im Grundelement schließt von vornherein eintönige Starrheit aus.«

Auch die Gebäudeskizzen zum IG-Farben-Haus basieren durchweg auf dem Wechsel der vorspringenden Trakte mit den konvexen Zwischenräumen des Längsriegels. Sie setzen sich überwiegend mit der Gestaltung der Südfront des Gebäudekomplexes auseinander und sind meist aus der Froschperspektive gezeichnet. Zwei Modelle zur Behandlung der Flächen hat Poelzig durchgespielt: die glatte Wand mit horizontalen Fensterbändern und die durch Lisenen vertikal betonte Wand. Die Entwürfe, welche die Horizontale bevorzugen, überwiegen und zeigen deutlich, welche damals aktuellen Architekturen Poelzig interessiert haben. So gibt es Skizzen von ihm, die an fließende Formen eines

IG-Farben-Haus, Frankfurt am Main, kurz vor der Fertigstellung 1930

Erich Mendelsohn oder an konstruktiv betonte Fassaden eines Max Taut erinnern. Auch eine Zeichnung mit abgerundeter Staffelung wie beim Shell-Haus von Emil Fahrenkamp befindet sich in Poelzigs Skizzenbuch. Nur, das Shell-Haus existierte um diese Zeit noch nicht.

Auf jeder dieser unverwechselbar kraftvollen Zeichnungen finden sich Indizien dafür, daß sich der Architekt mit der Gestaltung des Funktionalen allein nicht zufriedengab. In einer Skizze taucht der Pfeilerportikus auf, der später tatsächlich den Eingang des Verwaltungsgebäudes monumentalisiert. Rahmen um die Querflügel bilden einen starken Kontrast zur Leichtigkeit der Fensterbänder. Auch die geböschten Sockelmauern, die aus dem hügeligen Gelände aufsteigen, sind auf einer Zeichnung angedeutet. Das fensterlose Dachgeschoß erscheint gleich mehrfach und stets höher als das darunterliegende. Und immer wieder findet in Poelzigs Skizzen ein Spiel von Licht und Schatten auf seinem Gebäude statt.

1911 hatte er ganz in Übereinstimmung mit dem industriellen Fortschrittswahn breiter Kreise in Deutschland verkündet: »Unsere Zeit findet in den großen wirtschaftlichen Nutzbauten den vollkommensten Ausdruck, sie sind die eigentlichen Monumentalaufgaben der heutigen Architektur.« Beim IG-Farben-Haus, dem Symbol des deutschen Monopolkapitalismus der Weimarer Zeit, dem seinerzeit größten und modernsten Konzerngebäude in Europa, hat Hans Poelzig dieser Forderung mit einer Architektur »kühner glyptischer Nacktheit« (Reyner Banham) schöpferisch entsprochen. Die Suggestivität des Gebäudes hat dann seit seiner Übergabe am 1. Oktober 1930 bis heute keinen Kritiker mehr kaltgelassen.

IG-Farben-Haus, Frankfurt am Main, 1928–30, Südansicht. Nach der Sanierung wird das Gebäude die geisteswissenschaftlichen Fachbereiche der Universität aufnehmen.

Deutsches Architektur-Museum
Jahresbericht 1995/1996

1. Ausstellungen

Das Veranstaltungsjahr 1995/96 begann mit der Ausstellung ›Architektur im 20. Jahrhundert: Österreich‹. Sie war das Initialprojekt einer Reihe von Ausstellungen, die in den nächsten Jahren stattfinden und Architektur in den verschiedenen Ländern Europas ausführlich dokumentieren wird. Die Auswahl der Länder folgt, so es möglich ist, dem thematischen Schwerpunkt der Buchmesse. In Zusammenarbeit mit dem Architektur Zentrum Wien und unterstützt vom Hauptverband des österreichischen Buchhandels gab diese erste Ausstellung mit 120 Projekten einen umfassenden Überblick über die Entwicklung der österreichischen Architektur in diesem Jahrhundert. Einen besonderen Schwerpunkt bildete dabei die Architektur der Gegenwart. Der Bogen spannte sich von der Wiener Moderne mit Otto Wagner und Adolf Loos über die undogmatische Moderne eines Josef Frank, die Aufbauzeit der fünfziger und sechziger Jahre mit Roland Rainer und Johann Georg Gsteu, die Grazer Schule mit Domenig und Huth sowie Michael Szyszkowitz und Karla Kowalski bis hin zu Hans Hollein, Gustav Peichl, Coop Himmelb(l)au, Adolf Krischanitz, Heinz Tesar, Roland Gnaiger und Baumschlager & Eberle. In der Ausstellung wurden neben den landesspezifischen Merkmalen wie regionale Schulen, Bauen in der Landschaft, Tourismus und alpine Architektur auch jene Bauaufgaben thematisiert, mit denen sich österreichische Architekten in diesem Jahrhundert besonders intensiv auseinandergesetzt haben, so etwa der städtische Gemeindebau als auch der genossenschaftliche und gemeinnützige Wohnbau, und schließlich die ›little architecture‹, also jene kleinen Bauaufgaben wie Cafés, Bars, Restaurants, Läden und Innenräume, die besonders typisch für die Architektur in Wien sind. Insgesamt wurden über 750 Exponate gezeigt, darunter wertvolle Leihgaben aus den Sammlungen der Albertina in Wien.

Eine zweite Premiere fand mit der Ausstellung ›Architektur im Wettbewerb. Der Neubau des Polizeipräsidiums Frankfurt am Main‹ statt. Nach längerer Zeit wurde das zentrale Atrium unseres Archivs wieder für das Publikum geöffnet und somit eine zweite Ausstellungsmöglichkeit gewonnen. Mit der Reihe ›Architektur im Wettbewerb‹ haben wir es uns zum Ziel gesetzt, kurzfristig auf Wettbewerbsentscheidungen reagieren zu können und diese unmittelbar aus der Werkstatt in einer dieser Planungsphase entsprechenden Form zu präsentieren. Für den Neubau des Polizeipräsidiums wurden die Ergebnisse eines europaweit ausgeschriebenen Wettbewerbs gezeigt. 67 Architekten hatten sich mit der städtebaulichen Neuordnung eines von den US-Streitkräften geräumten, 7 ha großen Geländes an der Kreuzung Adickesallee/ Eschersheimer Landstraße auseinandergesetzt. Auf dem südlichen

4,5 ha großen Teil des Wettbewerbsgrundstücks waren ca. 57 000 m² Hauptnutzfläche für den Neubau des Polizeipräsidiums, das heute noch auf mehrere Standorte verteilt ist, zu planen. Der restliche Teil des Wettbewerbsgebietes ist als Fläche für Wohnungsbau vorgesehen.

Das Bauvolumen entspricht dem der höchsten Häuser Frankfurts, war jedoch an diesem Standort aufgrund städtebaulicher Vorgaben im wesentlichen horizontal zu entwickeln. Die Arbeiten, die sich mit einem funktional komplizierten Raumprogramm auseinanderzusetzen hatten, fächern die ganze Bandbreite der gegenwärtigen Architekturrichtungen auf.

Ein Gegengewicht zu dieser Beschäftigung mit dem Einzelbau bildete dann im Februar 1996 der 1. Internationale Frankfurter Städtebau-Diskurs mit der begleitenden Ausstellung ›Stadt-Pläne‹. Die Stadt Frankfurt am Main veröffentlichte Ende Januar 1996 den Stadtentwicklungsbericht 1995, der planerische Vorstellungen über die zukünftige Entwicklung der Stadt enthält. Mit diesem Bericht wurde in Frankfurt erneut die Debatte über die Planungsperspektiven für die gesamte Stadt wieder aufgenommen, die in den achtziger Jahren abgebrochen worden war. Der Stadtentwicklungsbericht enthält Vorstellungen über die Entwicklung von Teilräumen, sektorale Entwicklungsprogramme für Büroflächen, für großflächigen Einzelhandel, für Gewerbe- und Industrieflächen sowie für neue Wohngebiete. In der Ausstellung ›Stadt-Pläne‹ wurde dieser Stadtentwicklungsbericht zum erstenmal einer breiten Öffentlichkeit vorgestellt. Zudem wurden Stadtentwicklungspläne von weiterer elf Städten (Berlin, Dortmund, Essen, Hamburg, Hannover, Leipzig, München, Rotterdam, Stuttgart, Wien, Zürich) aus dem In- und Ausland gezeigt. Der Vergleich dieser Pläne zeigte den gegenwärtigen Aufbruch in eine neue Phase von Gesamtentwicklungsplanung, die durch Stichworte wie ›Neue Planungskultur‹, ›Große Projekte‹ und ›Regionalisierung der Stadtentwicklung‹ gekennzeichnet ist.

Mit der zweiten Veranstaltung der Reihe ›Architektur im Wettbewerb‹ haben wir uns im März 1996 wieder einem Einzelobjekt zugewandt, diesmal dem Neubau der Zentrale der Industriegewerkschaft Metall, ebenfalls in Frankfurt am Main. Aus annähernd 150 Bewerbungen waren neunzehn Architekturbüros zur Teilnahme am Wettbewerb ausgewählt worden. Als weiterer Teilnehmer außer Konkurrenz wurde eine Gruppe von Studenten der Hochschule für Bildende Künste, Hamburg, eingeladen.

Der Wettbewerb begann am 22. Mai 1995 und endete am 19. Januar 1996 mit einer einstimmigen Entscheidung des elfköpfigen Preisgerichtes unter dem Vorsitz von Prof. Helmut Striffler. Am 13. Februar 1996 wurde der Entwurf des ersten Preisträgers, des Frankfurter Architekturbüros Gruber + Kleine-Kraneburg, präsentiert. Als weitere Preisträger wurden Albert Speer & Partner, Frankfurt am Main, sowie Sir Norman Foster and Partners, London, ausgewählt. Darüber hinaus wurden drei Entwürfe angekauft, nämlich von den Architekturbüros Rolf Hoechstetter, Darmstadt, Kammerer + Belz, Kucher und Partner, Stuttgart, sowie Becker Gewers Kühn & Kühn, Berlin.

Die Ausstellung stellte die Entwürfe der drei Preisträger in der ersten und in der überarbeiteten Fassung sowie die angekauften Projekte vor.

Danach zeigten wir eine Ausstellung aus einem Themenbereich, dem wir uns in den letzten Jahren vermehrt widmen, nämlich jenem der Landschaftsarchitektur. Gemeinsam mit den Staatlichen Schlössern und Gärten Wörlitz · Oranienbaum · Luisium und der Kulturstiftung der Deutschen Bank veranstalteten wir ›Weltbild Wörlitz – Entwurf einer Kulturlandschaft‹.

Die Wörlitzer Anlagen sind Zentrum und Höhepunkt des Dessau-Wörlitzer Gartenreiches, dem ersten Landschaftsgarten in englischem Stil auf dem europäischen Kontinent. Dieser Park wurde seit 1764 von Fürst Leopold III. Friedrich Franz von Anhalt-Dessau (1740–1817) unter Mitwirkung seines Architektenfreundes Friedrich Wilhelm von Erdmannsdorff (1736–1800) angelegt; er war Höhepunkt einer über vier Jahrzehnte betriebenen »Landesverschönerung«.

Mit ihren vielgestaltigen Bauwerken dokumentiert die Parkanlage den geistigen Wandel und stilistischen Umbruch in Deutschland zu jener Zeit. Sie ist das Ergebnis umfangreicher Reformbemühungen zum wirtschaftlichen und kulturellen Aufschwung des Kleinstaates Anhalt-Dessau. Militärisch und dynastisch traditionell an Preußen gebunden, hatte es Fürst Franz von Anhalt-Dessau verstanden, einen eigenständigen Weg einzuschlagen, der auf die Verbindung des Nützlichen mit dem Schönen gerichtet war. Künstlerischer Ausdruck dessen wurde der öffentlich zugängliche Wörlitzer Garten mit seinen vielfältigen Assoziationen und Bildungsabsichten. Gartengestaltung und Architektur vereinen sich hier zu einem Gesamtkunstwerk. Anregungen aus der Antike, dem Mittelalter, aus China und der Südsee sind in die Wörlitzer Parklandschaft eingegangen. Darüber hinaus zeigt der Park Einflüsse der zeitgenössischen Kultur und Kunst in Europa, insbesondere Englands.

Auch Klassizismus und Neugotik in Deutschland fanden hier ihren Ausgangspunkt; Schloß und Gotisches Haus stehen hier als weithin bekannte Beispiele. Neben den bau- und landschaftsarchitektonischen Leistungen konnten in der Ausstellung hervorragende Beispiele der Interieurs gezeigt werden; so unter anderem Arbeiten von David Roentgen und der Manufaktur Wedgwood. Mit einer interaktiven Computer-Installation, die das Institut für Neue Medien in Frankfurt am Main entwickelt hatte, war es dem Ausstellungsbesu-

cher darüber hinaus möglich, einen virtuellen Spaziergang durch die Wörlitzer Anlagen zu unternehmen. Es freute uns besonders, daß H.R.H. The Prince of Wales die Schirmherrschaft für diese Ausstellung übernommen hat.

Gemeinsam mit der Deutschen Bank Bauspar AG konnten wir im Mai eine weitere Veranstaltung in unserer Reihe ›Architektur im Wettbewerb‹ eröffnen. Diesmal lautete das Thema die ›Gestaltung öffentlicher Plätze‹. 1995 hatte die Deutsche Bank Bauspar AG einen Wettbewerb mit dem Ziel ausgeschrieben, »die Diskussion um die Gestaltung öffentlicher Plätze zu beleben und damit zu Platzgestaltungen anzuregen, die durch ihre Identität und Urbanität zu einem positiven Lebensgefühl der Menschen in ihrer Stadt beitragen«. Es sollten nicht nur Plätze ausgezeichnet werden, die seit der Nachkriegszeit vorbildlich gestaltet wurden, sondern darüber hinaus auch theoretische Arbeiten von Journalisten, Architekten und Stadtplanern, die sich überzeugend mit dem Thema ›Plätze‹ auseinandergesetzt haben.

Von den insgesamt über 170 eingesandten Projekten wurden zehn realisierte Entwürfe sowie sieben theoretische Beiträge prämiert, vier weitere Plätze erhielten eine lobende Anerkennung. In der Ausstellung wurden nicht nur die prämierten und belobigten realisierten Plätze vorgestellt, sondern darüber hinaus acht weitere Platzgestaltungen bzw. -planungen, die vorbildliche Lösungen aufweisen und so den Bürgern ermöglichen, sich mit ihrer Stadt zu identifizieren.

Am 24. Juni 1996 war die Eröffnung der Ausstellung ›Die Wohnanlage in Goldstein-Süd, Frankfurt am Main‹ – Auftakt zum Sommer-Forum im Deutschen Architektur-Museum. Für die Belegschaft des Museums bedeutete es einmal mehr höchste Anstrengung – vier Ausstellungseröffnungen in einer Woche –, für unsere Besucher auch. In Zusammenarbeit mit der Nassauischen Heimstätte zeigten wir anläßlich ihrer Fertigstellung die Planungen und Entwürfe des kalifornischen Architekten Frank O. Gehry und des Landschaftsplaners Laurie D. Olin für die 162 Wohnungen umfassende Anlage im Frankfurter Stadtteil Goldstein-Süd, zwischen Schwanheim und Niederrad gelegen. Die streng kubischen Gebäudequader, die durch expressionistisch geformte, zinkblechverkleidete, kleine Dachlandschaften über den Hauszugängen sowie durch rechtwinklige, aus der Vertikalität herausgekippte, gestaffelte Ecklösungen der Baukörper eine besondere Dynamik erreichen und damit der dekonstruktivistischen Formensprache Frank Gehrys verpflichtet sind, stehen in einem spannungsreichen Dialog mit den in die Grünflächen eingeschnittenen Wege- und Grünplanungslinien. Im scharfen Widerspruch zum üblichen sozialen Zeilenwohnungsbau der fünfziger und sechziger Jahre entstand so eine zumindest teilweise geschlossene Anlage, in der auch die einzelnen Gebäude spannungsreich zueinander in Beziehung treten. Die Koordinaten des erschließenden Wegesystems sind eher manieristisch-barock als linear-modern aufgefaßt. Damit wurde nicht nur der Zusammenhang der Gebäude untereinander definiert, sondern das Ganze bekommt darüber hinaus auch den Charakter einer geschlossenen-eigenständigen Anlage, die nach innen gemeinschaftsstiftend wirkt, ohne nach außen abweisend zu sein.

Im Sinne der zweiten Ausstellung im Forum ist man versucht zu sagen ›Klappe‹: In Zusammenarbeit mit der Brown University in Providence, USA, und dem Frankfurter Filmmuseum entstand ›Filmarchitektur: Von Metropolis bis Blade Runner‹. Wir unternahmen einen spannenden Ausflug in ein Medium, das wir zumeist nur am Rande streifen können. Ausgehend vom deutschen Film der Weimarer Republik untersuchten wir anhand von Original-Entwürfen die visionäre Architektur im Film: von expressionistischen oder psychologisierenden Ausstattungen wie etwa für ›Das Kabinett des Dr. Caligari‹ oder ›Algol‹ über experimentell-futuristische Darstellungen der Großstadt von morgen, wie etwa in ›Asphalt‹ oder ›Sunrise‹ bis hin zum düsteren anti-utopischen Zukunftsbild bei ›Metropolis‹. Im zweiten Teil der Ausstellung thematisierten wir die Rezeption der frühen Diskussion der Beziehung zwischen Film, Architektur und Großstadt und illustrierten diese anhand von Beispielen futuristischer Entwürfe im amerikanischen Kino. So zeigt etwa ›The Fountainhead‹, wie der Film in den USA zum Vehikel der Massenverbreitung einer modernen Architekturideologie wurde, während ›Blade Runner‹ und ›Batman‹ eine postmoderne anti-utopische Sicht der Stadt als Reaktion auf vergangene Diskussionen darstellen. Der Film ›Dick Tracy‹ wiederum wirft einen nostalgisch-historisierenden Blick auf ein imaginäres New York der Vergangenheit.

Nicht zum ersten Mal hatten wir mit der dritten Forums-Ausstellung die Akademie der Architektenkammer Hessen zu Gast. Sie dokumentierte die Ergebnisse des von ihr zusammen mit dem Land Hessen ausgeschriebenen Wettbewerbs ›Auszeichnung vorbildlicher Bauten im Land Hessen 1996‹. Sein Thema in diesem Jahr lautete ›Arbeitswelten: Architektur für die Dienstleistungsgesellschaft‹. Dienstleistungen dienen nicht der Erzeugung von Sachgütern, sondern sind persönliche Leistungen von Menschen für Menschen. Dienstleistungen werden erbracht im Bereich der öffentlichen Verwaltungen, in den Wirtschaftsbereichen Handel, Banken und Versicherungen, Gaststätten- und Beherbergungswesen, Transport- und Nachrichtenwesen sowie im Bereich der freien Berufe und sonstiger privater Dienstleistungen. Die Bandbreite der ausgestellten Arbeiten reichte vom Hoch-

haus in Frankfurt bis zur Telekom-Ortsvermittlungsstelle, vom Bankgebäude bis zum Altenpflegeheim. Es sind Arbeiten einer Baugestaltung von hohem Nutzungswert, die keineswegs mit hohem finanziellen Aufwand verbunden sein müssen. Es sind Beispiele dafür, wie die Phantasie und der Sinn für Maßstäblichkeit und Materialauswahl der Architekten, verbunden mit klaren Vorstellungen der Bauherren zu vorbildlichen Lösungen führen können. Mit dieser Auszeichnung werden Architekten und Bauherren gleichermaßen angesprochen, denn die traditionelle Rolle des Bauherrn gerät angesichts zunehmender Investoren- und Finanzierungsdenkens ins Abseits. Der Jury des diesjährigen Wettbewerbs hatten Wilfried Dechau, Peter Hense, Günter Pfeifer, Karin Rabausch und Carlo Weber angehört.

Mit der letzten Ausstellungseröffnung in diesem Sommer-Forum kehrten wir zurück zu unserer eigenen Sammlung. Seit der Gründung des Museums gelang es, wertvolle Materialien zur Architekturgeschichte in Deutschland – aber auch zur Dokumentation internationaler Architekturtendenzen – zu erwerben und so vor dem Untergang zu bewahren. Die Bestände sind mittlerweile auf über 110 000 Pläne und mehrere hundert Modelle angewachsen; wobei der Sammlungsschwerpunkt im 20. Jahrhundert liegt. In jährlichen monographischen Ausstellungen wollen wir diese Sammlung einer breiteren Öffentlichkeit besser bekanntmachen. Die Ausstellungen sollen jeweils von einem Katalog begleitet werden, der gleichzeitig Ausstellungs- sowie Bestandskatalog ist. Den Anfang der Reihe bestritt Erich Buchholz (1891–1972). Wir zeigten seine Architekturentwürfe, Innenraumgestaltungen und Typographien vornehmlich aus den zwanziger Jahren. Erich Buchholz, der zur Avantgarde im Umkreis der Konstruktivisten und fortschrittlichen Architekten in Berlin gehörte und der vor allem durch seine farbigen Holzreliefs bekanntgeworden ist, hat neben seinen künstlerischen Arbeiten, wie viele Künstler der zwanziger Jahre, Ideen zur Architektur und zu Designaufgaben entwickelt. Wir zeigten die einzigen hierzu existierenden Entwürfe, daneben zwei eindrucksstarke Modelle, das ›Ei-Haus‹ aus dem Jahre 1924 und die ›Windharfe‹ von 1923. Die von Buchholz entworfenen Möbel in einfachen geometrischen Grundformen vermitteln einen Eindruck vom Konzept des Raumes als bewohnbarem Gesamtkunstwerk. Sein Wohnatelier, in dem er in Berlin mit seiner Familie wohnte, haben wir anhand eines vorhandenen Modells und zeitgenössischer Originalphotographien rekonstruiert.

2. Veröffentlichungen
- DAM Architektur Jahrbuch 1995
- Architektur im 20. Jahrhundert. Österreich

- Internationaler Frankfurter Städtebau-Diskurs: Stadt-Pläne (im Druck)
- Weltbild Wörlitz. Entwurf einer Kulturlandschaft
- Film-Architektur. Set Designs von ›Metropolis‹ bis ›Blade Runner‹
- Erich Buchholz 1891–1972 (Band 1 der Schriften-reihe zur Plan- und Modellsammlung des Deutschen Architektur-Museums)

3. Vorträge und Symposien

›Hochhäuser‹. Vortragsreihe mit Martin Wentz, Norman Foster, Heinz Dieter Scheid, Peter Schweger und einer Podiumsdiskussion mit Dieter Bartetzko, Christoph Mäckler, Fritz Neumeyer unter der Moderation von Cornelia von Wrangel. In Zusammenarbeit mit dem Bund Deutscher Architekten und der Frankfurter Allgemeinen Sonntagszeitung (September und Oktober 1995).

›Architektur im 20. Jahrhundert: Österreich‹. Werkberichte von Karl Baumschlager und Dietmar Eberle, Klaus Kada, Roland Gnaiger, Adolf Krischanitz (Oktober und November 1995).
›Architektur im 20. Jahrhundert: Österreich heute‹. Symposium mit den Referenten Walter Chramosta, Otto Kapfinger, Winfried Nerdinger, Eduard Sekler und Norbert Steiner (28. Oktober 1995).

›Ausstrahlung österreichischer Architektur auf Polen, Ungarn, Slowenien und Tschechien‹. Vortragsreihe mit Jacek Purchla, Ákos Morávanszky, Peter Krecic und Vladimir Slapeta in Zusammenarbeit mit dem Freundeskreis Frankfurt/Krakow (November 1995).

›Internationaler Frankfurter Architektur-Diskurs: Bauherren in der Demokratie‹. Symposium mit Ingeborg Flagge, Hardt Walther Hämer, Thomas Held, Dieter Köhler, Marcel Meili, Dietmar Steiner, Klaus Töpfer und Rüdiger Wiechers (25. November 1995).

›Internationaler Frankfurter Städtebau-Diskurs: Stadt-Pläne‹. Mit Martin Aarts, Albert Ackermann, Monika Alisch, Peter Dellemann, Rainer Dilcher, Karl Ganser, Horst Glaser, Reinhold Gütter, Dierk Hausmann, Dieter Hoffmann-Axthelm, Lutz Hoffmann, Ursula Koch, Egbert Kossak, Michael Kummer, Wolfgang Kunz, Klaus Pfromm, Lorenz Rautenstrauch, Albert Speer, Hannes Swoboda, Christiane Thalgott, Julian Wekel, Martin Wentz, Klaus Wermker, Dirk Zimmermann und den Moderatoren Peter Altenburger, Ruth Führer und Walter Prigge (29. Februar und 1. März 1996).

›Landschaftspark – Stadtlandschaften in Frankfurt, Ljubljana, Paris, der Toskana und Wörlitz‹. Vortrags-reihe mit Peter Jordan, Franc Vardjan, Andreas Paul, Stefan Tischer, Reinhard Grebe, Ludwig Trauzettel und Uwe Quilitzsch in Zusammenarbeit mit der Deutschen Gesellschaft für Gartenkunst und Landschaftspflege, der Architektenkammer, dem Architekten- und Ingenieurverein, dem Bund Deutscher Landschaftsarchitekten, dem Fachverband Garten- und Landschafts-, Sportplatzbau und den Staatlichen Schlössern und Gärten Wörlitz · Oranienbaum · Luisium (März bis Mai 1996).

›Erich Buchholz 1891–1972‹. Vortragsreihe mit Ingrid Wiesenmayer, Rainer Stommer, Richard W. Gassen, Ulrike Gärtner und Romana Schneider (Juli bis September 1996).

›Film-Architektur. Set Designs von „Metropolis" bis „Blade Runner"‹. Vortragsreihe mit Dieter Bartetzko, Heidi Lüdi und Helmut Weihsmann (August und September 1996).

4. Aktivitäten außerhalb des Museums

Von 26. bis 29. März 1996 wurde in Berlin im Haus der Kulturen der Welt die 4. europäische Konferenz zu ›Solar Energy in Architecture and Urban Planning‹ veranstaltet. Sie diente dem Austausch neuester Erkenntnisse und Vorhaben auf diesem Gebiet. Eine während dieser Konferenz gezeigte Präsentation mit Beispielen der angewandten Technologien bildet den Kern der umfangreichen Ausstellung ›Ökologische Architektur und Stadtplanung‹, die ab dem 14. Dezember 1996 im Deutschen Architektur-Museum in Frankfurt am Main zu sehen sein wird.

Die immensen Bauvorhaben rund um den Potsdamer Platz in Berlin waren uns 1994 Anlaß zur Ausstellung ›Ein Stück Großstadt als Experiment. Planungen am Potsdamer Platz in Berlin‹. Darin wurde ein großer Bogen von den Anfängen des Platzes im 18. Jahrhundert über die beiden Wettbewerbe zu seiner Neugestaltung 1991 und 1992 bis hin zur Vision seiner Fertigstellung mit den Einzelbauten von Arata Isozaki, Hans Kollhoff, Ulrike Lauber und Wolfram Wöhr, Rafael Moneo und Richard Rogers im Masterplan Renzo Pianos gespannt. Die Ausstellung wurde danach im Bauhaus-Archiv Berlin gezeigt und befindet sich derzeit im Auftrag des Instituts für Auslandsbeziehungen auf ›Welttournee‹. In diesem Sommer beispielsweise wurde sie auch auf dem XX. Architekten-Weltkongreß der Union Internationale des Architectes (UIA) in Barcelona gezeigt.

5. Lehrangebot

Modellbaukurse. Die Kurse richten sich an Schüler (ab 16 Jahre) und Studienanfänger, die sich mit Architekturmodellbau beschäftigen wollen. Unsere Kurse sollen die Wahrnehmung von Architektur vertiefen, handwerkliche Fertigkeiten vermitteln und Übungen mit verschiedenen Materialien (Holz und Hartschaum, Acrylglas, Papier und Pappe) ermöglichen. In jedem Kurs werden Einzelelemente zu einem vorgegebenen Themenbereich erstellt, die dann am Ende zu einer großen Ausstellungsinstallation zusammengefügt werden. Die Betreuung der Teilnehmer in der Modellbauwerkstatt des Museums erfolgt in Zusammenarbeit mit dem Fachbereich Architektur der Fachhochschule Frankfurt und dessen Modellbauwerkstatt.

Studienreisen. Das Architektur-Museum bietet in Zusammenarbeit mit Anthony Catterwell Architektur-Exkursionen an. Auf dem Programm stehen sowohl Reisen zu wichtigen Architekturstädten Europas, wie Paris, Barcelona, Prag, Graz und Wien, aber auch Exkursionen nach Amerika (Chicago, New York) sowie nach China und Hongkong. Das Museum berät die inhaltliche Gestaltung dieser Reisen, die jeweils zu den Hauptbeispielen der modernen Architektur in den entsprechenden Städten und Ländern führen.

6. Die Mäzene des Deutschen Architektur-Museums

Das Deutsche Architektur-Museum geht neben organisatorisch bedingten Partnerschaften bei Ausstellungsübernahmen und konzeptionell bedingten Partnerschaften bei der Erarbeitung komplexer Ausstellungsthemen auch Verbindungen ein, in denen einzelne Vertragspartner vorrangig als Finanziers agieren. Das Museum ist in hohem Maße auf das Engagement von Mäzenen angewiesen, Freunde, die uns unterstützen, ohne den Preis der inhaltlichen Einflußnahme auf unsere Arbeit zu fordern.

Wir möchten diese Gelegenheit nutzen, allen, die uns im vergangenen Jahr in diesem Sinne unterstützt haben und unsere Arbeit zu einem großen Teil erst ermöglicht haben, ganz herzlich zu danken.

An erster Stelle sei hier die schon 1993 gestartete Initiative ›Pro Deutsches Architektur-Museum‹ der Deutschen Bank Bauspar-AG unter ihrem Vorstandsvorsitzenden Prof. Hans Wielens genannt. Dazu konnten acht Architekten und neun Künstler gewonnen werden, eine Graphik zur Verfügung zu stellen. Der Erlös der daraus zusammengestellten Graphik-Kassetten mit signierten und numerierten Original-Graphiken kam in vollem Umfang der Arbeit am Museum zugute. Die erste Kassette enthielt Arbeiten von Gottfried Böhm, Heinz Bienefeld, Heinz Hilmer und Christoph Sattler, Jochem Jourdan, Josef Paul Kleihues, Frei Otto, Otto Steidle und Oswald Mathias Ungers; die zweite unter dem Thema ›Bauen, Wohnen, Denken. Martin Heidegger inspiriert Künstler‹ Arbeiten von Claus Bury, Eduardo Chillida, Ludger Gerdes, Erwin Heerich, Thomas Huber, Per Kirkeby, Mathias Völcker,

Marjan Vojska und Stefan Wewerka. Wir würden uns freuen, wenn sich auch für die wenigen noch verbliebenen Kassetten Liebhaber fänden und möchten an dieser Stelle eine leise Werbung für beide betreiben.

Den oben beschriebenen 1. Internationalen Frankfurter Architektur-Diskurs verdanken wir ebenfalls der großzügigen Zuwendung eines Spenders, der ungenannt bleiben möchte. Er ermöglichte uns, und dies über Jahre hinweg, wichtige Fragen zur Architektur mit hochkarätigen Gästen zu diskutieren. Nach den ›Bauherren in der Demokratie‹ wird dies in diesem Jahr das Thema ›Wettbewerb der Wettbewerbe‹ sein.

Reich bedacht wurde im vergangenen Jahr auch unser Archiv. Die Hessische Kulturstiftung gewährte jene großzügige finanzielle Unterstützung, mit der allein es nur möglich war, den größten Ankauf in diesem Jahr, nämlich die Poelzig-Zeichnungen, zu tätigen. Wir stellen sie hier (S.184 bis S.186) kurz vor, bevor sie zu einem späteren Zeitpunkt ihre ausführliche Aufarbeitung und Dokumentation erfahren.

Eine weitere Initiative stellt das nun auch schon über Jahre während Engagement unseres Förderkreises um Werner Pfaff dar. Ihm persönlich ist es zu verdanken, daß sich vorwiegend Körperschaften in einem losen Interessenverband zusammenschlossen mit dem alleinigen Ziel, für das Museum Gelder zu sammeln. Spektakulärste Aktion in diesem Jahr war die Übergabe eines Gutscheins über DM 110 000,– im Rahmen einer Benefizaufführung in der Alten Oper. Der Betrag war anläßlich des Richtfestes der beiden Hochhäuser Kastor und Pollux in Frankfurt von den beteiligten Firmen Deutsche Sparkassen-Immobilien-Anlage Gesellschaft, Oppenheim Immobilien-Kapitalanlagegesellschaft und WPV Baubetreuung gespendet worden.

In unseren Dank miteinschließen möchten wir auch unseren Freundeskreis für seine langjährige kontinuierliche Unterstützung, die half, unsere Sammlung weiter auszubauen.

Und – sehr gerne – geben wir an dieser Stelle die Bereitschaft sowohl des Förderkreises als auch des Freundeskreises kund, weitere Mitglieder willkommen zu heißen.

Die Autoren

Hubertus Adam
geboren 1965, Kunsthistoriker und freier Journalist, arbeitet vor allem für die Neue Zürcher Zeitung, promoviert am Kunsthistorischen Institut der Universität Heidelberg.

Dr. phil. Dieter Bartetzko
geboren 1949, Kunsthistoriker, zwischen 1986 und 1994 freier Journalist; tätig u. a. für die Frankfurter Rundschau und den Hessischen Rundfunk mit den Schwergebieten Architektur, Archäologie und Denkmalpflege. Seit 1994 Redakteur im Feuilleton der Frankfurter Allgemeinen Zeitung.

Christof Bodenbach
geboren 1960, Ausbildung zum Möbelschreiner, Studium der Germanistik und Innenarchitektur; schreibt regelmäßig für diverse Architekturzeitschriften, lebt in Wiesbaden.

Roger Diener
geboren 1950, Studium der Architektur in Zürich. Seit 1976 Partner im Architekturbüro Diener & Diener in Basel. Seit 1985 Lehrtätigkeit in Lausanne, Cambridge, MA, Amsterdam, Wien und Kopenhagen. Mitglied des Beirats für Städtebau und Stadtgestaltung, Berlin.

Axel Drieschner
geboren 1967, studiert Kunstwissenschaft in Berlin.

Prof. Dr. phil. Helmut Engel
geboren 1935, Studium der Kunstgeschichte. Seit 1964 als Inventarisator im Niedersächs. Landesverwaltungsamt tätig, ab 1966 Konservator für den Regierungsbezirk Hildesheim, seit 1972 Landeskonservator von Berlin, ab 1992 Leiter der Obersten Denkmalschutzbehörde in der Senatsverwaltung für Stadtentwicklung, Umweltschutz und Technologie Berlin.

Dipl.-Ing. Sunna Gailhofer
geboren 1967, Architekturstudium in München, lebt in Prag.

Dr. phil. Evelyn Hils-Brockhoff
geboren 1955, Kunsthistorikerin, ab 1989 Kustodin am Deutschen Architektur-Museum, ab 1991 zusätzlich Leiterin der dortigen Plan- und Modellsammlung, seit 1996 stellvertretende Leiterin des Instituts für Stadtgeschichte in Frankfurt am Main.

Dr.-Ing. (arch.) Falk Jaeger
geboren 1950, Architekturhistoriker und -kritiker, Inhaber des Lehrstuhls für Architekturtheorie an der Technischen Universität Dresden.

Markus Jager
geboren in Berlin, Studium der Kunstgeschichte in Berlin und Zürich, freier Mitarbeiter des Berliner Denkmalamtes und des Deutschen Architektur-Museums, derzeit tätig am Lehrstuhl für Geschichte des Städtebaus an der ETH Zürich.

Dr. Ursula Kleefisch-Jobst
geboren 1956, Kunsthistorikerin mit Forschungsschwerpunkt in mittelalterlicher und moderner Architekturgeschichte, lebt in Kronberg.

Dr. phil. Dipl.-Ing. Salomon Korn
geboren 1943 in Lublin (Polen), Architekturstudium an der Technischen Universität Berlin und an der Technischen Hochschule Darmstadt. Seit 1973 Forschungen zur Synagogenarchitektur in Deutschland; Publikationen zu sozialwissenschaftlichen und architekturgeschichtlichen Themen; Tätigkeit als freier Architekt. Gedenkstättenbeauftragter des Zentralrates der Juden in Deutschland und dessen Berater in gestalterischen Fragen.

Dr. phil. Stefan W. Krieg
geboren 1956 in Köln, Kunsthistoriker und Denkmalpfleger in Leipzig. Forschungen zur Architektur der italienischen Renaissance und des 19. und 20. Jahrhunderts.

Dr. phil. Karin Leydecker
geboren 1956, Journalistin, Architektur- und Kunstkritikerin, lebt in Rheinland-Pfalz.

Dr. phil. Anna Meseure
geboren 1953, Kunsthistorikerin, seit 1990 als Kustodin am Deutschen Architektur-Museum tätig.

Arthur Rüegg
geboren 1942, Architekturstudium an der ETH Zürich, Partner im Büro ARCOOP: Marbach und Rüegg in Zürich seit 1971. Professor für Architektur und Konstruktion an der ETH Zürich seit 1991. Forschungen im Bereich Möbel, Farbe, Konstruktion in der Architektur der Moderne.

Romana Schneider
geboren 1952, Architekturhistorikerin, seit 1990 wissenschaftliche Mitarbeiterin am DAM, Arbeitsschwerpunkt: Ausstellungstrilogie ›Moderne Architektur in Deutschland 1900–1950‹.

Ulrich Maximilian Schumann
geboren 1964, Kunsthistoriker, Assistent am Lehrstuhl für Geschichte des Städtebaus der ETH in Zürich.

Paul Sigel
geboren 1963, Studium der Kunstgeschichte und der Deutschen Literatur. Dissertation zu dem Thema ›Deutsche Pavillons auf Weltausstellungen. Ephemere Architektur und nationale Repräsentation‹. Publikationen zur Architektur- und Städtebaugeschichte. Lebt in Berlin.

Wolfgang Sonne
geboren 1965, Studium der Kunstgeschichte und Archäologie in München, Paris und Berlin, seit 1994 Assistent am Lehrstuhl für Geschichte des Städtebaus an der ETH Zürich.

Wolfgang Jean Stock
geboren 1948, Historiker und Politologe. Nach journalistischer Tätigkeit 1978–85 Direktor des Münchner Kunstvereins, 1986–93 Architekturkritiker der Süddeutschen Zeitung. Seit 1994 stellvertretender Chefredakteur von Baumeister, Zeitschrift für Architektur. Lebt in München.

Dr. Jan Thorn-Prikker
geboren 1949, Redakteur einer Kulturzeitschrift. Arbeiten für verschiedene Rundfunkstationen, lebt in Bonn.

Ruggero Tropeano
geboren 1955, Architekturstudium an der ETH Zürich, Partner im Büro Tropeano+Pfister in Zürich und seit 1993 Assistenzprofessor an der ETH. Forschungen im Bereich Möbel, Wohnzellen, Neues Bauen.

Dr. phil. Lutz Windhöfel
geboren 1954, studierte Kunstgeschichte und Geschichte. Arbeitet als Publizist und Kritiker, lebt in Basel.

Gerwin Zohlen
geboren 1950, Studium der Literaturwissenschaft, Geschichte, Philosophie. Lebt als freier Autor und Kritiker in Berlin. Tätig unter anderem für DIE ZEIT, Rundfunk, Fernsehen, Verlage.